Handlungsfeld 1: BESCHAFFUNG

1.1 Wertanalyse (Arbeitsbuch S. 4 f.)

Seite 5: Arbeitsaufträge und Fragen zur Stofferschließung

1. Entscheidung für Lack Nr. VI. Er ist zwar im Preis um 0,50 DM höher als Lack Nr. IV, jedoch erhält VI bei den Eigenschaften 10 Punkte gegenüber 8 Punkten bei Lack Nr. IV.
2. Die Wertanalyse ermittelt den technischen Nutzwert (Funktionswert) eines Produkts, das Preis-Qualitäts- bzw. Preis-Nutzen-Verhältnis.
3. Die Angebotsanalyse im engeren Sinne ermittelt den Einstands- oder Bezugspreis einer Ware. Schema:

	Rechnungs- oder Listenpreis (ohne Umsatzsteuer)
–	Liefererrabatt
=	Zieleinkaufspreis
–	Liefererskonto
=	Bareinkaufspreis
+	Bezugskosten (Fracht, Rollgeld u. a.)
=	Bezugs- oder Einstandspreis

4. Die Angebotsanalyse im weiteren Sinne bezieht in den Angebotsvergleich auch die nicht rechenhaften Faktoren wie Termintreue, langjährige Lieferantenbindungen, Standortbedingungen, Serviceleistungen, Kulanz bei Gewährleistungsansprüchen u. a. mit ein. Mithilfe des sog. Scoringmodells können solche Einflussfaktoren quantifiziert und damit zu rechenhaften Größen umgewandelt werden. Durch die Quantifizierung dieser Leistungselemente soll erreicht werden, dass im Entscheidungsfall tatsächlich der Lieferant ausgewählt wird, der unter Einbeziehung der rechenhaften und nicht rechenhaften Leistungskomponenten insgesamt die beste Leistung erbringt (Optimierung des Gesamtnutzens beim Besteller einer Ware).
5. Produkte, die bei der Wertanalyse schlecht abschneiden, werden nicht in die Angebotsanalyse (den Angebotsvergleich) mit einbezogen. Die Lieferanten dieser Produkte können also bei Bestellungen nicht berücksichtigt werden, da ihre Produkte nicht über die vom Kunden als unerlässlich angesehenen Eigenschaften verfügen.
6. Die Wertanalyse bewirkt, dass außer kaufmännischen auch technische Aspekte (Qualitätsgesichtspunkte) in die Entscheidungsfindung mit einbezogen werden. Alle kaufmännischen Argumente nutzen nichts, wenn das benötigte Material nicht bestimmten technischen Anforderungen genügt.

7.–10. Siehe Sachdarstellung (4. Anwendungsbezug).

1.2 Bezugsquelleninformationen – Beschaffungsmarktforschung (Arbeitsbuch S. 6 ff.)

Seite 8: Arbeitsaufträge und Fragen zur Stofferschließung

1. Gliederung der einzelnen Karteikarten (der Datei) nach einzelnen Warenarten.
2. Eine Lieferantenkartei (-datei) gibt Auskunft darüber, welche Warenarten (Artikel) ein bestimmter Lieferer liefern kann.

3. Mögliche weitere Angaben: wichtige Konditionen (z. B. Frachtkostenregelung), Ergebnisse der betrieblichen Qualitätsprüfung, Sonderangebote, Einräumung besonderer Rabatte (z. B. Treuerabatt), besondere Serviceleistungen (z. B. Reparaturen, Ersatzleistungen).
4. Zweck der Bezugsquellenüberprüfung: Ausfindigmachen von günstigeren Bezugsquellen → Aufdeckung günstigerer Einkaufsbedingungen → Erzielung höherer Gewinne.
5. **Arbeitsvorlage 1:**

Informationen über Bezugsquellen

Innerbetriebliche (betriebsinterne) Informationsquellen	*Außerbetriebliche* (externe) Informationsquellen

Die Informationen stammen direkt vom Beschaffungsmarkt.	Die Informationen stammen nicht direkt vom Beschaffungsmarkt.
Primäre (unmittelbare) Informationsquellen	*Sekundäre (mittelbare)* Informationsquellen
Beispiele: *Gespräche mit Lieferern, Vertreterbesuche, Besuch von Ausstellungen*	Beispiele: *Fachbücher, Fachzeitschriften, Lieferantenverzeichnisse*

6. Rückgriff auf betriebsinterne und betriebsexterne, auf primäre und sekundäre Informationsquellen.
   Vergleichen Sie hierzu die Ausführungen in der Sachdarstellung (1. und 2.).
7. **Arbeitsvorlage 2:**
   (1) s – (2) p – (3) p – (4) s – (5) s – (6) s – (7) p – (8) p – (9) s – (10) p – (11) s – (12) s – (13) p – (14) s – (15) s – (16) s – (17) s – (18) s.
   Beachten Sie, dass die Übergänge fließend sind, z. B. bei Prospektmaterial!
8. **Arbeitsvorlage 3:**
   Die Übersicht ergibt sich aus den Lösungen zu Arbeitsauftrag 7.
9. Sie verspricht sich dadurch eine Optimierung der Beschaffung, also eine Beschaffung zu den bestmöglichen Bedingungen.
10. Das Liefererrisiko steigt. Begründung: Es gibt dann nicht nur einen, sondern mehrere Lieferanten, deren Zuverlässigkeit erst noch erprobt werden muss. Außerdem verschlechtert sich die Möglichkeit der Rabattgewährung. Begründung: statt eines Großauftrags (mit Mengenrabatt) nunmehr Zerstückelung der Aufträge.

1.3 Der richtige Beschaffungszeitpunkt (Zeitplanung)
(Arbeitsbuch S. 9 ff.)

Seite 11: Arbeitsaufträge und Fragen zur Stofferschließung

1. a) Siehe Sachdarstellung 1.
   b) Siehe Sachdarstellung (2.c – Einflussfaktoren)!
   c) Bestellmenge, Lagerkapazität
   d) Siehe Sachdarstellung (2.b – Begriff)!
   e) Siehe Sachdarstellung (2.b – Höhe)!
   f) Siehe Sachdarstellung (2.b – Kontrolle)!
   g) Siehe Sachdarstellung (2.a – Funktion)!
   h) Siehe Sachdarstellung (2.a – Begriff)!

2. a) **Arbeitsvorlage 1 a)**: Wertetafel:

Tag (April)	**1**	**2**	**3**	**4**	**5**	**6**	**7**	**8**	**9**	**10**
Lagerbestand in Stück	250	230	210	190	170	150	130	110	90	70

Tag (April)	**11**	**12**	**13**	**14**	**15**	**16**	**17**	**18**	**19**	**20**
Lagerbestand in Stück	50 300	330	310	290	270	250	230	210	190	170

Tag (April)	**21**	**22**	**23**	**24**	**25**	**26**	**27**	**28**	**29**	**30**
Lagerbestand in Stück	150	130	110	90	70	50 300	330	310	290	270

   b) Nach 10 Tagen, also am 11. April.
   c) Die Auffüllung des Lagers muss 6 Tage vor dem voraussichtlichen Eintreffen der Lieferung (11. April), also am 5. April veranlasst werden. Lagerbestand an diesem Tag: 170 Stück.

   Formel: MeB = Lieferzeit · täglicher Verbrauch + MiB

   d) 250 Stück (1. April) – 170 Stück (MeB) = 80 Stück : 20 = 4 Tage.
   1. April + 4 Tage = 5. April.
   e) HB (350 Stück)

3. **Arbeitsvorlage 1 b)**: Grafische Darstellung, siehe nächste Seite

Seite 11: Arbeitsaufträge und Fragen zur Stofferschließung (Fortsetzung)

3. **Arbeitsvorlage 1b)**: Grafische Darstellung

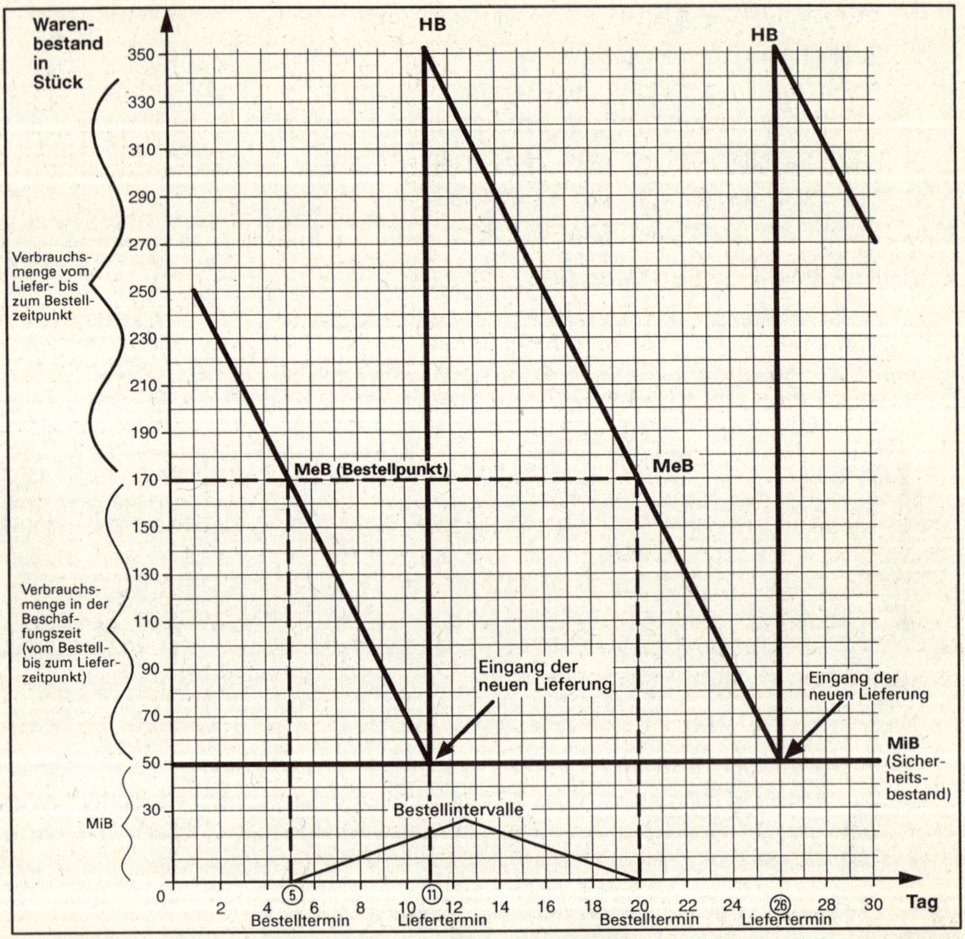

Seite 11: Arbeitsaufträge und Fragen zur Stofferschließung (Fortsetzung)

4. **Arbeitsvorlage 2:** Ableitung von Erkenntnissen aus dem Kurvendiagramm

a) Die Lagerbestandskurve

Sie hat im dargestellten Fall die Form von Sägezähnen; sie wird deshalb als *Sägezahn*kurve bezeichnet.

Das dargestellte Modell ist an zwei Voraussetzungen gebunden:

- der tägliche Verbrauch (der Bedarf bzw. die Lagerabgänge) ist (wie?) vollkommen *gleichmäßig* (*kontinuierlich*);
- die einzelnen Lieferungen erfolgen pünktlich und regelmäßig, d. h., es gibt keinerlei Lieferungs*verzögerungen*. Die Lagerbestandskurve hat ihren tiefsten und höchsten Punkt an ein und demselben Tag, nämlich am *Liefer*termin. Bei dem unterstellten gleichmäßigen Verbrauch pro Tag ist der zeitliche Abstand zwischen den einzelnen Lieferterminen immer *gleich* (*konstant*); er beträgt im vorliegenden Fall *15* Tage (11./26. April).

b) Der Höchstbestand (HB)

- Er wird unmittelbar nach Eingang einer neuen *Lieferung*, also am *Liefer*termin, erreicht und setzt sich aus zwei Komponenten zusammen, dem *Sicherheits-(Mindest-)*bestand und der *Bestell*menge.
- Die Gleichung für den HB lautet wie folgt: *HB = MiB + Bestellmenge*

c) Der Meldebestand (MeB)

- Dieser Lagerbestand markiert den *Bestell*termin.
- Zwischen dem Bestelltermin und dem Liefertermin liegt die *Beschaffungs*- oder *Liefer*zeit.
- Der Verbrauch (Bedarf, Lagerabgang) in der Beschaffungs- bzw. Lieferzeit ergibt sich durch Multiplikation der täglichen Verbrauchsmenge mit der *Beschaffungs*- bzw. *Liefer*zeit.
- Der Meldebestand setzt sich aus folgenden Komponenten zusammen (vgl. Grafik): *Verbrauchs*menge in der Beschaffungszeit + *Mindestbestand*
- Für den MeB ergibt sich demnach folgende Formel: **MeB** = *täglicher Verbrauch · Lieferzeit + MiB*

d) Der eiserne Bestand (MiB)

- Der MiB markiert den (welchen?) *untersten* Punkt der Sägezahnkurve.
- Betrachtet man die Formel für die Berechnung des Meldebestands, dann kann man daraus zwei „Standardsituationen" ableiten, die zu einer Inanspruchnahme des Sicherheitsbestands führen: ungeplante Erhöhungen des täglichen *Verbrauchs* oder eine unvorhergesehene Verlängerung *der Lieferzeit*. Ursache für Verbrauchssteigerungen können (was?) *Produktions*steigerungen oder erhöhte *Nachfrage* nach dem Produkt sein. Lieferungsverzögerungen können verursacht werden durch *Maschinen*ausfälle oder durch unvorhergesehene Ereignisse, wie z. B. *Streik* oder *Brände*.
- Ohne das Vorhandensein eines Mindestbestands käme es bei unvorhergesehenen Verbrauchs- oder Nachfragesteigerungen zu Versorgungsschwierigkeiten. Industriebetriebe müssten (was?) die *Produktion* einstellen und es entstünden sog. Leerkosten; Handelsbetriebe erlitten *Umsatz* einbußen.

1.4 Die richtige Beschaffungsmenge (Arbeitsbuch S. 12 ff.)

Seite 13: Arbeitsaufträge und Fragen zur Stofferschließung

1. **Arbeitsvorlage a):** Wertetafel

① Bestellhäufigkeit	② Bestellmenge in kg	③ Durchschnittl. Lagerbestand (in kg)	④ Kosten pro Bestellung	⑤ Gesamte Bestellkosten	⑥ Wert der gelagerten Ware	⑦ Lagerhaltungskosten	⑧ Gesamtkosten = Bestell- + Lagerhaltungskosten
1-mal	12 000	6 000	225	225	(6 000 · 3) 18.000	(20 % v. 18.000) 3.600	(3.600 + 225) 3.825
2-mal	6 000	3 000	225	(2 · 225) 450	9.000	1.800	(1.800 · 450) 2.250
3-mal	4 000	2 000	225	(3 · 225) 675	6.000	1.200	1.875
4-mal	3 000	1 500	225	900	4.500	900	1.800
5-mal	2 400	1 200	225	1.125	3.600	720	1.845
6-mal	2 000	1 000	225	1.350	3.000	600	1.950
7-mal	1 700	850	225	1.575	2.550	510	2.085
8-mal	1 500	750	225	1.800	2.250	450	2.250
9-mal	1 300	650	225	2.025	1.950	390	2.415
10-mal	1 200	600	225	2.250	1.800	360	2.610

2. Auswertung des Zahlenmaterials der Tabelle
   a) Sie steigen mit zunehmender Bestellhäufigkeit.
   b) Sie sinken mit zunehmender Bestellhäufigkeit.
   c) Sie sinken bis zu einem bestimmten Betrag (1.800,00 DM) und steigen dann wieder an.
   d) Optimale Bestellmenge: 3 000 kg; optimale Bestellhäufigkeit: 4-mal.
   e) Die Gesamtkosten (Bestell- und Lagerhaltungskosten) sind bei dieser Bestellmenge am niedrigsten; die Bestellkosten sind identisch mit den Lagerhaltungskosten.
   f) Siehe Markierung in der Tabelle!
3. a) bis c): siehe nächste Seite.
4. Auswertung der Sachdarstellung
   a) Siehe Sachdarstellung (1.)!
   b) Siehe Sachdarstellung (1.)!
   c) Siehe Sachdarstellung (2.)!
   d) Unterrichtsgespräch (Sachdarstellung 2. und 3.).
   e) Siehe Sachdarstellung (5.)!
   f) Das besprochene Modell lässt die Einräumung von Liefererrabatten beim Bezug größerer Mengen außer Acht, außerdem die Einsparung von Verpackungs-, Transport-, Versicherungskosten.
   g) Siehe Sachdarstellung (5., zweiter Abschnitt)!

Seite 13: Arbeitsaufträge und Fragen zur Stofferschließung (Fortsetzung)

3. a) **Arbeitsvorlage b)** Grafische Darstellung

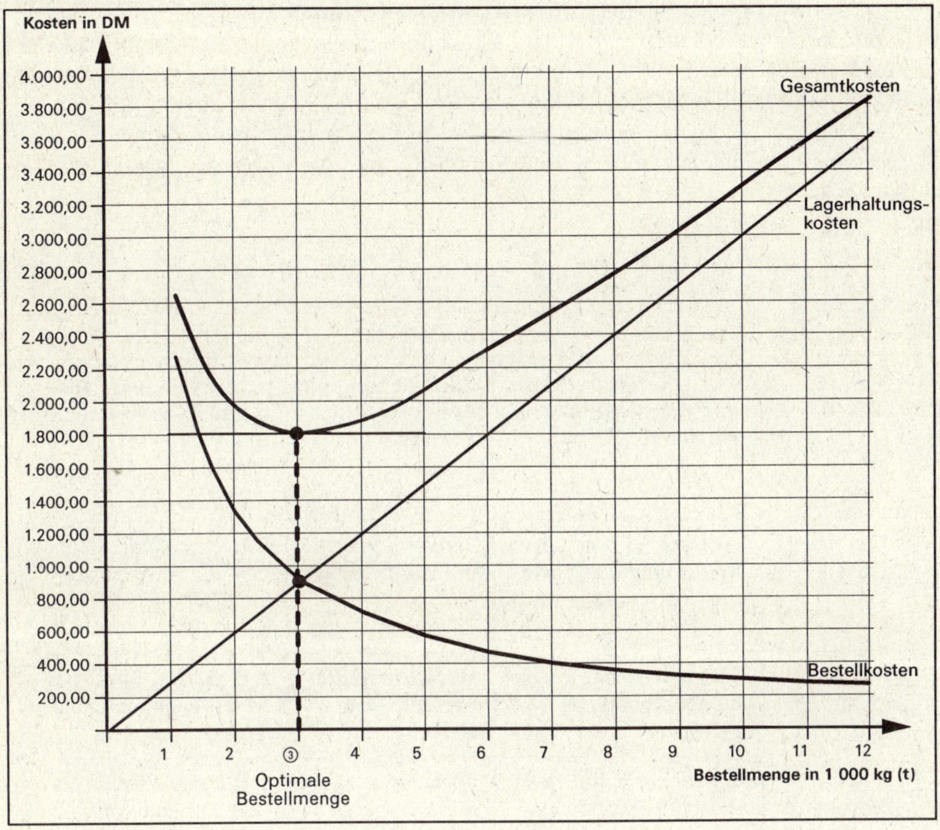

b) Siehe grafische Darstellung.

c) 2 Möglichkeiten der grafischen Darstellung der optimalen Bestellmenge:
   - Tangente als Parallele zur x-Achse an die Gesamtkostenkurve anlegen und auf diese Weise den niedrigsten Punkt dieser Kurve bestimmen;
   - Schnittpunkt von Lagerhaltungskosten- und Bestellkostenkurve bestimmen und von hier aus das Lot auf die x-Achse fällen.

1.5 Die Planung der Beschaffungspreise (Arbeitsbuch S. 15)

Seite 15: Arbeitsaufträge und Fragen zur Stofferschließung

1. Einflussfaktoren auf den Erfolg der Aktion:
   - von der Nachfrageseite her: die Marktstellung der Nachfrager;
   - von der Angebotsseite her: Kostensituation und Rationalisierungsmöglichkeiten bei den Zulieferern, Konkurrenz unter den Zulieferern, finanzielle Verhältnisse im Unternehmen; die Möglichkeit der Abwälzung von Preisnachlässen auf Vorlieferanten;
   - allgemeine Einflussfaktoren: die Preisentwicklung, die Konjunkturlage, die Lohnentwicklung.
2. Siehe Sachdarstellung (1.).
3. Deutung der einzelnen Beispiele

Beispiel	Beschreibung	Bezeichnung	Anmerkungen
① Fahrradketten	Unterschiedliche Preise auf räumlich getrennten Märkten für gleiche Produkte	**Räumliche Preisdifferenzierung**	z. B. Stadt- und Landpreise (Gastwirtschaft), Stadt- und Landmieten, Inlands- und Auslandspreise
② Thermojacken	Unterschiedliche Preise je nach Jahreszeit (evtl. auch Tageszeit)	**Zeitliche Preisdifferenzierung**	z. B. Nachttarife beim Telefon, Nachtstromtarif, Sommerpreise für Kohle, Pelze
③ Rennreifen	Unterschiedliche Preise je nach Abnahmemenge	**Mengenmäßige Preisdifferenzierung**	z. B. Strom, Gas, Wassertarife, Gruppenfahrten
④ Heiz-/Dieselöl	Unterschiedliche Preise je nach Verwendungsweise	**Verwendungsmäßige Preisdifferenzierung**	z. B. Koch- und Streusalz; Konsum- und Industriealkohol; Haushalts- und Gewerbetarife bei Strom, Gas, Wasser
⑤ Rechnungsvermerk	Die in Rechnung gestellten Preise müssen ohne Abzug (Rabatt, Skonto) beglichen werden	**Netto-Preissystem**	Vorteil: leichtere Vergleichbarkeit der einzelnen Preise
⑥ Fahrradtrikots	Die in Rechnung gestellten Preise sind Bruttopreise, d. h., sie können aus bestimmten Gründen gekürzt werden	**Brutto-Preissystem**	Nachteil: Verschlechterung der Markttransparenz wegen sog. „Mondpreise“

Seite 15: Arbeitsaufträge und Fragen zur Stofferschließung (Fortsetzung)

4. Gründe für die Preisdifferenzierungen:
   - **Räumliche:** Dumpingpreise, um auf einem bestimmten Markt (z. B. im Ausland) Fuß zu fassen (sog. Einführungspreise).
   - **Zeitliche:** Erreichung einer gleichmäßigen Kapazitätsauslastung trotz saisonaler Absatzschwankungen.
   - **Mengenmäßige:** Leichtere Fertigungsplanung, bessere Kapazitätsauslastung beim Hersteller, weniger Verwaltungsaufwand (z. B. gegenüber Kleinmengen), höherer Umsatz.
   - **Verwendungsmäßige:** Primär ursächlich für die verschieden hohen Beschaffungspreise ist die unterschiedliche Steuerbelastung der einzelnen Produkte.
   - **Preisdifferenzierung nach Abnehmergruppen:** Erschließung neuer Kundenkreise.

1.6 Die Wahl des richtigen Bestellverfahrens (Arbeitsbuch S. 16 f.)

Seite 17: Arbeitsaufträge und Fragen zur Stofferschließung

1. **Bestellpunktverfahren**
   a) Sie wird ausgelöst durch das Erreichen des MeB.
   b) Er liegt unterhalb des HB und oberhalb des MiB.
   c) Bis zum Eintreffen der Bestellung verringert sich der Lagerbestand. Im Idealfall erreicht der Lagerbestand den MiB genau zu dem Zeitpunkt, an dem die bestellte Ware bei uns eintrifft.
   d) Der MeB ist abhängig vom täglichen Verbrauch, von der Lieferzeit und vom MiB. Formel: MeB = Lieferzeit · täglicher Verbrauch + MiB.
   e) Steigender täglicher Verbrauch führt zu einer Erhöhung des MeB.
   f) Unterversorgung mit Bier bei Bedarfssteigerung.
   g) Sie ist unterschiedlich je nachdem, wie groß der Verbrauch (Bedarf) ist. Die Lagerbestandskurven verlaufen mal mehr, mal weniger steil.
   h) Es kann sowohl bei regelmäßigem als auch bei unregelmäßigem Verbrauch angewandt werden. Bei unregelmäßigem Bedarf muss jedoch der MeB entsprechend angepasst werden.

2. **Bestellrhythmusverfahren**
   a) Es sind die Zeitintervalle, also die Zeitspannen zwischen den einzelnen Bestellungen bzw. zwischen den einzelnen Lieferungen.
   b) Variabel sind die Bestellmengen. Es wird immer nur so viel bestellt, wie zur Auffüllung des Lagers, d. h. bis zum Erreichen des HB, erforderlich ist.
   c) Gefahr: Bis zur nächsten Lieferung können Versorgungslücken entstehen.
   d) Anwendung nur bei regelmäßigem Verbrauch (Bedarf).
   e) Bei beiden Bestellverfahren werden Lagervorräte angelegt, d. h., es handelt sich um Bestellmethoden der Vorratsbeschaffung.
   f) Größeres Versorgungsrisiko besteht beim Bestellrhythmusverfahren. Verdoppelt sich z. B. der Bierkonsum im Sommer, so ist bereits nach der Hälfte der Zeit, die zwischen zwei Lieferterminen besteht, der MiB erreicht.

Seite 17: Arbeitsaufträge und Fragen zur Stofferschließung (Fortsetzung)

g) Beibehaltung des Bestellpunktverfahrens, jedoch Anpassung des MeB an den gestiegenen Bierkonsum im Sommer, also Erhöhung des MeB in den Sommermonaten, z. B. Bestellung bereits nach dem Anstechen des drittletzten Fasses vornehmen.
Das Bestellrhythmusverfahren ist wegen des ungleichmäßigen Verbrauchs ungeeignet (Gefahr der Unterversorgung in den Sommermonaten). Ausweg: Unterschiedliche Lieferungsintervalle in den Sommer- und Wintermonaten.

3. **Deutung der Lagerbestandskurven**

Lagerbestandskurve 1:

Bestellpunktverfahren mit gleichmäßigem Verbrauch (Bedarf). Die Zeitintervalle zwischen den einzelnen Bestellungen (t1 – t4) sind immer gleich lang; der MeB verändert seine Höhe wegen des gleichmäßigen Verbrauchs nicht. Der MiB bzw. der HB wird pünktlich mit dem Eintreffen der Bestellung erreicht. Die Bestellmenge entspricht der Differenz zwischen Höchst- und Mindestbestand.
Wegen des gleichmäßigen Verbrauchs könnte in diesem Falle auf den MeB verzichtet werden und statt des Bestellpunktverfahrens das weniger verwaltungskostenaufwendige Bestellrhythmusverfahren eingeführt werden.

Lagerbestandskurve 2:

Bestellpunktverfahren mit ungleichmäßigem Verbrauch. Die Zeitintervalle zwischen den einzelnen Bestellungen (t1 – t4) sind unterschiedlich lang. Bei großem Verbrauch (Bedarf) verläuft die Lagerbestandskurve steiler nach unten, deshalb wird schon zu einem früheren Zeitpunkt der MiB erreicht; die Zeitintervalle zwischen zwei Bestellungen werden kürzer. Umgekehrt ist es bei mäßigem (langsam abnehmendem) Verbrauch. Je höher der Verbrauch (Bedarf) in den einzelnen Zeitabschnitten ist, desto höher muss auch der MeB sein, wenn der MiB nicht angegriffen werden soll.

Lagerbestandskurve 3:

Bestellrhythmusverfahren mit unterschiedlichen Bestellmengen. Es wird davon ausgegangen, dass die Lagervorräte bei Lieferung stets bis zum HB aufgefüllt werden. Die Zeitintervalle zwischen den einzelnen Lieferungen sind gleich bleibend (konstant), d. h., die Lieferungen erfolgen nach einem ganz bestimmten Rhythmus. Die bei der Anlieferung neuer Ware erreichten Lagerbestände liegen z. T. über dem MiB, teilweise auch darunter. Der bei Lieferung vorgefundene Lagerbestand ist abhängig von der Verbrauchsentwicklung in der jeweiligen Verbrauchsperiode. Je steiler die Lagerbestandskurve nach unten verläuft, desto größer ist bei konstantem Bestellrhythmus die Gefahr der Fehlversorgung. Das Bestellrhythmusverfahren ist also nur bei einem einigermaßen konstanten Verbrauch ohne großes Fehlmengenrisiko anwendbar.

3618PCM

1.7 Prizipien der Materialbereitstellung (Arbeitsbuch S. 18 ff.)

Seite 20: Arbeitsaufträge und Fragen zur Stofferschließung

1. **Arbeitsvorlage 2:** Übersicht

PRINZIPIEN DER MATERIALBEREITSTELLUNG

Beispiele

(1) **Spezialrohre** für eine Sonderanfertigung	(2) **Stahlrohre** für die tägliche Produktion	(3) **Kindersättel** für einzelne Serien
a) Bezeichnung		
Fallweise Beschaffung *–Einzelbeschaffung im Bedarfsfall* *– hand-to-mouth-buying* *– auftragsbezogenen Beschaffung*	*Einsatz- oder fertigungssynchchrone Beschaffung* *– Just-in-time-(JIT-)Prinzip* *– Lagerlose Sofortverwendung*	*Vorratsbeschaffung* *– Beschaffung mit Lagerhaltung* *– Bedarfsdeckung mit Vorratshaltung*
b) Anwendung		
bei auftragsbezogener Einzelfertigung (Spezialanfertigung)	*bei Mehrfachfertigung (Massenfertigung)*	*Einzel- oder Mehrfachfertigung*
c) Bestell- und Bedarfsmenge		
Bestellmenge= Bedarfsmenge (synchron)	*Liefermenge= Bedarfsmenge*	*Die Bestellmenge ist größer als die momentane Bedarfsmenge (asynchron)*
d) Lagervorräte		
keinerlei Lagervorräte	*geringe oder keine Lagervorräte (evtl. eine Tagesproduktion)*	*verhältnismäßig umfangreiche Lagervorräte*

2. Bewertung der Materialbereitstellungsprinzipien

Materialbereitstellungsprinzip	Vorteile	Nachteile
Fallweise Beschaffung (hand-to-mouth-buying)	– keine Lagerhaltungskosten – keine Kapitalbindungskosten – keine Wagniskosten (z. B. Schwund, Verderb, Diebstahl)	– starke Abhängigkeit vom Beschaffungsmarkt – Produktionsunterbrechungen infolge von Materialmangel möglich – schwierige Terminplanung – hohe Beschaffungskosten (geringe Menge, hohe Transportkosten, hohe Bestellfrequenz)
Fertigungs-synchrone Beschaffung (JIT-Prinzip)	– geringe Lagerhaltungskosten – geringe Kapitalbindungskosten – Möglichkeit zum Abschluss spezieller Lieferverträge zur Absicherung des Fehlmengenrisikos und zur Sicherung der Kostenvorteile bei Bezug großer Mengen	– Produktionsunterbrechungen wegen nicht termingerechter Anlieferung des Materials möglich (Gegenmittel: Konventionalstrafe) – beschränkte Einsatzfähigkeit (Streiks, Witterungseinflüsse beim Transport, Unfälle, Maschinen- und Brandschäden beim Lieferer) – höhere Transportkosten wegen häufiger Lieferung kleinerer Mengen – verstärkte wirtschaftliche Abhängigkeit des Lieferers vom Abnehmer (weitere Nachteile siehe Arbeitsauftrag 5!)
Vorratshaltung	– günstige Material- und Transportkosten – keine Stillstandskosten (sicherer Ablauf des Herstellungsprozesses) – größere Unabhängigkeit vom Beschaffungsmarkt – geringes Fehlmengenrisiko (große Bestellmenge, geringe Bestellhäufigkeit) – geringe Bestellabwicklungskosten	– verhältnismäßig hohe Lagerkosten – verhältnismäßig hohe Kapitalbindungskosten – verhältnismäßig hohe Wagniskosten

Richtige Wahl kann zu Kosten[...] durch Minimierung des Materialbest. + Red. der Kapitalbindungskosten

3. Siehe Sachdarstellung (1.).

4. a) Notwendige Voraussetzungen für die Abschaffung des eisernen Bestands:
   - Absolute Zuverlässigkeit der Lieferer hinsichtlich der Zeit und der Warenqualität;
   - keine Transportverzögerungen;
   - gleich bleibender Verbrauch.

Seite 20: Arbeitsaufträge und Fragen zur Stofferschließung (Fortsetzung)

4. b) Mögliche Folgen der Abschaffung:

   Produktionsstörungen, damit verbunden Umsatzverluste, Kundenverluste und evtl. Verlust des Rufs als zuverlässiger Lieferer.

   c) Schülerindividuelle Lösung. Im Hinblick auf die nur schwer einzuhaltenden Voraussetzungen könnte die Antwort wie folgt lauten: Im Interesse einer steten Lieferbereitschaft muss ein Mindestbestand gehalten werden. Es kann auch versucht werden, eine Konventionalstrafe zu vereinbaren.

5. Nachteile des JIT-Prinzips

   a) für den Kunden:
   - Hohe Störanfälligkeit (z. B. Witterungseinflüsse, Unfälle, Streiks, Katastrophen).
   - mangelnde Akzeptanz durch die Beschäftigten

   b) für den Spediteur:
   - Zeitdruck durch Staugefahr, Unfälle, kurzfristige Aufträge und Änderungswünsche

   c) für die Lieferanten:
   - hohe Vertragsstrafen bei Lieferterminüberschreitung
   - Verlust an Selbstständigkeit, weil Anpassung an das Logistikkonzept der Abnehmer erforderlich ist (flexible Fertigungsanlagen und Arbeitsorganisation, neue Standorte in Kundennähe, Beteiligung an der Produktentwicklung)

   d) für die Belegschaft des Liefererwerks:
   - Überstunden und Samstagsarbeit

   e) für die gesamte Volkswirtschaft:
   - steigende Umweltbelastung durch höheres Verkehrsaufkommen, verursacht durch wachsende Arbeitsteilung, Verkleinerung der Sendungsgrößen, Verzicht auf Regionalläger, Verlängerung der Transportwege.

1.8 Die ABC-Analyse als Mittel der Wirtschaftlichkeitskontrolle der Beschaffung und Lagerung (Arbeitsbuch S. 21 f.)

Seite 22: Arbeitsaufträge und Fragen zur Stofferschließung

1. Ergänzung der Tabelle (Ausgangssituation)

Material-Nr.	Verbrauchsmengen			Verbrauchswerte			
	Einheiten	Anteil in %	Rang-folge	Preis je Einheit	Material-wert in DM	Anteil in %	Rang-folge
4001	200	*2*	*(5)*	50,00	*10.000,00*	*37,4*	*(2)*
4002	1 400	*14*	*(3)*	1,50	*2.100,00*	*7,8*	*(3)*
4003	6 500	*65*	*(1)*	0,10	*650*	*2,4*	*(5)*
4004	1 600	*16*	*(2)*	1,25	*2.000,00*	*7,5*	*(4)*
4005	300	*3*	*(4)*	40,00	*12.000,00*	*44,9*	*(1)*
Summe	10 000	100	–	–	*26.750,00*	100,0	–

Seite 22: Arbeitsaufträge und Fragen zur Stofferschließung (Fortsetzung)

2. **Arbeitsvorlage 1:** Geordnete Tabelle (Rangordnungstabelle)

Material-Gruppen	Mate-rial-Nr.	Material-wert in DM	Anteile in % an der Gesamt-verbrauchs-menge	Anteile in % am Gesamt-verbrauchs-wert	Formulierung des Ergebnisses
A-Güter	*4 005*	*12.000,00*	*3,0*	*44,9*	*Mengenmäßiger Anteil gering (5 %), wertmäßiger Anteil sehr hoch (82,3 %)*
	4 001	*10.000,00*	*2,0*	*37,4*	
	Summe:	*22.000,00*	*5,0*	*82,3*	
B-Güter	*4 004*	*2.000,00*	*16,0*	*7,5*	*Mengenmäßiger Anteil: 30 %, wertmäßiger Anteil: 15,3 %*
	4 002	*2.100,00*	*14,0*	*7,8*	
	Summe:	*4.100,00*	*30,0*	*15,3*	
C-Güter	*4 003*	*650,00*	*65*	*2,4*	*Mengenmäßiger Anteil sehr hoch (65 %), wertmäßiger Anteil sehr gering 2,4 %*

3. **Arbeitsvorlage 2:** Grafische Darstellung

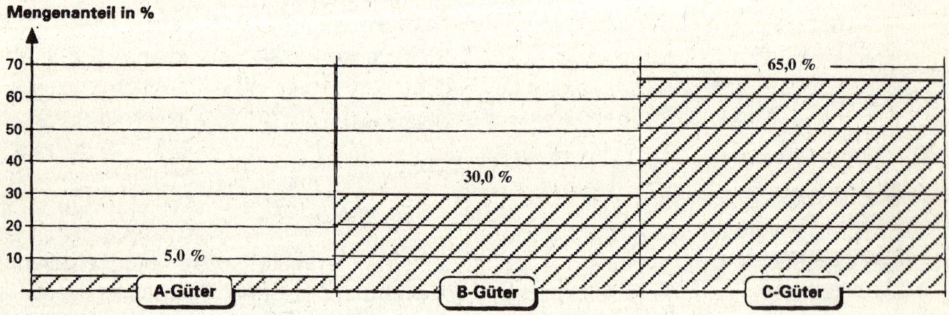

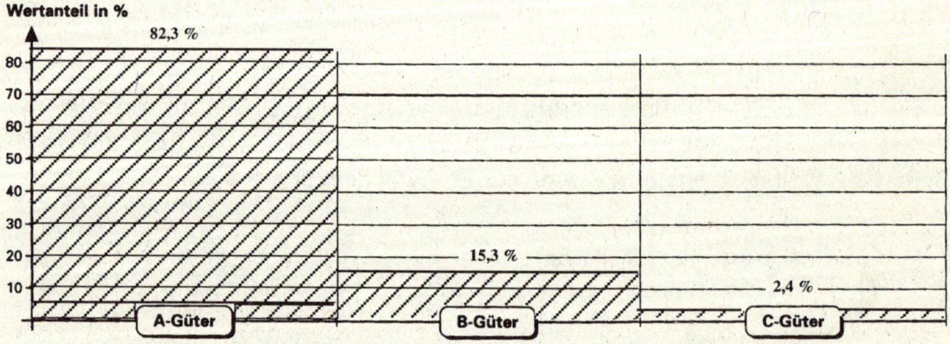

Seite 22: Arbeitsaufträge und Fragen zur Stofferschließung (Fortsetzung)

im gleichen Verhältnis

4. Prämisse: die Lagerkosten verlaufen proportional zum Wert der gelagerten Ware.
5. C-Güter können wegen des geringen Wertanteils auf einmal bestellt werden (geringe Lagerkosten).
6. Unternehmerische Konsequenzen aus den Ergebnissen der ABC-Analsyse (Übersicht).

Entscheidungsbereiche	**Unternehmerische Entscheidungen und Weisungen in Bezug auf A-Güter**
a) Angebotsbearbeitung	*Genaue Angebotsvergleiche durchführen.*
b) Einkaufsverhandlungen	*Harte Verhandlungen führen (Rabatte, Boni, Skonto).*
c) Personelle Besetzung von Einkauf und Lager	*Qualifizierte Einkäufer und Lagerverwalter einsetzen.*
d) Bestellhäufigkeit	*Relativ hoch, um Lagerkosten (insbesondere Zinskosten) zu sparen.*
e) Lagerorganisation	*Ausrichtung am A-Material*
f) Arbeitsaufwand im Lager	*Hoch (im Gegensatz zum C-Material – viele Lagerkontrollen und Sicherungen)*

7. Zweck der ABC-Analyse: Siehe Sachdarstellung (1.).
8. Vorgehensweise: Siehe Sachdarstellung (3.).

ABC-Analyse als entscheidungsvorbereitendes Instrument

Handlungsfeld 2: LAGER

2.1 Lagerarten im Industriebetrieb (Arbeitsbuch S. 23 ff.)

Seite 28: Arbeitsaufträge

1. **Beziehungszusammenhänge zwischen einzelnen Bilanzposten und dem Lager:**
   (2) Maschinen und Transporteinrichtungen: Förderbänder, Hebevorrichtungen für das Lager u. a.
   (3) Rohstoffe befinden sich im Rohstofflager, einer besonderen Form des Roh- oder Beschaffungslagers.
   (4) Hilfsstoffe befinden sich im Hilfsstofflager.
   (5) Betriebsstoffe befinden sich im Betriebsstofflager.
   (6) Unfertige Erzeugnisse stellen in der Regel ein Zwischenlager dar.
   (7) Fertige Erzeugnisse befinden sich im Fertigwaren- oder Absatzlager.
   (8) Handelswaren befinden sich im Handelswarenlager.
   (9) Kasse, Bank, Postgiro: Hohe Lagerbestände binden flüssige Mittel, insbesondere wenn mit Skonto bezahlt wird.
   (10) Eigenkapital: Lagerbestände werden entweder mit Eigen- oder mit Fremdkapital finanziert.
   (11) Langfristige Verbindlichkeiten: Sie entstehen z. B. beim Bau von Lagergebäuden, die mit langfristigen Bankkrediten (beispielsweise Grundschuldkrediten) finanziert werden.
   (12) Kurzfristige Verbindlichkeiten: Sie entstehen, wenn Roh-, Hilfs-, Betriebsstoffe, bezogene Teile oder Handelswaren auf Ziel gekauft werden, sodass Liefererschulden (Verbindlichkeiten) oder Wechselschulden entstehen.

2. **Arbeitsvorlage 1:** Bestimmung der Lagerarten
   - (1a) Rohstoff-, (1b) Hilfsstoff-, (1c) Betriebsstoff-, (1d) Zubehörteile-, (1e) Handelswarenlager
   - (2a) Rohwaren-, Materiallager, (2b) Halbfabrikate-, (2c) Fertigwarenlager
   - (3a) Eingangs- oder Annahmelager, (3b) Reserve- oder Sicherheitslager, (3c) Zwischen- oder Puffer-, Umlauf-, Überfließ- oder Aufstaulager, (3d) Versandlager
   - (4a) Zentrales, (4b) dezentrales Lager
   - (5a) Geschlossenes, (5b) halb offenes, (5c) offenes Lager
   - (6a) Hilfs-, (6b) Neben-, (6c) Handlager
   - (7a) Internes, (7b) externes Lager
   - (8a) Eigen-, (8b) Fremdlager
   - (9a) Inlands-, (9b) Auslandslager
   - (10a) Kommissions-, (10b) Konsignationslager
   - (11a) Ersatzteil-, (11b) Werkzeug-, (11c) Abfall-, (11d) Retouren-, (11e) Büromateriallager
   - (12a) Objektgebundenes, (12b) funktionsgebundenes Lager

3. Übersicht (**Arbeitsvorlage 2**), siehe nächste Seite.

Seite 28: Arbeitsaufträge (Fortsetzung)

3. **Arbeitsvorlage 2:** Übersicht

LAGERARTEN IN INDUSTRIEBETRIEBEN

unterschieden nach ...

der Art der Rohwaren
- *Rohstofflager*
- *Hilfsstofflager*
- *Betriebsstofflager*
- *Zubehörteilelager*

der Funktion des Lagers
- *Eingangs-(Annahme-)lager*
- *Reserve-(Sicherheits-)lager*
- *Zwischenlager, Pufferlager, Umlauflager, Überfließlager, Aufstaulager, Versandlager*

einzelnen Sonderaufgaben
- *Ersatzteillager*
- *Werkzeuglager*
- *Retourenlager*
- *Abfalllager*
- *Büromateriallager*

dem Grad der Fertigstellung des Lagerguts
- *Rohwaren-(Material-)lager*
- *Halbfabrikatelager*
- *Fertigwarenlager*

der Bedeutung des Lagers im Betrieb
- *Nebenlager*
- *Hilfslager*
- *Handlager*

der räumlichen Gestaltung des Lagers
- *Offene Lager*
- *Halboffene Lager*
- *Geschlossene Lager*

den Eigentumsverhältnissen
- *Eigenlager*
- *Fremdlager*

zollrechtlichen Gesichtspunkten
- *Inlandslager*
- *Auslandslager*

Eigentums- und zollrechtlichen Gesichtspunkten
- *Kommissionslager*
- *Konsignationslager*

der räumlichen Lage des Lagerstandorts
- *Zentrales Lager*
- *Dezentrales Lager*

der Lage des Lagers (im Verhältnis zum Betrieb)
- *Internes Lager*
- *Externes Lager*

den Organisationsprinzipien der Lagerung
- *Objektgebundenes Lager*
- *Funktionsgebundenes Lager*

Seite 28: Arbeitsaufträge (Fortsetzung)

4. **Lagerarten, unterschieden nach betrieblichen Funktionen (Arbeitsvorlage 3)**

- **Lager im Beschaffungsbereich** (Beschaffungs- oder Rohlager):
  (1) Wareneingangslager (2) Rohstofflager (3) Hilfsstofflager
  (4) Betriebsstofflager (5) Zubehörteilelager
- **Lager im Produktionsbereich** (Produktionslager)
  (6) Handlager (7) Nebenlager
  (8) Ersatzteillager (Maschinen, Apparate) (9) Werkzeuglager
  (10) Zwischenlager Fertigteile (11) Abfalllager
- **Lager im Absatzbereich** (Absatzlager):
  (12) Fertigwarenlager (13) Versandlager (14) Handelswarenlager
  (15) Retourenlager (16) Ersatzteillager (Fertigwaren)

5. **Exzerpt (Arbeitsvorlage 4)**

Eingeschosslager

- Anwendung, wenn ausreichend Lagerfläche vorhanden ist;
- Nachteile: enormer Flächenbedarf, evtl. hohe Miet- oder Pachtaufwendungen, hohe Lagerzinsen;
- Vorteile:
  - relativ einfache Bewirtschaftung, z. B. einfacher An- und Abtransport der Ware;
  - Orientierung der Lagerhaltung am Materialfluss.

Mehrgeschosslager

- Begriff: Die einzulagernden Materialien werden auf verschiedenen Ebenen aufbewahrt;
- Hauptvorteil: Orientierung der Lagerhaltung am Materialfluss im Betrieb;
- Nachteile:
  - Belegung der Läger nicht nach der Zugangs- oder Abgangshäufigkeit;
  - Schwierigkeiten beim Wiederfinden von Lagergütern bei fehlerhafter Zugangsbuchung;
  - keine optimale Lagerbelegung, weil die Lagerflächen nicht genormt sind.

Hochregallager

- Vorteile: bessere Raumausnutzung, schnellere Abwicklung der Warenbewegungen;
- Begriff: Lager in Hallen mit Höhen von 12 bis 45 m;
- Arten: automatische Hochregallager, ausgestattet mit Steig- und Abfördersystemen;
- Stapelhöhen: Sie gehen über den Arbeitsbereich normaler Förderzeuge (z. B. Gabelstapler) hinaus; Einsatz moderner Fördertechnik und von EDV erforderlich;
- Systemelemente automatischer HRL:
  - zentrale EDV-Anlage
  - Hochregalrechner
- Leistungsfähigkeit:
  - Bestandsführung im Lager;
  - optimale Materiallagerung (Minimierung der Transportwege, Auslagerung nach einer bestimmten Prioritätsregel, verbesserte Raum- und Flächennutzung, Lagerplatzbelegung nach Umschlagshäufigkeit).

2.2 Lagerorganisation (Arbeitsbuch S. 29 ff.)

Seite 32 f.: Arbeitsaufträge und Fragen zur Stofferschließung

1. **Organisationsgrundsätze der Lagerung**

a) Die Unterhaltung von Lagerflächen und Lagerräumen verursacht Kosten.

ba) Gesamtlagerfläche 1 500 m^2 = 100 %
genutzte Lagerfläche 1 050 m^2 = x %
x = 100 · 1 050 : 1 500 = 70 %

bb) Flächennutzungsgrad = genutzte Lagerfläche · 100 : Gesamtlagerfläche

ca) Gesamtlagervolumen 5 000 m^3 = 100 %
genutztes Lagervolumen 3 000 m^3 = x %
x = 100 · 3 000 : 5 000 = 60 %

cb) Raumnutzungsgrad = genutztes Lagervolumen · 100 : Gesamtlagervolumen

d) **Bestimmungsfaktoren für die Lagergröße:** Gewicht, Größe, Sperrigkeit, Aufbewahrungsart der Güter, Lagerdauer, Lieferzeit, Größe des Betriebs, Branchenzugehörigkeit des Betriebs, Art und Zahl der im Lager benötigten Transportmittel, Stapelfähigkeit der Ware, erforderliche Breite der Gänge im Lager, Art des jeweiligen Fertigungsverfahrens, Größe der optimalen Bestellmenge u. a.

e) Je höher die Umschlagsgeschwindigkeit des Lagers, desto geringer ist die durchschnittliche Lagerdauer, desto geringer sind die gesamten Lagerkosten, insbesondere die Kosten der Kapitalbindung im Lager.

fa) **Lagereinrichtungen:** Kräne, Förderbänder, Aufzüge, Laufkatzen, Gabelstapler, Elektrokarren, Hebevorrichtungen, Lagerbeschickungsautomaten (Roboter), elektronisch gesteuerte Regelförderfahrzeuge.

fb) **Kostenarten:** Zunehmende Bedeutung gewinnen die Kapitalkosten (Zinsen, Abschreibungen, Fremdreparaturen); immer weniger Bedeutung haben die Personalkosten (Löhne, Gehälter).

ga) **Nachteile von zu hohen Lagerbeständen**: Höhere Lagerkosten, insbesondere zu viel „totes Kapital", zu hohe Raumkosten; Gefahr des Warenverderbs, der technischen Überalterung; evtl. Beeinträchtigung der Liquidität durch zu große Kapitalbindung.

gb) **Negativfolgen zu niedriger Lagerbestände:** Produktionsstillstand; keine Ausnutzung von Mengenrabatten; Nichtberücksichtigung der optimalen Bestellmenge; evtl. hohe Kosten für Fremdlager. Soweit es sich um Fertigungsmaterial handelt, kann fehlende Lieferbereitschaft die Folge sein; das kann zum Abwandern von Kunden, zu Lieferungsverzug, zur Zahlung von Konventionalstrafen führen. Fehlende Auswahlmöglichkeiten haben in der Regel Umsatzeinbußen zur Folge, weil Kunden bei der leistungsfähigeren Konkurrenz kaufen.

gc) **Qualitätssicherung der Ware:** z. B. Schutz der Ware vor Feuchtigkeit (Mehl, Zucker, Zement), vor Trockenheit (Käse, Tabak), vor Lichteinwirkung (Papier, Filme), vor Wärme (Fisch, Schokolade), vor Geschmacksverlust (Kaffee, Tee).
Errichtung spezieller Lagereinrichtungen für bestimmte Güter, z. B. Kühlanlagen für Fleisch.

gd) **Rechtzeitige Bedarfsmeldung des Lagers** an den Einkauf zwecks Bestellung neuer Waren. Hilfsmittel: Festsetzung eines **Meldebestands** und eines eisernen Bestands.

ha) **Notwendige Lagerinformationen:** Zu- und Abgänge an Waren, Warenbestände, aktueller Belegungszustand am Lager.
Nach Hartmann (Materialwirtschaft, Teil 2, Gehlen-Verlag, Bad Homburg v. d. H., 1985, S. 38) muss das Auskunftssystem insbesondere auf zwei Fragen Antwort geben: „Auf welchem Lagerplatz befindet sich welche Ware? Welche Ware befindet sich auf welchem Lagerplatz?“

hb) Einsparung von Transportwegen, Zusammenfassung von Transporten, Vermeidung von Doppelbelegungen im Lager.

i) **Gründe für eine flexible Lagerorganisation:**
- Änderungen des Produktionsprogrammes oder des Sortiments bei Handelswaren erfordern Umstrukturierungen im Lager.
- Zur Ausnutzung von Sonderangeboten im Einkaufsbereich müssen oft kurzfristig neue Lagerflächen zur Verfügung gestellt werden.
- Anpassung an saisonale Schwankungen der Lagerbestände.
- Zwang zur Rationalisierung und Automatisierung im Lagerbereich.

j) **Selbstständige Formulierung von Grundsätzen der Lagerorganisation**, z. B.:

(2) Das Lager soll **übersichtlich** sein, damit einzelne Waren schnell gefunden werden können.
Hilfsmittel: Lagerplan, Ausstattung des Lagers mit technischen Hilfsmitteln, klare Beschriftung der einzelnen Lager.

(3) Die Waren sollen **richtig**, d. h. artgerecht, gelagert werden. Dazu gehört z. B. der Schutz vor Nässe, Kälte, Wärme, Licht, Trockenheit.

(4) Die Waren sollen **funktionsgerecht** gelagert werden.
Beispiele: Häufig gebrauchtes Lagergut ist in der Nähe der Verbrauchsstellen zu lagern; schwere Gegenstände sind möglichst ebenerdig zu lagern.

(5) Das Lager darf die Gesundheit der Mitarbeiter und die Umwelt nicht gefährden, z. B. die Lagerung von Chemikalien, von Atommüll.

(6) Das Lager soll gegen Feuer, Überschwemmung und Diebstahl gesichert sein.
Hilfsmittel für die Diebstahlsicherung: Alarmanlagen, Fenstergitter, Stahltüren, Sicherheitsschlösser, Kontrolle durch Wach- und Schließgesellschaft.

(7) Das Lager soll über genug Hilfs- und Transportmittel verfügen, z. B. über Waagen, Messinstrumente, Hand- und Elektrokarren, Förderbänder, Flaschenzüge, Aufzüge, Spezialeinrichtungen wie Kühl-, Trocken-, Klimaanlagen.

(8) Im Lager sollen ausreichende Sicherheitsvorkehrungen getroffen werden, um das Personal, die Ware und die Lagereinrichtung zu schützen.
Beispiele: Gitterschutzpaletten verhindern das Herausfallen der Ware, Absaugvorrichtungen verhindern das Einatmen von gesundheitsschädlichen Dämpfen und Gasen. Bei der Lagerung von feuergefährlichen Materialien und Explosivstoffen müssen die entsprechenden Sicherheitsvorschriften eingehalten werden.

2. **Zentrale und dezentrale Lagerung**

a) Siehe Sachdarstellung (2.).

2. b) **Übersicht**

Bedeutung → / Art der Lagerung ↓	Vorteile	Nachteile
Zentrale Lagerung	– Größere Übersicht, weil alles an einem Ort lagert. – Bessere Ausnutzung der Lagerräume und Lagereinrichtungen (höherer Flächen- und Raumnutzungsgrad), weil mehr technische Hilfsmittel zur Verfügung stehen. – Geringere Mindestbestände erforderlich, da die Kontrolle der Lagerbestände und Lagerbewegungen leichter möglich ist. Folge: geringere Kapitalbindung – Einsatz von Lagerfachkräften und von besonderen Hilfsmitteln möglich. – Geringerer Personalbedarf, weil das Lagerpersonal vielfältiger eingesetzt werden kann. Insgesamt wird ein gezielter Personal- und Betriebsmitteleinsatz ermöglicht. – Bessere Rationalisierungsmöglichkeiten im Lager, z. B. lohnt sich der Einsatz von Spezialgeräten.	– Größere Risiken für die eingelagerten Waren (Verderb, Brand), weil die vielen Waren schlechter überwacht werden können. – Längere Transportwege und demzufolge höhere Transportkosten. – Entstehung von Kommunikationsproblemen zwischen Betrieb und Lager (größere Entfernungen) – Ungünstige Zuordnung des Zentrallagers zum Produktionsfluss, demzufolge höhere Transportkosten.
Dezentrale Lagerung	– Optimale Anpassung an den Produktionsfluss (Anordnung der Lager in Verbrauchsnähe, z. B. Errichtung von Handlagern in den einzelnen Werkstätten); geringere Transportkosten. – Geringeres Risiko für die eingelagerten Waren, weil eine bessere Kontrolle möglich ist.	– Oft schlechte Übersicht, weil viele kleine Einzellager existieren. – Hohe Kapitalbindung durch insgesamt zu hohe Lagerbestände. – Hoher Aufwand für die Lagereinrichtung und Lagerverwaltung.

c) Berücksichtigung der vorhandenen Verhältnisse und gewachsenen Strukturen im Betrieb erforderlich, so z. B. die Größe und Anordnung der Gebäude, die unterschiedlichen Fertigungsverfahren, bestimmte innerbetriebliche Transportwege.

d) Zentrallagerung ist nicht empfehlenswert …
- bei einem ausgedehnten Produktionsprogramm der Stauferland Fahrradwerke GmbH (Herstellung von Kinder-, Jugend-, Erwachsenenrädern, von Sport-, Touren- und Standardrädern);
- bei weitgehender Spezialisierung der einzelnen Werke auf die Herstellung bestimmter Rädertypen (zu lange Transportwege!).

e) Lösung nach Wirtschaftlichkeitserwägungen, außerdem wird die bestmögliche Anpassung des Lagers an den Produktionsfluss angestrebt.

Seite 32 f.: Arbeitsaufträge und Fragen zur Stofferschließung (Fortsetzung)

3. **Lagerplan**

   a) und b): Siehe Sachdarstellung (3.).

4. **Lagerplatzvergabe (Lagerstrategien)**

   a) **Festplatzsystem:** Jedes Lagergut hat einen bestimmten Stammplatz, der unabhängig von der jeweils eingelagerten Menge reserviert bleibt. Die reservierte Platzgröße entspricht dem erwarteten Umfang an Lagermaterialien.
   Freiplatzsystem: Jeder freie Platz wird für die Lagerung von Ware genutzt, d. h., die Waren werden nicht nach einem bestimmten System (z. B. Waren gleicher Art an einem bestimmten Ort) gelagert, sondern durcheinander („**chaotische Lagerung**").

   b) **Exzerpt**

Lagerplatzvergabe (Lagerstrategien)	**Kurze Beschreibung**	**Vorteile**	**Nachteile**
Fifo-Prinzip	Die zuerst (vor längerer Zeit, first in) eingelagerten Materialien werden zuerst wieder ausgelagert (first out).	Vermeidung langer Lagerzeiten. Folge: weniger Wertminderung und weniger Qualitätsverlust.	Die Verwirklichung dieser Lagerstrategie ist an bestimmte Voraussetzungen gebunden: a) Einsatz moderner Lagertechnik (Zugriff zum älteren Bestand muss möglich sein); b) Gewährleistung hoher Umschlagsleistungen; c) es müssen bestimmte organisatorische Vorkehrungen getroffen werden (z. B. die Verwaltung von Einlagerungsterminen).
Fachzoneneinteilung	– Aufteilung der Lagerplätze in Zonen. In jeder Zone werden nur ganz bestimmte Materialien gelagert (z. B. leicht verderbliche, verlustgefährdete Materialien). – Vielfach Bildung von Unterlägern.	– Materialien mit großer Umschlagshäufigkeit können in Zonen schnellen Zugriffs untergebracht werden. – Schneller Materialfluss durch Errichtung sog. Schnellläuferzonen, außerdem geringere Kapitalbindung.	– Schlechte Raumausnutzung bei Bildung von Unterlägern. – Der Raum einer Fachzone ist ausgerichtet auf Bestellmenge und Sicherheitsbestand. Höhere Lagermengen sind unmöglich. (Keine Spekulation möglich; Handlungsspielräume der Einkäufer sinken.) – Unflexibel bei verändertem Sortiment.

Seite 32 f.: Arbeitsaufträge und Fragen zur Stofferschließung (Fortsetzung)

Lagerplatzvergabe (Lagerstrategien)	Kurze Beschreibung	Vorteile	Nachteile
Chaoslagerung (Freie Lagerung)	– Den einzelnen Materialarten wird ein beliebiger Lagerplatz zugeordnet, der noch nicht belegt ist. – Ein und dieselbe Materialart befindet sich an unterschiedlichen Orten im Lager.	– Erhebliche Platzeinsparung (keine unbelegten Lagerplätze). – Weniger Neubauten bzw. weniger Fremdlagerung erforderlich, insbesondere in Zeiten steigender Produktion. – Freiwerden von Lagerplätzen für Spekulationszwecke und Pufferfunktionen. – Freie Plätze bei Sortimentsänderung, die durch andere Materialien aufgefüllt werden können.	– Hohe Ansprüche an die Lagerorganisation: • jederzeitige Auskunftsbereitschaft erforderlich • Anfertigung eines Lagerspiegels (Übersicht über die belegten und freien Lagerplätze) notwendig • Einsatz von EDV-Anlagen • hohe Anforderungen an die Lagertechnik

5. **Beispiel für eine mögliche Lagerorganisation:**
   - **Warenannahme:** Waren annehmen – Wareneingang kontrollieren – Waren zur Lagerstelle transportieren
   - **Warenlagerung:** Waren einordnen – Waren pflegen – Waren behandeln
   - **Lagerbüro (Lagerverwaltung):** Bestände kontrollieren – Bestände aufnehmen durch Inventur – Lagerbücher führen
   - **Warenausgabe:** Warenausgang kontrollieren – Waren verpacken – Waren versenden

6. a) „Ruhendes Material ist totes Kapital."
   b) Leistungen des neuen Lagersystems:
      - Wegschaffen von eingehendem Material
      - Sortieren des Materials
      - Vollautomatisches Kommissionieren
      - Herausgabe von Lagergut nach Bedarf
      - Stapeln der unterschiedlichen Pakete auf Paletten
   c) Tendenz zur vollautomatischen Lagerung (mit Roboter)
   d) Hauptvorteile:
      - Leistungssteigerung (hohes Rationalisierungspotenzial, Kosteneinsparungen)
      - Rückgang der Reklamationen
   e) Im Handel entstehen 25 % der Gesamtkosten im Bereich Materialfluss, in der Industrie sind es 15 %.

Seite 32 f.: Arbeitsaufträge und Fragen zur Stofferschließung (Fortsetzung)

6. f) Automatisierung lohnt sich nur bei Großunternehmen, nicht oder nicht immer bei kleineren oder mittleren Betrieben. Hauptgrund: Die Vollauslastung automatischer Anlagen ist dann nicht gewährleistet. Die Automatisierung ist also an eine bestimmte Lagergröße und an bestimmte Umschlagsmengen im Lager gebunden.

g) 1995: 14 Mrd. DM Jahresumsatz mit fast 50 % Exportanteil. Steigender Auftragseingang, besonders aus dem Ausland.

Didaktisch-methodischer Hinweis

Bei knapper Unterrichtszeit oder in leistungsschwachen Klassen kann die Behandlung der allgemeinen Organisationsgrundsätze exemplarisch durchgeführt, d. h. auf einige wenige reduziert werden. Möglicherweise kann die Ausformulierung von Organisationsprinzipien auch als Hausaufgabe aufgegeben werden.

Ebenso kann das Eingehen auf die Bedeutung von zentraler und dezentraler Lagerung im Unterricht bei Zeitdruck auf die jeweils wichtigsten Vor- und Nachteile eingegrenzt werden.

Weiterhin kann der Lehrer statt der angebotenen zeitaufwendigen Textanalyse bei Bedarf in darstellender Weise die Begriffe Festplatz- und Freiplatzsystem erläutern und anschließend einige Wesensmerkmale der chaotischen Lagerung angeben.

2.3 Kosten und Risiken der Lagerhaltung (Arbeitsbuch S. 34 ff.)

Seite 36: Arbeitsaufträge und Fragen zur Stofferschließung

1. a) **Zusammenhang zwischen den Aufwendungen des GuV-Kontos und der Lagerhaltung:**

(1) Roh-, Hilfs-, Betriebsstoffaufwendungen entstehen, wenn mithilfe von Materialentnahmescheinen Waren vom Lager in die Produktion kommen.

(2) Löhne und Gehälter müssen auch für das Lagerpersonal bezahlt werden.

(3) Soziale Abgaben fallen bei den Lohn- und Gehaltszahlungen für das Lagerpersonal an.

(4) Raumkosten: Dazu gehören z. B. die Lagermiete, Kosten für die Beleuchtung, Putzkosten, kleinere Reparaturen am Gebäude.

(5) Abschreibungen auf Anlagen, z. B. Abschreibungen auf Förderbänder, Hebevorrichtungen, Lagerfahrzeuge.

(6) Energiekosten: Strom, Benzin, Dieselkraftstoff für Lagerfahrzeuge und Lagereinrichtungen.

(7) Verluste aus Anlageverkäufen, z. B. beim Verkauf von Lagereinrichtungen (Gabelstapler) unter ihrem Buchwert.

(8) Zinsaufwendungen fallen an, wenn Lagereinrichtungen durch langfristige Bankkredite (z. B. Darlehen) finanziert werden.

(9) Versicherungsbeiträge: z. B. Feuer-, Diebstahlversicherung.

(10) Gewerbesteuer: Das Lager ist Teil des Gewerbebetriebs, der einen bestimmten Gewerbeertrag erwirtschaftet, von dem die Gewerbesteuer berechnet wird.

(11) Instandhaltungskosten können bei sämtlichen Lagereinrichtungen entstehen, z. B. Reparaturen an Gabelstaplern, Förderbändern.

(12) Büromaterialkosten entstehen durch Formulare und Vordrucke, die im Lager verwendet werden, z. B. Materialentnahmescheine.

(13) Außerordentliche Aufwendungen können auch im Lager verursacht werden, z. B. Schadensfälle, für die kein Versicherungsschutz besteht, z. B. Verderb von Ware.

(14) Gewinn: Niedrige Lagerkosten tragen dazu bei, den Unternehmensgewinn zu steigern.

1. b) **Zusammenhang zwischen den Erträgen des GuV-Kontos und der Lagerhaltung:**

(15) Umsatzerlöse: Sie entstehen bei Abgängen aus dem Fertigwarenlager.

(16) Bestandserhöhungen: Der Lagerbestand für eine bestimmte Ware zu Beginn des Geschäftsjahres (AB) ist niedriger als der Lagerbestand am Ende des Geschäftsjahres (SB).

(17) Mieterträge können entstehen, wenn freie Lagerkapazitäten vermietet werden.

(18) Eigenverbrauch liegt vor, wenn der Unternehmer aus dem Fertigwarenlager Ware für Privatzwecke entnimmt.

2. **Arten von Lagerkosten**

Zuordnung der angegebenen Kostenbeispiele

Kosten für Schwund, Verderb, Beschädigung, Veralterung der Ware	(9)
Kosten für die Erfassung und Überwachung der Bestände (z. B. Inventurkosten)	(8)
Kosten für das Aus-, Umzeichnen, Bemustern der Ware	(7)
Kosten für die Prüfung (Probeentnahme)	(6)
Kosten fürs Zurichten der Ware	(6)
Kosten für Kühlung, für Klimaanlagen	(5)
Wertverluste durch Preisrückgänge	(9)
Kosten für das Kommissionieren der Ware (Zusammenstellen von verschiedenen Waren für einen Kundenauftrag)	(7)
Kosten fürs Umschaufeln, Wenden der Ware	(5)
Kosten für Büromaterial	(8)
Versicherungskosten	(9)
Kosten für Ein-, Um- oder Auslagern von Ware	(4)
Aufwendungen für Mengen- oder Güteminderung durch Lagerung	(2)

Einordnung der Kostenbeispiele in das Kostenschema (Sachdarstellung 1.)

(1) Siehe Lösungsbeispiel.

(2) Kosten aus den Lagerbeständen: z. B. Zinsen für das in den Lagerbeständen investierte Kapital, Aufwendungen für die Mengen- und Güteminderung durch Lagerung.

(3) Kosten für Lagereinrichtung: z. B. Energiekosten für Transportmittel, Reparaturkosten.

(4) Kosten der Güterbewegung: z. B. Abschreibungen für Kräne, Gleisanlagen, Transport- und Ladeeinrichtungen, Kosten für das Ein-, Um-, Auslagern von Ware.

(5) Kosten der Qualitätssicherung: z. B. Kosten für Kühlung, für Klimaanlagen, für die Beseitigung von Schäden, fürs Umschaufeln, Wenden der Ware.

(6) Kosten der Qualitätsverbesserung: z. B. Kosten für das Prüfen (Probeentnehmen), fürs Zurichten der Ware.

(7) Kosten für sonstige Behandlung der Ware: z. B. Kosten fürs Aus-, Umzeichnen, Bemustern der Ware, fürs Kommissionieren (Zusammenstellung verschiedener Warenarten für einen Kundenauftrag).

(8) Kosten der Leitung und Verwaltung der Lager: z. B. Personalkosten (Löhne, Gehälter), Kosten für die Erfassung und Überwachung der Bestände (z. B. Inventurkosten), Kosten für Büromaterial, Organisationskosten.

(9) Risikokosten: z. B. Kosten für Schwund, Verderb, Beschädigung, Veralterung der Ware, für Feuer-, Hochwasser-, Sturmschäden, Versicherungskosten, Wertverlust durch Preisrückgänge.

3. a) **Beispiele für fixe Lagerkosten:** Abschreibungen auf Gebäude, Gleisanlagen, Kräne usw. – Gehälter für Lagerpersonal – Gebäudeversicherung – Grundsteuern – Heizungskosten (Kosten für die Kühlung, für die Klimaanlage).

b) **Beispiele für variable Lagerkosten:** Zinsen für das in den Vorräten angelegte Kapital – Kosten für die Ein- und Auslagerung von Ware – Energiekosten für Transportmittel – Kosten für das Prüfen (Probenehmen) der Ware – Inventurkosten – Kosten für die Lagerkontrolle.

4. **Arbeitsvorlage 1 a):**

a) Wertetafel

Wert der eingelagerten Ware (DM)	Fixkosten (DM)	Variable Lagerkosten (DM)	Gesamtkosten der Lagerung (DM)	Lagerkostensatz (%)
100.000	20.000	8.000	28.000	28
200.000	20.000	16.000	36.000	18
300.000	20.000	24.000	44.000	14,7
400.000	20.000	32.000	52.000	13
500.000	20.000	40.000	60.000	12
600.000	20.000	48.000	68.000	11,3

b) **Arbeitsvorlage 1 b)**: Grafische Darstellung, siehe nächste Seite.

c) Beurteilung: Je größer der Wert der gelagerten Ware, desto geringer ist der Lagerkostensatz. Begründung: Die fixen Lagerkosten verteilen sich auf einen höheren Wert.

d) Die Verminderung des Lagerkostensatzes geht deshalb nicht endlos weiter, weil irgendwann einmal die Kapazitätsgrenze des Lagers erreicht wird und dann verursacht ein Lagerneu- oder Lagerumbau neue Investitionen und damit sprunghaft

Seite 36: Arbeitsaufträge und Fragen zur Stofferschließung (Fortsetzung)

4. b) **Arbeitsvorlage 1 b):** Grafische Darstellung

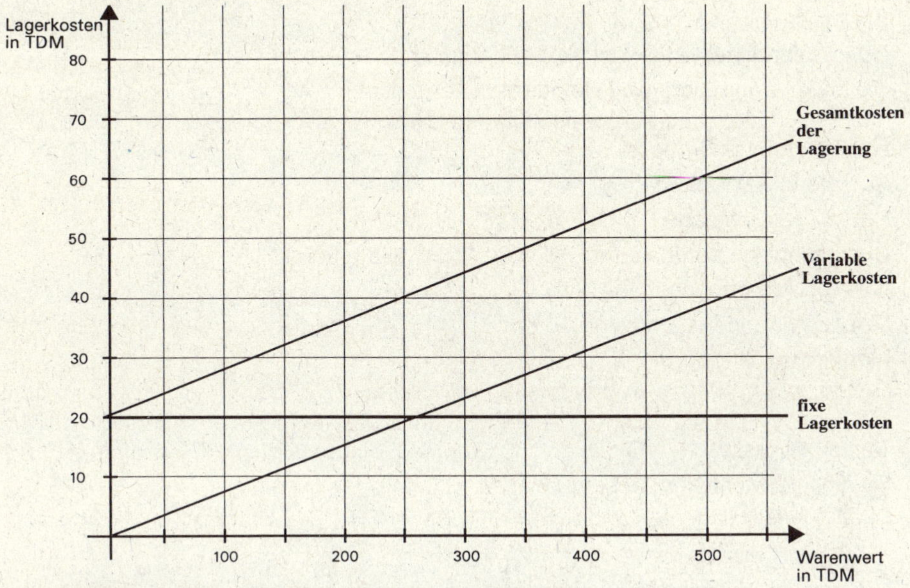

5. **Arbeitsvorlage 2:** Übersicht über die Lagerrisiken
   (1) Risiken durch Mengenverluste: z. B. Leckage (Flüssigkeitsverluste), Verderb, Schwund.
   (2) Risiken durch Wertverluste: z. B. Preisverfall bei Rohstoffen, Diebstahl, Veruntreuung, Wasser-, Feuerschäden, Veralten, Geschmacks- und Geruchseinbußen, Beschädigung von Waren, Qualitätsveränderungen (z. B. Zement wird hart).
   (3) Risiken durch zeitbedingte Veränderungen: z. B. Änderung von Verbrauchsgewohnheiten, Konjunktureinbrüche, Wechselkursrisiko, Mode- und Geschmackswandel, Bedarfsverschiebungen.
   (4) Risiken durch technisch bedingte Veränderungen: z. B. Entwicklung neuer Rohstoffe, Produktinnovationen, Entwicklung neuer Produktionsverfahren.
6. **Beziehungszusammenhang:**
   Je größer die Menge oder je höher der Wert der eingelagerten Ware, desto größer ist auch das Lagerrisiko.

2.4 Lagerkennziffern (Arbeitsbuch S. 37 ff.)

Seite 38 f.: Arbeitsaufträge und Fragen zur Stofferschließung

1. a) 800 Stück
   b) 885 Stück
   c) Verbrauchswert: 885 Stück · 50,00 DM = 44.250,00 DM
   d) Durchschnittlicher Monatsverbrauch: 885 Stück : 12 = 74 Stück
   e) Durchschnittlicher Wochenverbrauch: 885 Stück : 50 = 17,7 Stück

Seite 38 f.: Arbeitsaufträge und Fragen zur Stofferschließung (Fortsetzung)

2. aa) (210 + 125) : 2 = 167,5 Stück

ab) Durchschnittlicher Lagerbestand = (AB + EB) : 2
AB = Anfangsbestand, EB (SB) = Endbestand (Schlussbestand)

ac) Sie ist sehr ungenau, weil sie nur die Lagerbestände am Anfang und am Ende eines Geschäftsjahres berücksichtigt, jedoch die Lagerbestände während des Geschäftsjahres unberücksichtigt lässt.

ba) Summe aller Bestände: 3 909
Anzahl der Bestände: 25
Durchschnittl. Lagerbestand = 3 909 : 25 = 156,3 Stück

bb) Geringe Anwendungshäufigkeit

ca) Monats- und Vierteljahresbestände

cb) Monatsendbestände:

Januar:	140	Februar:	80	März:	80	April:	155
Mai:	131	Juni	191	Juli:	165	August:	35
September:	235	Oktober:	160	November:	225	Dezember:	125

cc) Summe 12 Monatsendbestände: 1 722 Stück

cd) Durchschnittl. Lagerbestand (LB) = 1 722 + 210 = 1 932 Stück : 13 = 148,6 Stück

ce) Formel: Durchschnittl. LB = (AB + 12 Monats-EB) : 13

cfa) 105 + 1 597 + 62,5 = 1 764,5 : 12 = 147,0 Stück
↓ (210 : 2) ↓ (1 722 – 125) ↓ (125 : 2)

cfb) Durchschnittlicher Lagerbestand = (1/2 AB + 11 Monatsendbestände [ohne Dezemberbestand]) + 1/2 EB [Dezember]) : 12

3. a) **2 000 Bezogene Teile (Dynamo CX 200)**

AB (210 · 50,00)	10.500,00 DM	SB (125 · 50,00)	6.250,00 DM
+ Zugänge (800 · 50,00) Zahlungsmittelkonten	40.000,00 DM	Verbrauch (885 · 50,00) Kontenklasse 6	44.250,00 DM
	50.500,00 DM		50.500,00 DM

b) Verbrauch in DM = AB + Zugänge – SB
= 10.500,00 + 40.000,00 – 6.250,00
= 44.250,00 DM
Verbrauch in Stück = 44.250,00 : 50 = 885 Stück

c) SB in DM = AB + Zugänge – Verbrauch
= 10.500,00 + 40.000,00 – 44.250
= 6.250,00 DM
SB in Stück = 6.250,00 : 50 = 125 Stück

Seite 38 f.: Arbeitsaufträge und Fragen zu Stofferschließung (Fortsetzung)

4. a) Umschlagshäufigkeit (-geschwindigkeit, UH) = 885 : 148 = 5,9797-mal, ungefähr 6-mal

   b) UH = Verbrauch (Menge oder Wert): durchschnittl. Lagerbestand (Menge oder Wert)

   c) Verkürzung der durchschnittlichen Lagerdauer – weniger totes Kapital

   d) Man kann die UH für die eigenen Waren mit den Branchendurchschnittszahlen vergleichen.

5. a) Durchschnittliche Lagerdauer (LD) = 360 : 6 = 60 Tage

   b) Durchschnittliche LD = 360 : UH

   c) Je größer die UH, desto geringer ist die durchschnittliche Lagerdauer und umgekehrt. Oder: Die durchschnittliche Lagerdauer ist umgekehrt proportional zur UH.

   d) In den Waren ist Kapital gebunden, das nicht verzinst werden kann (totes Kapital). Je geringer die durchschnittliche LD ist, desto geringer ist das in den Waren gebundene Kapital, desto geringer sind die Zinsverluste durch die Warenlagerung.

   e) Geeignete Maßnahmen zur Verkürzung der durchschnittlichen Lagerdauer:
   - höherer Verbrauch, d. h., es müssten mehr Räder mit diesem Dynamotyp ausgerüstet werden;
   - es müsste der durchschnittliche Lagerbestand gesenkt werden (Senken des Mindest- und Meldebestands).
     Durchschnittliche LD = 360 : UH = 360 · durchschnittlicher LB : Verbrauch
     Senkung des durchschnittlichen LB durch Abschluss langfristiger Lieferverträge, Kauf auf Abruf oder durch Lieferung „just in time“.

   fa) UH = Umsatz zu Einstandspreisen (Verbrauch) : durchschnittlicher Lagerbestand
   UH = 44.250,00 : [(10.500,00 + 6.250,00) : 2] = 44.250,00 : 8 375 = 5,28-mal

   fb) Durchschnittliche LD = 360 : 5,28 = 68 Tage
   Ursache der Abweichungen ist die vereinfachte Berechnung des durchschnittl. LB.
   Durchschnittlicher LB = (AB + SB) : 2

6. a) $\overline{p}$ = (pa · 180) : 360
   = (9 · 180) : 360 = 4,5 %

   b) $\overline{p}$ = (9 · 90) : 360 = 2,25 %

   c) $\overline{p}$ = (9 · 60) : 360 = 1,5 %

   d) $\overline{p}$ = pa · durchschnittl. LD : 360

   e) Verbrauchswert der Dynamos: 44.250,00 DM, 1,5 % davon sind 663,75 DM.
   Oder: Berechnung mit der kaufmännischen Zinsformel:

$$Z = \frac{K \cdot p \cdot t}{100 \cdot 360} = \frac{44.250,00 \cdot 9 \cdot 60}{100 \cdot 360} = 663,75 \text{ DM}$$

   f) pa = ($\overline{p}$ · 360) : durchschnittl. LD = (2 · 360) : 60 = 12 %

   g) Durchschnittl. Lagerdauer = ($\overline{p}$ · 360) : pa = (2 · 360) : 10 = 72 Tage

2.5 Eigen- oder Fremdlagerung (Arbeitsbuch S. 40 ff.)

Seite 42: Arbeitsaufträge und Fragen zur Stofferschließung

1. Problem: Sollen die Waren in Stuttgart in einem eigens zu errichtenden Lagerhaus (Eigenlagerung) oder in einem Lagerhaus eines Lagerverwalters (Fremdlagerung) eingelagert werden?
2. Vorteile der Fremdlagerung laut Angebotsschreiben:
   - Stets ausreichend vorhandene Lagerkapazitäten.
   - Günstige Lagergebühren.
   - Sachgemäße Lagerung der Ware wird garantiert.
   - Möglichkeit der Inanspruchnahme von Spezialeinrichtungen.
   - Nutzung von Serviceeinrichtungen.
   - Keine Probleme mit Kreditaufnahme.
   - Keine finanziellen Belastungen durch hohe Zinsen und Tilgungsraten.
   - Keine Einengung des Liquiditätsspielraums.
   - Keine Gefahr von Fehlinvestitionen (kein Investitionsrisiko).
   - Keine Probleme mit der Vollauslastung vorhandener Lagerkapazitäten.
   - Keine Fixkostenbelastung über Jahrzehnte hinweg.
   - Kein Ärger mit Baubehörden über restriktive Bauvorschriften.
   - Präsenz des Unternehmens an wichtigen Warenumschlagplätzen.
3. Siehe Sachdarstellung.
4. Kritische Lagermenge: Kosten der Eigenlagerung (EL) = Kosten der Fremdlagerung (FL)

   Kosten der EL: 1.920.000,00 : 20 Jahre = 96.000,00 DM Fixkosten pro Jahr.

   Monatliche Fixkosten: 96.000,00 : 12 = 8.000,00 DM

   Gleichung: Lagerkosten EL = Lagerkosten FL

   $$\begin{aligned} 8\,000 + 2{,}5\,x &= 5\,x \\ 2{,}5\,x &= 8\,000 \\ x &= 3\,200\ m^3 \end{aligned}$$

5. Bedeutung der „kritischen Lagermenge" für die WECO AG: Rechnet die Geschäftsleitung in Zukunft mit Lagermengen über 3 200 m^3, dann sollte sie einen Lagerneubau anstreben; im anderen Falle ist Fremdlagerung kostengünstiger.
6. **Arbeitsvorlage 1a):** Wertetafel

Eingelagerte Menge m^3	**500**	**1 000**	**1 500**	**2 000**	**2 500**	**3 000**	**3 500**	**4 000**	**4 500**
Gesamte Kosten der EL (KG – EL)	8.000 + 500 · 2,5 = 9.250	8.000 + 1.000 · 2,5 = 10.500	11.750	13.000	14.250	15.500	16.750	18.000	19.250
Gesamte Kosten der FL (KG – FL)	2.500	5.000	7.500	10.000	12.500	15.000	17.500	20.000	22.500

   b) Grafische Darstellung auf der nächsten Seite.

7. **Lehrsatz:** „Je größer die Lagermenge, desto mehr rentiert sich die Eigenlagerung."
   Begründung: Die bei Eigenlagerung vorhandenen Fixkosten verteilen sich auf eine größere Lagermenge.

Seite 42: Arbeitsaufträge und Fragen zur Stofferschließung (Fortsetzung)

Arbeitsvorlage 1 b): Grafische Darstellung

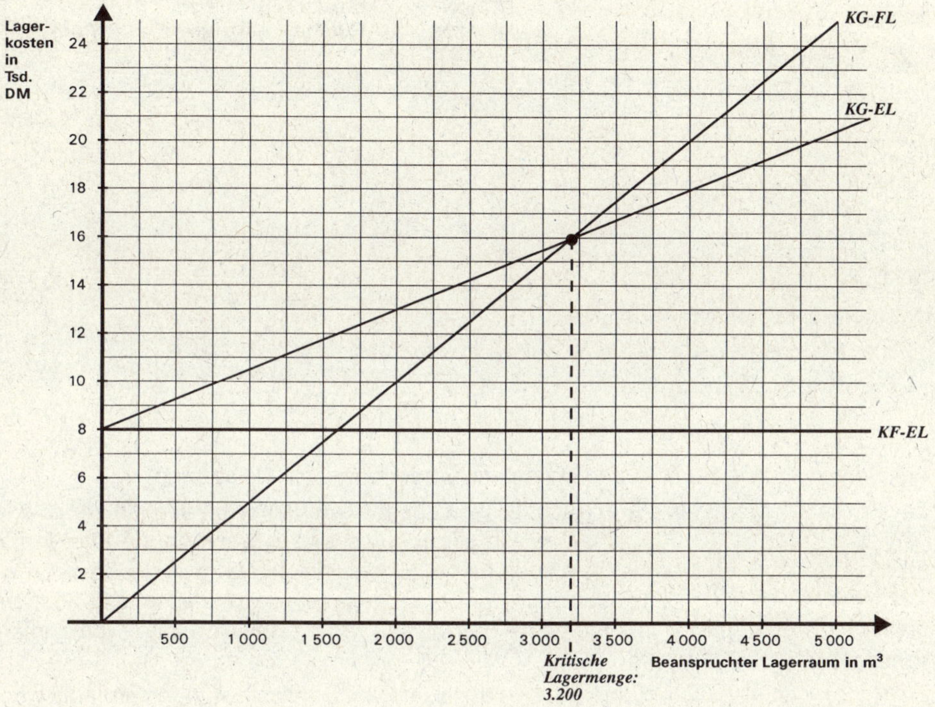

Seite 42: Arbeitsaufträge und Fragen zur Stofferschließung (Fortsetzung)

8. **Arbeitsvorlage 2:** Entscheidungsbewertungstabelle

Unternehmerische Subziele (Bewertungskriterien)	**Gewichtung (%)**	**Einlagerung**		**Fremdlagerung**	
		Einzelpunkte	**gewichtete Punkte**	**Einzelpunkte**	**gewichtete Punkte**
(1) Kostensenkung (durchschnittlich beanspruchter Lagerraum: 3 000 m^3)	35	–	–	2	70
(2) Flexibilität (möglichst schnelles Reagieren auf Kundenwünsche)	30	–	–	3	90
(3) Sicherung der Liquidität im Unternehmen	20	–	–	4	80
(4) Wahrung der unternehmerischen Unabhängigkeit	15	–	–	2	30
Summe	100	–	–	–	270

9. Schülerindividuelle Begründungen (je nach vorgenommener Bewertung).

Zu (1): Die angenommene durchschnittliche Lagermenge (3 000 m^3) liegt unterhalb der „kritischen Menge“ (3 200 m^3). Deshalb sind bei dieser Lagermenge die Kosten für Fremdlagerung niedriger als diejenigen für die Eigenlagerung. Gegen die Fremdlagerung spricht die Preisgleitklausel, nach der der Lagerhalter eine Anpassung der Lagergebühren an das jeweilige allgemeine Preisniveau (an die Inflationsrate) vornehmen kann.

Zu (2): Bei der Fremdlagerung können ein Vielzahl von Serviceleistungen erbracht werden (siehe hierzu das Antwortschreiben der Remus AG, Punkt 2 der Ausgangssituation). Diese Serviceleistungen können bei Eigenlagerung zum Teil auch durch eigenes Personal ausgeführt werden. Deshalb wurden für die Fremdlagerung in diesem Falle nur 3 von 6 möglichen Punkten vergeben.

Zu (3): Die Fremdlagerung bringt eindeutige Liquiditätsvorteile, weil keine Belastungen durch Zins und Tilgung von Krediten (Hypothekar-, Grundschuldkrediten) entstehen. Andererseits müssen bei Fremdlagerung Lagergebühren bezahlt werden. Die in den Geschäftsbedingungen verankerte Preisgleitklausel sowie die MIndestvertragsdauer von 2 Jahren können zu Liquiditätseinbußen führen. Deshalb wurden nicht 6, sondern nur 4 Einzelpunkte für die Fremdlagerung vergeben.

Zu (4): Die Wahrung der unternehmerischen Dispositionsfreiheit wird bei Fremdlagerung eingeschränkt durch die Mindestvertragsdauer von 2 Monaten, durch fehlenden unmittelbaren Einfluss auf das Lagerpersonal und durch die Notwendigkeit, auf dem Markt nach freien Lagerkapazitäten in Kundennähe suchen zu müssen. Andererseits entsteht bei Eigenlagerung der Zwang, die vorhandenen Lagerräume möglichst voll auszunutzen und keine Leerkosten zu verursachen. Die unternehmerische Dispositionsfreiheit wird bei der Eigenlagerung auch durch die stark erhöhte Fixkostenbelastung eingeschränkt.

Handlungsfeld 3: PERSONALWESEN

3.1 Gehaltsabrechnung (Arbeitsbuch S. 43 ff.)

Seite 45: Arbeitsaufträge und Fragen zur Stofferschließung

1. Gehaltsabrechnung

	Jetter	Schmauder
Bruttogehalt	6.948,00 DM	4.948,00 DM
+ vermögenswirksame Leistung d. Betriebs	52,00 DM	52,00 DM
steuerpflichtiges Gehalt	7.000,00 DM	5.000,00 DM
– Lohnsteuer lt. Tabelle (I/0 – III/2)	1.763,83 DM	524,16 DM
– Kirchensteuer (8 % der Lohnsteuer)	141,11 DM	0,00 DM
– Krankenversicherungsbeitrag 6,6 %[1]	415,80 DM	330,00 DM
– Rentenversicherungsbeitrag 10,15 %	710,50 DM	507,50 DM
– Arbeitslosenversicherungsbeitrag 3,25 %	227,50 DM	162,50 DM
– Pflegeversicherungsbeitrag 0,85 %[1]	53,55 DM	42,50 DM
– vermögenswirksame Anlage	78,00 DM	52,00 DM
Nettogehalt	3.609,71 DM	3.381,34 DM
+ Kindergeld (2 · 220,00 DM)	0,00 DM	440,00 DM
verfügbares Einkommen	3.609,71 DM	3.821,34 DM

[1] von der Beitragsbemessungsgrenze (BBG) für die Krankenversicherung. Sie beträgt 75 % der BBG der Angestelltenrentenversicherung, 1998 also 75 % von 8.400,00 DM = 6.300,00 DM. Davon werden 6,6 % (AN-Anteil) berechnet.

2. Obwohl der allein stehende Jetter gegenüber dem Familienvater Schmauder brutto 2.000,00 DM mehr verdient, ist sein verfügbares Einkommen um 211,63 DM niedriger als das seines Kollegen. Grund: höhere Abzüge wegen höherem Einkommen und aufgrund seines Familienstandes (allein stehend). Schmauder erhält auch noch Kindergeld. Frage der Steuergerechtigkeit (Steuerprogression, Soziallohnanteil). Jetter kann sein Nettogehalt für sich allein verbrauchen, bei den Schmauders müssen 4 Personen davon leben.
3. Lohn bzw. Gehalt bedeutet ...
   – für den Arbeitgeber: Bruttolohn + Lohnnebenkosten = gesamte Lohn- bzw. Gehaltskosten;
   – für den Arbeitnehmer: Bruttolohn – Abzüge = Nettlolohn (Lohn, der für die Deckung der Bedürfnisse zur Verfügung steht).
4. Jetter liegt mit seinem Bruttogehalt (7.000,00 DM) über der Beitragsbemessungs- bzw. Versicherungspflichtgrenze (1998: 6.300,00 DM) und ist damit nicht mehr krankenversicherungspflichtig. Er kann aus der gesetzlichen Krankenkasse austreten. Er muss sich bei diesem Einkommen überhaupt nicht krankenversichern lassen; er kann jedoch jederzeit einer privaten Krankenversicherung beitreten: Die Beiträge bestimmen sich u. a. nach dem Eintrittsalter.
   Schmauder muss Mitglied der gesetzlichen Krankenversicherung bleiben, da sein Einkommen unterhalb der Versicherungspflichtgrenze liegt. Selbst wenn sein Einkommen über dieser Grenze läge, wäre ein Wechsel in eine private Versicherung vermutlich wenig lukrativ, da er als Verheirateter mit 2 Kindern insgesamt 4 Versicherungsverhältnisse mit Beiträgen abdecken muss. Wahrscheinlich sind die Beiträge bei einer Privatversicherung wesentlich höher als bei der AOK.

Seite 45: Arbeitsaufträge und Fragen zur Stofferschließung (Fortsetzung)

5. **Rangfolge der Lohnnebenkosten:**

Auf je 100,00 DM Entgelt für geleistete Arbeit in der Industrie kamen zusätzliche Personalkosten (Zahlen für Ostdeutschland in Klammern):

(1) Arbeitgeberanteil zur Sozialversicherung: 27,50 DM (28,40 DM)
(2) Kosten für Urlaub, Urlaubsgeld: 19,20 DM (16,00 DM)
(3) Gratifikationen, 13. Gehalt: 8,50 DM (4,20 DM)
(4) Sonstige Kosten: 7,90 DM (13,00 DM)
(5) Betriebliche Altersversorgung: 7,10 DM (0,80)
(6) Lohnfortzahlung bei Krankheit: 4,80 DM (4,50 DM)

6. a) **Kostenberechnung für Alternative I:**

Gehaltskosten 43.200,00 DM, Lohnnebenkosten 34.560,00 DM, Sachkosten 9.600,00 DM, Materialkosten 3.000,00 DM, Urlaubsvertretungskosten 5.300,00 DM, insgesamt 95.660,00 DM.

Kostenberechnung für Alternative II:

– Gehaltsabrechnungen für 27 Angestellte je 500,00 DM	13.500,00 DM
– Lohnabrechnungen für 35 Arbeiter im Stundenlohn je 750,00 DM	26.250,00 DM
– Lohnabrechnung für 18 Akkordlohnarbeiter je 900,00 DM	16.200,00 DM
– Pauschale	20.000,00 DM
Summe	75.950,00 DM

b) **Begründung der Entscheidung für Alternative I:**

- Besserer Datenzugriff und besserer Datenschutz, da alle Daten im eigenen Haus bleiben;
- bessere EDV-Auslastung, dadurch möglicherweise erhebliche Kostenvorteile;
- die Preisgleitklausel ist ein unberechenbarer Risikofaktor, der zu erheblichen Kostenmehrbelastungen führen kann;
- geringere betriebliche Flexibilität durch die Mindestvertragsdauer (5-jährige Bindung an ein Unternehmen, dessen Arbeitsweise wir bisher noch nicht kennen);
- bei nicht vollständiger Auslastung der Lohnbuchhalterstelle kann der Angestellte vorübergehend auch an anderen Stellen im Betrieb eingesetzt werden;
- Entstehung von Termindruck durch die monatliche Ablieferungspflicht der Daten (10-tägige Vorlaufzeit für die Abrechnung).

c) **Begründung der Entscheidung für Alternative II:**

- Termingerechte und korrekte Ausführung der Arbeiten kann verlangt werden.
- Kostenersparnis (geringere Gesamtkosten)

Gesamtkosten bei Alternative I:	95.660,00 DM
Gesamtkosten bei Alternative II:	75.950,00 DM
Kostenvorteil bei Alternative II:	19.710,00 DM

- Arbeitsersparnis (Wegfall der Arbeiten für die Lohn- und Gehaltsabrechnung)
- Möglichkeit, die für das Lohnbüro vorgesehenen Räumlichkeiten anderweitig zu nutzen.

3.2 **Arbeitszeitstudien** (Arbeitsbuch S. 46 ff.)

Seite 48: Arbeitsaufträge und Fragen zur Stofferschließung

1. a) Rüst- und Ausführungszeit
   b) Siehe Sachdarstellung (1.).
   c) Im Gegensatz zu Grundzeiten fallen Verteilzeiten unregelmäßig und weniger häufig an.
   d) Berechnungsgrundlage ist die jeweilige Grundzeit, auf die ein bestimmter Prozentsatz für Verteil- und Erholungszeiten draufgeschlagen wird.
   e) Sachliche Verteilzeiten beziehen sich auf Betriebsmittel (z. B. Nach- und Abstellen von Maschinen, Maschinenschäden, Stromausfall).

      Persönliche Verteilzeiten betreffen die Arbeitskraft und deren persönliche Bedürfnisse, z. B. Toilettenbesuch, Holen von Getränken.
   f) Im Gegensatz zur Tätigkeitszeit ist der Arbeitende in der Wartezeit nicht unmittelbar mit dem Arbeitsgegenstand befasst, so z. B. beim Warten auf das Abkühlen eines Werkstücks.
   g) Es kann z. B. durch eine bessere zeitliche Abstimmung der Arbeitsgänge und des Materialflusses erreicht werden. Es lässt auf einen höheren Stand der Rationalisierung schließen.

2. **Ermittlung von Zeiten:**

a)

Rüstgrundzeit	20,0 Minuten
Rüstverteilzeit 5 % davon	1,0 Minute
Gesamte Rüstzeit	21,0 Minuten

b)

Tätigkeitszeit	10,0 Minuten/Stück
Wartezeit	2,0 Minuten/Stück
Ausführungsgrundzeit	12,0 Minuten/Stück

c)

Ausführungsgrundzeit	12,0 Minuten/Stück
Ausführungsverteilzeit 10 %	1,2 Minuten/Stück
Ausführungserholungszeit 5 %	0,6 Minuten/Stück
Ausführungszeit	13,8 Minuten/Stück

d)

Ausführungszeit ingesamt = Ausführungszeit pro Stück · Menge
= 13,8 · 50
= 690 Minuten

e)

Rüstgrundzeit (siehe a)	20,0 Minuten
Ausführungsgrundzeit für 50 Stück zu je 12 Min.	600,0 Minuten
Gesamte Grundzeit	620,0 Minuten

f)

Rüstverteilzeit (siehe a)	1,0 Minute
Ausführungsverteilzeit insgesamt, 50 · 1,2 Minuten	60,0 Minuten
Gesamte Verteilzeit	61,0 Minuten

g)

Gesamte Grundzeit	620,0 Minuten
Gesamte Verteilzeit	61,0 Minuten
Ausführungserholungszeit (0,6 · 50)	30,0 Minuten
Gesamte Vorgabe- oder Auftragszeit	711,0 Minuten

Seite 48: Arbeitsaufträge und Fragen zur Stofferschließung (Fortsetzung)

3. REFA-Grundgleichung:

Vorgabe- oder Auftragszeit = Rüstzeit + Menge · Ausführungszeit pro Stück

4. Der Leistungsgrad als Mittel zur Bestimmung der Normalleistung (Sachdarstellung 2.)
   a) Die Normalleistung bzw. Normalzeit
   b) Siehe Sachdarstellung (2.).
   c) Die gemessenen Istleistungen liegen i. d. R. über oder unter 100 %. Um die Normalleistung bestimmen zu können, müssen die tatsächlich erbrachten Leistungen auf eine 100 %-Leistung umgerechnet werden.
   d) Der Durchschnitt der Istleistung kann über oder unter der Normalleistung liegen, je nachdem, ob die einzelnen Arbeitnehmer mit großer oder geringer Leistungskraft arbeiten.
   e) Normalleistung = Istleistung : Leistungsfaktor
   f) Normalzeit = Istzeit · Leistungsfaktor
   g)

Normalzeit	10,0 Minuten	=	100 %
Istzeit	8,0 Minuten	=	x %
Leistungsgrad x = 100 · 10 : 8		=	125 %

Achtung!
Ungerades Verhältnis!
(Je weniger Minuten, desto mehr Prozent.)

   h) Normalleistung 6 Stück = 100 %
   Istleistung 7 Stück = x %

   Istleistung x = 100 · 7 : 6 = 116 2/3 %

   i) Es handelt sich um Schätzwerte, nicht um objektive Größen. Fehlbewertungen sind möglich. Langjährige praktische Erfahrung ist erforderlich zur Ermittlung dieser Größen.

5.

Zweck (Aufgabe) der Arbeitszeitstudien	**Fragestellung**
Sie dienen …	
(1) der Information des Arbeitnehmers	Wie lange darf ich für die Erledigung des Auftrags brauchen?
(2) der Entlohnung des Arbeitnehmers	Welchen Lohn erhalte ich als Arbeitnehmer für die geleistete Arbeit?
(3) der Vorkalkulation	Welche Lohnkosten fallen voraussichtlich pro Stück an?
(4) der Personalplanung	Reichen die zur Verfügung stehenden Arbeitskräfte zur Erledigung des jeweiligen Arbeitsauftrags aus?
(5) der Fertigungsplanung	Welche Vorgabezeiten sind im Arbeitsplan zu vermerken?
(6) der Fertigungssteuerung	Welcher Fertigstellungstermin kann aufgrund der Vorgabezeiten ermittelt werden?
(7) der Betriebsmittelkontrolle	Wie ist es um die Wirtschaftlichtkeit der Fertigung bestellt? Welche Leistungszeiten ergeben sich? Welche Durchlaufzeiten können ermittelt werden?

3.3 Arbeitswertstudien (Analytische Arbeitsbewertung: Stufenwertzahl- und Rangreihenverfahren) – (Arbeitsbuch S. 49 ff.)

Seite 55 f.: Arbeitsaufträge und Fragen zur Stofferschließung

1. a) Siehe Sachdarstellung (1.).
   b) Hauptunterschiede zwischen summarischem und analytischem Verfahren:
   - Bei der analytischen Arbeitsbewertung wird nicht die jeweilige Arbeit als Ganzes bewertet (pauschal), sondern es wird jede einzelne Anforderungsart beurteilt und gewichtet.
   - Zu den summarischen Verfahren zählen das Rangfolge- und das Katalogverfahren: analytische Verfahren sind das Stufenwertzahl- und das Rangreihen- oder Rangstufenverfahren.

   c) Siehe Sachdarstellung (2.).
   d) Refa unterteilt das Hauptmerkmal „Können" des Genfer Schemas in 2 Anforderungsgruppen, nämlich in „I Erforderliche Fachkenntnisse" und „II Geschicklichkeit". Außerdem wird das Hauptmerkmal „IV Arbeitsbedingungen" von Refa durch „V Umgebungseinflüsse" ersetzt.

2. a) Dreifache Unterteilung:
   III/3: Belastung der Sinne und Nerven
   III/4: Zusätzlicher Denkprozess
   III/5: Belastung der Muskeln
   b) Ebenfalls dreifache Untergliederung:
   IV/6: Verantwortung für die eigene Arbeit
   IV/7: Verantwortung für die Arbeit anderer
   IV/8: Verantwortung für die Sicherheit anderer
   c) Insgesamt 12 Bewertungsmerkmale (9 bis 20)
   d) Insgesamt 20 Bewertungsmerkmale
   e) Für die Anforderungsgruppe „I/1: Kenntnisse, Ausbildung, Erfahrung" ist die Höchstpunktzahl 7 anzusetzen.
   f) Erreichbare Höchstpunktzahl im Stufenwertzahlverfahren:

Anforderungsgruppe und -art	I	II	III			IV			V				Summe
	1	2	3	4	5	6	7	8	9–11	12–14	15–17	18–20	
Erreichbare Höchstpunktzahl	7	4	4	3	4	4	3	3	3	4	3	3	45
Summen	7	4	11			10			13				45

   g) Siehe Sachdarstellung 3. a).

3. a) Siehe Arbeitsbeschreibung (**Arbeitsvorlage 1**).
   b) Insgesamt 6 Untergliederungen. Näheres siehe **Arbeitsvorlage 1**.
   c) Die in der Arbeitsbeschreibung enthaltenen Tätigkeiten eines Betriebselektrikers werden im Bewertungsbogen nach Bewertungsmerkmalen gegliedert, zugleich wird eine Bewertungsbegründung geliefert.

Seite 55 f.: Arbeitsaufträge und Fragen zur Stofferschließung (Fortsetzung)

d) Nicht alle im Stufenwertzahlverfahren angeführten Bewertungsmerkmale finden sich im Bewertungsbogen wieder. In den Bewertungsbogen aufgenommen werden nur diejenigen Bewertungsmerkmale, die für die zu bewertende Tätigkeit von Bedeutung sind. Im vorliegenden Bewertungsbogen für die Tätigkeit eines Betriebselektrikers fehlen beispielsweise die Bewertungsmerkmale 12, 13, 14, 16, 18, 20 des Stufenwertzahlverfahrens.

e) Die im Stufenwertzahlverfahren mögliche Höchstpunktzahl kann niemals erreicht werden, weil im Bewertungsbogen nicht alle Bewertungsmerkmale aufgeführt werden.

f) Höchstpunktzahl: 41

g) Die Definitionen der Bewertungsmerkmale sind Hilfsmittel, die die Bewertungsgenauigkeit verbessern sollen. Vorteil: genaue Beschreibung der einzelnen Bewertungsmerkmale. Nachteil: Die Vielzahl von Begriffselementen erschwert die Festlegung konkreter Istwerte.

h) Siehe **Arbeitsvorlage 2**.

i) Schülerindividuelle Lösungen. Eine von mehreren möglichen Lösungen sind die in **Arbeitsvorlage 2** angegebenen Istwerte. Arbeitswerte über 24,5 bis 28 fallen in die Arbeitswert- bzw. Lohngruppe IX (Arbeitswertgruppenschlüssel 118 %).

4. a) Siehe **Arbeitsvorlage 2** (Rangreihenverfahren, Spalte „WS“).

b) Siehe **Arbeitsvorlage 2** (Rangreihenverfahren, Spalte „RR“).

c) Siehe **Arbeitsvorlage 2** (Rangreihenverfahren, Spalte „GRR“).

d) Siehe **Arbeitsvorlage 2** (Rangreihenverfahren, Summe der Spalte „GRR“).

e) Schülerindividuelle Lösungen und Begründungen.

5. a) Es werden für die einzelnen Anforderungsgruppen und -arten nicht einzelne Höchstpunkte vergeben, sondern Prozentzahlen. Sie orientieren sich an bestimmten Höchstwerten (HW).

b) Ermittlung durch Schätzen und Vergleichen. Grundlage: betrieblicher Beispielkatalog.

c) Grund: Die einzelnen Anforderungsarten und -gruppen haben eine unterschiedliche Bedeutung für die Feststellung der Arbeitsschwierigkeit.

d) Siehe Sachdarstellung (3 b, 2. Abschnitt).

e) TAW = Rangreihenzahl (RR) · Gewichtungsfaktor (GF)

f) AW = Summe aller Teilarbeitswerte : 10

g) Der ermittelte Arbeitswert wird einer bestimmten Arbeitswert- oder Lohngruppe zugeordnet, z. B. den Lohngruppen I bis XII (siehe Sachdarstellung 3 a, Tabelle).

h) Übersicht: Ablauf des Rangreihenverfahrens

(1) Genaue Beschreibung der Arbeitsaufgabe (Tätigkeit)

(2) Die für die jeweilige Tätigkeit relevanten Anforderungsgruppen und -arten (Bewertungsmerkmale) werden nach dem REFA-Schema ausgewählt.

(3) Für jedes einzelne Bewertungsmerkmal wird eine Bewertungsbegründung festgelegt.

(4) Mithilfe von Richtbeispielen werden für die einzelnen Bewertungsmerkmale die Rangreihen (in Prozent) festgelegt. **(Fortsetzung S. 40)**

Seite 55 f.: Arbeitsaufträge und Fragen zur Stofferschließung (Fortsetzung)

Arbeitsvorlage 2: Bewertungsbogen für die Tätigkeit eines Betriebselektrikers

Bewertungsmerkmale und Bewertungsbegründung	STWZV[1]		Rangreihenverfahren			
	HP[1]	IW[1]	HW[1]	RR[1]	WS[1]	GRR[1]
(1) **Kenntnisse, Ausbildung und Erfahrung:** Umfangreiche Kenntnisse in allen vorkommenden Elektroarbeiten, die sich bis auf die Fehlerfeststellung an elektronischen Steuerelementen ausdehnen. Erfahrung im Beseitigen von Störungen an Schaltanlagen. Lesen teilweise komplizierter Schaltpläne, Maschinenzeichnungen sowie Lagepläne in Bauzeichnungen.	7	5	100	70	1,0	70
(2) **Geschicklichkeit, Handfertigkeit und Körpergewandtheit:** Beim Beheben von Störungen und bei Verlegearbeiten. Körpergewandtheit bei der Arbeit auf Leitern und Gerüsten.	4	3	50	30	0,8	24
(3) **Belastung der Sinne und Nerven:** Aufmerksamkeit beim Verlegen von Leitungen und bei der Arbeit auf Leitern und Gerüsten. Augenbelastung durch ungünstige Beleuchtungsverhältnisse bei der Arbeit an und in den Maschinen und Schaltanlagen.	4	3	60	45	0,9	40,5
(4) **Zusätzlicher Denkprozess:** Überlegungen und Entscheidungen beim Beseitigen von Störungen, ob Reparatur möglich oder neue Teile erforderlich sind.	3	2	40	30	0,8	24
(5) **Belastung der Muskeln:** Ganztägiges Stehen und Gehen, beim Arbeiten auf Leitern bzw. Gerüsten, durch ungünstige Körperhaltung bei der Arbeit an und in den Maschinen, statische Belastung bei Überkopfarbeit, besonders auf Leitern oder Gerüsten.	4	2	50	25	0,8	20
(6) **Verantwortung für die eigene Arbeit:** Verantwortung für die einwandfreie Funktion der elektrischen Anlagen an den zugeteilten Maschinen. Verantwortlich für die Werkstattanlagen und für die elektrischen Leitungen.	4	3	30	20	0,8	16
(7) **Verantwortung für die Arbeit anderer:** Befugnis zur Erteilung von Anweisungen – Übernahme von Beaufsichtigungs- und Kontrollfunktionen – Einstehen für die Fehler und Unterlassungen von Kollegen.	3	3	80	80	0,6	48
(8) **Verantwortung für die Sicherheit anderer:** Verantwortung für das unfallsichere Arbeiten der Arbeitskräfte an den Maschinen (Stromabschaltung bzw. Isolation).	3	2	30	20	0,9	18
(9) **Schmutz:** Verschmutzung bei der Arbeit an den Maschinen und beim Verlegen der Leitungen.			10	5	0,3	1,5
(10) **Staub:** Zeitweise bei Bohr- und Stemmarbeiten.			10	5	0,3	1,5
(11) **Öl/Fett:** Zeitweise Belastung durch Öl und Fett bei Reparaturen an Maschinen.	3	2	10	5	0,2	1
(15) **Lärm:** Allgemeiner Hallenlärm.			10	5	0,5	2,5
(17) **Blendung und Lichtmangel:** Zeitweise Lichtmangel durch ungünstige Beleuchtungsverhältnisse beim Verlegen.	2	1	10	5	0,2	1
(19) **Unfallgefahr:** Bei der Arbeit auf Leitern und Gerüsten.	1	0,5	10	5	0,3	1,5
Summen	38	26,5	—	—	—	269,5

1 Abkürzungen: STWZV = Stufenwertzahlverfahren; HP = Höchstpunktzahl; IW = Istwert (tatsächlicher Wert); HW = Höchstwert (ungewichtet); RR = Rangreihenzahl, vielfach auch als Rangstufenzahl (RS) bezeichnet; WS = Wichteschlüssel (Gewichtungsfaktor); GRR = Gewichtete Rangreihen (Rangstufen) bzw. Teilarbeitswerte (TAW)

Seite 55 f.: Arbeitsaufträge und Fragen zur Stofferschließung (Fortsetzung)

(5) Danach werden die einzelnen Rangreihenzahlen gewichtet.

(6) Nach der Gewichtung werden für die einzelnen Bewertungsmerkmale die Teilarbeitswerte ermittelt, indem die Rangreihenzahlen mit dem jeweiligen Gewichtungsfaktor multipliziert werden.

(7) Danach werden die Teilarbeitswerte addiert. Die Summe der Teilarbeitswerte wird durch 10 geteilt und ergibt den Arbeitswert für die betreffende Tätigkeit.

(8) Der ermittelte Arbeitswert wird danach entsprechend den Bestimmungen im Tarifvertrag einer bestimmten Arbeitswert- bzw. Lohngruppe zugeordnet.

6. a) Durch Arbeitsbewertung wird der **Schwierigkeitsgrad der Arbeit** ermittelt. Er bestimmt sich nach den Anforderungen, die eine bestimmte Arbeitsstelle an einen Mitarbeiter stellt. Der durch die Arbeitsbewertung ermittelte Arbeitswert einer Tätigkeit ermöglicht es, diese Tätigkeit mit anderen Tätigkeiten im Betrieb zu vergleichen.

   b) Dazu gehören die Arbeitsbedingungen, die Organisation des Arbeitsablaufs sowie die Arbeitsgeräte.

   c) Je höher der Schwierigkeitsgrad der Arbeit, desto höher ist der ermittelte Arbeitswert, desto höher ist die Arbeitswert- oder Lohngruppe, desto höher ist wiederum das zu zahlende Arbeitsentgelt.

   d) Die Lohnhöhe richtet sich außer nach dem Schwierigkeitsgrad der Arbeit auch nach der vom Arbeitenden erbrachten Leistung (Menge, Qualität der geleisteten Arbeit) sowie nach sozialen Gesichtspunkten (z. B. Alter, Betriebszugehörigkeit, Familienstand).

   e) Es handelt sich um eine von der individuellen Leistung und Eignung des Arbeitsplatzinhabers unabhängige Größe (personenunabhängige Größe).

   f) Arbeiten mit einem höheren Schwierigkeitsgrad werden besser entlohnt als solche mit einem niedrigen Schwierigkeitsgrad. Diese Art der Entlohnung wird von den Arbeitenden als „gerecht“ empfunden.

   g) Siehe Sachdarstellung (5.).

3.4 **Akkordlohn** (Arbeitsbuch S. 57 f.)

Seite 58: Arbeitsaufträge und Fragen zur Stofferschließung

1. Siehe Sachdarstellung (1.).
2. Siehe Ausgangssituation.
3. Siehe Sachdarstellung (2.).
4. Siehe Sachdarstellung (3. und 4.).
5. a) Für 10 m² pro Stunde erhält er 18,00 DM
   für 1 m² pro Stunde erhält er 1,80 DM

   b) Bruttolohn pro Woche = 500 m² · 1,80 DM = 900,00 DM

   c) Bruttolohn = Stückzahl bzw. m² · Verdienst pro Stück bzw. m²
   (= Stückgeld oder Stückakkordsatz)

Seite 58: Arbeitsaufträge und Fragen zur Stofferschließung (Fortsetzung)

6. a) Vorgabezeit für einen m^2 Tapete:
   10 m^2 Tapete in 60 Minuten
   1 m^2 Tapete in 6 Minuten

   b) Gesamte Vorgabezeit für 500 m^2 Tapeten:
   500 $m^2 \cdot$ 6 Minuten pro m^2 = 3 000 Minuten

   c) Verdienst pro Arbeitsminute:
   In 60 Minuten verdient er 18,00 DM
   in 1 Minute verdient er 18 : 60 = 0,30 DM

   d) Wochenverdienst = 500 $m^2 \cdot$ 6 Minuten pro $m^2 \cdot$ 0,30 DM pro Arbeitsminute
   = 900,00 DM

   e) Formel für den Bruttolohn:

Bruttolohn = Stückzahl · Vorgabezeit pro Stück · Verdienst pro Minute (Minutenfaktor)

7. a) Vorgabezeit pro m^2 in Dezimalminuten:
   10 m^2 (= Normalleistung) in 100 Dezimalminuten
   1 m^2 in 10 Dezimalminuten

   b) Gesamte Vorgabezeit für 500 m^2:
   500 $m^2 \cdot$ 10 Minuten = 5 000 Dezimalminuten

   c) Verdienst pro Minute (Minutenfaktor):
   In 100 Dezimalminuten verdient er 18,00 DM
   in 1 Dezimalminute verdient er 0,18 DM

   d) Wochenverdienst des Tapezierers:
   Bruttolohn = 500 $m^2 \cdot$ 10 Dezimalminuten pro $m^2 \cdot$ 0,18 DM pro Dezimalminute
   = 900,00 DM

   e) Das Produkt aus Vorgabezeit und Minutenfaktor bleibt in beiden Fällen (60- oder 100-Minuten-Stunde) gleich.

   f) Der Minutenfaktor ist leicht zu errechnen.
   Minutenfaktor = Akkordrichtsatz : 100

8. Berechnung des Leistungsgrads:
   Normalleistung pro Woche: 10 $m^2 \cdot$ 8 Stunden täglich · 5 Tage pro Woche
   = 400 m^2

Wochennormalleistung	400 m^2	=	100 %
Tatsächliche oder Istleistung	500 m^2	=	125 %

9. Siehe Sachdarstellung (4.).

10. Begriffsdefinitionen
   a) Stückgeld oder Stückakkordsatz: Lohn je Stück
   b) Zeitsatz oder Zeitakkordsatz: Vorgabezeit pro Stück
   c) Minutenfaktor: Der Verdienst pro Arbeitsminute; er ist abhängig vom Akkordrichtsatz.
   d) Akkordrichtsatz: siehe Ausgangssituation!

3.5 **Prämienlohn** (Arbeitsbuch S. 59 ff.)

Seite 60: Arbeitsaufträge und Fragen zur Stofferschließung

1. Zuordnung der Prämienarten zu den Beispielen:

   [1] EP – [2] GP – [3] ZP – [4] EP – [5] NP – [6] ZP – [7] NP – [8] EP – [9] EP – [10] NP – [11] ZP – [12] TP – [13] EP – [14] GP – [15] GP – [16] GP

2. Kombinierte Prämien: siehe Sachdarstellung.

3. bis 6.: siehe **Arbeitsvorlagen 2** und **3**, nächste und übernächste Seite.

7. Die niedrigsten Lohnkosten verursacht das Halseysystem, die höchsten das Akkordlohnsystem. Das Rowansystem liegt vor allem bei hohen Mehrleistungen weit unter den Ergebnissen des Akkordlohnsystems. Für den Arbeitnehmer ist der Akkordlohn bei weitem günstiger als die Prämienlohnsysteme, weil ihm die Mehrleistung bei Akkordentlohnung in vollem Umfang zugute kommt. Näheres siehe Arbeitsvorlage über die Wesensmerkmale des Prämienlohns (Arbeitsauftrag 8).

8. Textergänzung: Wesensmerkmale des Prämienlohns

   [1] Grundlohn – [2] Prämie (Sondervergütung) – [3] Zeitlohn – [4] Leistungslohn – [5] vollem – [6] Lohn – [7] aufgeteilt – [8] kleiner – [9] gleichen – [10] geringeren – [11] geringer – [12] schwierig – [13] gleich (konstant) – [14] sinken – [15] beeinflussen – [16] Güte (Qualität)

3618PCM

Seite 60: Arbeitsaufträge und Fragen zur Stofferschließung (Fortsetzung)

3. und 4.: **Arbeitsvorlage 2**

AKKORD- ODER PRÄMIENLOHN?

Teil 1

Tabelle 1: Akkordlohn

Alternative Istleistungen pro Tag (Stück)	48	54	60	66	72
Lohnkosten pro Stück (DM)	*18,00 : 6 St. = 3,00*	*3,00*	*3,00*	*3,00*	*3,00*
Lohnkosten insgesamt (Tagesverdienst in DM)	*48 St. x 3,00 = 144,00*	*54 St. x 3,00 = 162,00*	*60 St. x 3,00 = 180,00*	*66 St. x 3,00 = 198,00*	*72 St. x 3,00 = 216,00*
Tatsächlicher Stundenlohn in DM	*144 : 8 Std. = 18,00*	*162 : 8 Std. = 20,25*	*180 : 8 Std. = 23,75*	*198: 8 Std. = 24,75*	*216 : 8 Std. = 27,00*

Tabelle 2: Prämienlohn nach dem Halseysystem

Alternative Istleistungen pro Tag (Stück)	48	54	60	66	72
Gesparte Zeit in Stunden	–	*(54–48) : 6 St. pro Std. = 1,00*	*(60–48) : 6 St. pro Std. = 2,00*	*(66–48) : 6 St. pro Std. = 3,00*	*(72–48) : 6 St. pro Std. = 4,00*
Prämie in DM (50%)	–	$\frac{18}{2} = 9{,}00$	$\frac{36}{2} = 18{,}00$	$\frac{54}{2} = 27{,}00$	$\frac{72}{2} = 36{,}00$
Lohnkosten insgesamt (Tagesverdienst in DM)	*144,00*	*144,00 + 9,00 = 153,00*	*144,00 + 18,00 = 162,00*	*144,00 + 27,00 = 171,00*	*144,00 + 36,00 = 180,00*
Lohnkosten pro Stück	*144,00 : 48 = 3,00*	*153,00 : 54 = 2,85*	*162,00 : 60 = 2,70*	*171,00 : 66 = 2,59*	*180,00 : 72 = 2,50*
Tatsächlicher Stundenlohn in DM	*18,00*	*153,00 : 8 Std. = 19,13*	*162,00 : 8 Std. = 20,25*	*171,00 : 8 Std. = 21,38*	*180,00 : 8 Std. = 22,50*

Seite 60: Arbeitsaufträge und Fragen zur Stofferschließung (Fortsetzung)

5. und 6.: **Arbeitsvorlage 3**

AKKORD- ODER PRÄMIENLOHN?
Teil 2

Tabelle 3: Prämienlohn nach dem Rowansystem

Alternative Istleistungen pro Tag (Stück)	48	54	60	66	72
Mehrleistung in Stück	–	*(54–48) = 6*	*(60–48) = 12*	*(66–48) = 18*	*(72–48) = 24*
Mehrleistung in Prozent der Gesamtleistung	–	$\frac{6 \times 100}{54}$ *= 11,1%*	$\frac{12 \times 100}{60}$ *= 20%*	$\frac{18 \times 100}{66}$ *= 27,27%*	$\frac{24 \times 100}{72}$ *= 33,3%*
Prämie in DM (% vom Grundlohn)	–	*11,1% von 144,00 = 16,00*	*20% von 144,00 = 28,80*	*27,27% von 144,00 = 39,27*	*33,3% von 144,00 = 48,00*
Lohnkosten insgesamt (Tagesverdienst)	*144,00*	*144,00 + 16,00 = 160,00*	*144,00 + 28,80 = 172,80*	*144,00 + 39,27 = 183,27*	*144,00 + 48,00 = 192,00*
Lohnkosten pro Stück	*144,00 : 48 = 3,00*	*160,00 : 54 = 2,96*	*172,80 : 60 = 2,88*	*183,27 : 66 = 2,77*	*192,00 : 72 = 2,67*
Tatsächlicher Stundenlohn in DM	*144,00 : 8 Std. = 18,00*	*160,00 : 8 Std. = 20,00*	*172,80 : 8 Std. = 21,60*	*183,27 : 8 Std. = 22,91*	*192,00 : 8 Std. = 24,00*

Grafische Darstellung der Entlohnungssysteme

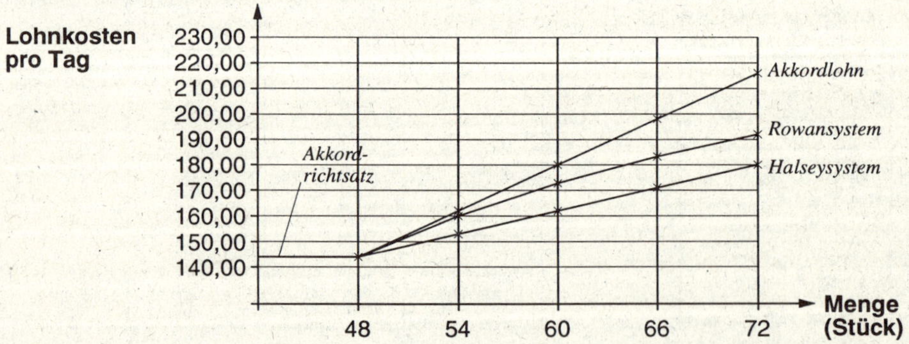

3.6 **Erfolgsbeteiligung** (Arbeitsbuch S. 63 ff.)

Seite 65: Arbeitsaufträge und Fragen zur Stofferschließung

1. Gewinnbeteiligung ist neben der Ertrags- und Leistungsbeteiligung ein Teil der Erfolgsbeteiligung. Der Begriff „Erfolgsbeteiligung“ ist also der Oberbegriff.
2. Umsatz-, Produktivitäts-, Kostenersparnisbeteiligung.
3. Unternehmenserfolg – Kosten (betriebsbedingter Aufwand) – Umsatzerlöse – Betriebsgewinn.
4. aa) Nach welchem Maßstab soll der Gewinn auf die einzelnen Belegschaftsmitglieder verteilt werden?

   ab) – Gleichmäßige Verteilung (Pro-Kopf-Quote)

   – Verteilung nach einem bestimmten Schlüssel, z. B. Leistung, Alter, Betriebszugehörigkeit, Familienstand

   b) Der Gewinn kommt dem AN nur indirekt zugute, z. B. in Form von Einrichtungen für die Gesamtbelegschaft (Freizeitanlagen u. a.).

   c) Problem: Soll der Ausschüttungsbetrag dem AN bar ausbezahlt werden oder soll er als Eigen- oder Fremdkapital im Unternehmen bleiben?
5. Der Mitarbeiter erhält 50 % des Gewinns bar ausbezahlt, die anderen 50 Prozent bleiben im Unternehmen und dienen Investititionszwecken (Verbesserung der Liquiditätslage des Unternehmens). Beide Seiten (AG und AN) haben Vorteile.
6. Zuerst Darlehensgeber (Gläubiger), dann Teilhaber (Anteilseigner, Mitinhaber).
7. Die Barausschüttung bedeutet, dass dem Unternehmen flüssige Mittel entzogen werden (Verschlechterung der Liquiditätslage).

   Der nicht ausgeschüttete Gewinn bleibt zunächst als Fremdkapital, dann als Eigenkapital im Unternehmen und kann für Investititionszwecke verwendet werden (Verbesserung der Liquiditätslage).
8. Barauszahlung von Gewinnanteilen bedeutet Erhöhung der Kaufkraft der Belegschaftsmitglieder → Erhöhung der Konsumausgaben möglich → Steigerung der Nachfrage nach Konsumgütern → Konjunktur anheizende Wirkung.

   Nachteil: Werden die Gewinnanteile ausgeschüttet, dann stehen den Unternehmungen insgesamt weniger Mittel für Investitionszwecke zur Verfügung.
9. Merkmale des Investivlohns:
   - Zusätzliches Arbeitsentgelt (Gewinnbeteiligung),
   - nicht ausbezahlter Lohnanteil (Zwangssparen),
   - dient Investitionszwecken (Eigen- oder Fremdkapital), verbessert die Liquiditätslage der Unternehmen.
10. Siehe Sachdarstellung (2. Übersicht, links unten).
11. Individualbeteiligung führt zwar zur Leistungssteigerung, jedoch auch zur stärkeren Bindung des Arbeitnehmers an das Unternehmen. Als Mitunternehmer verliert der Arbeitnehmer das Interesse an der Gewerkschaft. Der einzelne Arbeitnehmer interessiert sich lediglich für seinen Erfolgsanteil; das Gesamtinteresse der Arbeitnehmer ist ihm dann nicht mehr so wichtig.

Seite 65: Arbeitsaufträge und Fragen zur Stofferschließung (Fortsetzung)

12. Übersicht:

Bedeutung	Vorteile	Nachteile
Arbeit-nehmer	– höheres Einkommen – höhere Kaufkraft – größere soziale Gerechtigkeit – steigende Sparquote – Förderung der Vermögensbildung in Arbeitnehmerhand (im Sinne der „sozialen Marktwirtschaft“)	– stärkere Bindung an das Unternehmen (= Vorteil für AG) – Verfügbarkeit über die Mittel zu einem späteren Zeitpunkt (Sperrfristen)
Arbeit-geber	– höhere Leistungsbereitschaft (Motivation) der Mitarbeiter – Steigerung der Konsumgüternachfrage – Abbau von sozialen Spannungen im Betrieb – Verbesserung des Unternehmensimages – geringere Fluktuation – geringere steuerliche Belastung	– verminderte Liquidität – Verringerung der Eigenkapitalbasis – mehr Unternehmenszusammenbrüche (wegen unzureichender Eigenkapitalbasis) – Benachteiligung der Beschäftigten von „Klein- und Mittelbetrieben“ – Festlegung eines absolut gerechten Verteilungsschlüssels ist nicht möglich. – verzicht auf Einkommen – Keine Verlustbeteiligung der Arbeitnehmer

13. 936-DM-Gesetz oder fünftes Gesetz zur Förderung der Vermögensbildung der Arbeitnehmer vom 19. Februar 1987.

14. Der im Unternehmen erwirtschaftete Ertrag ist ein Gemeinschaftsertrag; er beruht auf einer Gemeinschaftsleistung von AG und AN. Alle Produktionsfaktoren, so auch der Produktionsfaktor Arbeit, haben ein gleiches Recht auf einen Restgewinn, der sich unter Berücksichtigung kalkulatorischer Zinsen, kalkulatorischer Wagniszuschläge, des Unternehmerlohns und der bezahlten Tariflöhne ergibt.

Handlungsfeld 4: PRODUKTION

4.1 Auftragsbearbeitung im Industriebetrieb bei Einzelfertigung (Arbeitsbuch S. 66 ff.)

Seite 67: Arbeitsaufträge

1. und 2.: **Arbeitsvorlage 1:** Phasen der Auftragsabwicklung (ungeordnet)

Phasen	Abteilung	Zeitfolge
– Ablegen der Auftragsunterlagen	V	29.
– Abnahme und Fertigungskontrolle	P	23.
– Abruf der Werkstoffe und Werkzeuge	P	19.
– Anfragen an Lieferer	M	11.
– Anfrage eines Kunden	A	1.
– Angebotserstellung für den Kunden	A	4.
– Auftrag des Kunden (Bestellung)	A	5.
– Bereitstellung der Arbeitskräfte (Planung)	P	9.
– Bereitstellung der Werkstoffe und Werkzeuge (Planung)	P	10.
– Bestellung an den Lieferer	M	13.
– Bezahlung der Eingangsrechnungen	V	18.
– Buchen der Ausgangsrechnung	V	27.
– Buchen der Eingangsrechnungen	V	17.
– Eingang der bestellten Materialien	M	14.
– Einrichtung der Maschinen	P	8.
– Kalkulation des Angebotspreises	A	3.
– Konstruktion des Produkts	P	6.
– Kontrolle des Zahlungseingangs	V	28.
– Lagerung des Fertigprodukts	A	24.
– Lagerung der Werkstoffe	M	16.
– Montage des Kühlwagens	P	22.
– Planung des Arbeitsablaufs	P	7.
– Produktionsbeginn	P	20.
– Prüfen der Anfrage (Produktionsmöglichkeiten, Termine, Finanzielles)	A	2.
– Prüfung der Liefererangebote	M	12.
– Rechnungserstellung (Ausgangsrechnung)	A	26.
– Teilefertigung	P	21.
– Versand der Ware	A	25.
– Waren- und Rechnungsprüfung (für bezogene Materialien)	M	15.

Seite 67: Arbeitsaufträge (Fortsetzung)

3. **Arbeitsvorlage 2**

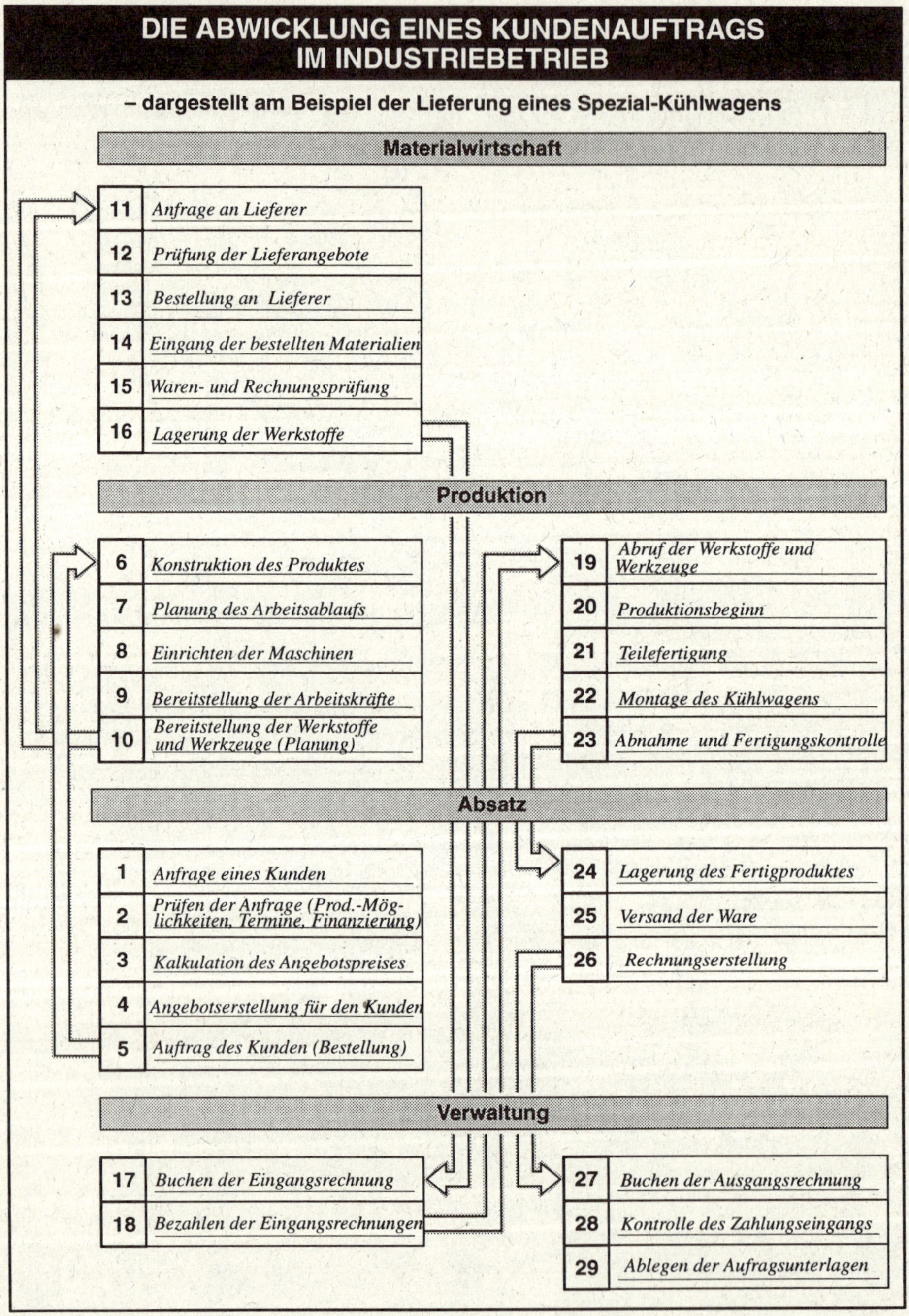

4.2 Produktionsplanung I: Arbeitsplan – Balkendiagramm – Maschinenbelegungsplan (Arbeitsbuch S. 69 ff.)

Seite 73: Arbeitsaufträge und Fragen zur Stofferschließung

1. a) Siehe Sachdarstellung (a).
   b) Siehe Sachdarstellung (b/1).
   c) Sie erübrigt sich beim Fremdbezug von Fertigteilen.
   d) Funktionen von Arbeitsplänen: Fertigung – Reparatur – Wartung – Anlauf – Produkteinführung (Prototyp).
   e) **Arbeitsvorlage 1:**

Informationen aus dem Arbeitsplan	**Wichtig für ... (betriebliche Bereiche)**
Durchlaufzeiten Fertigstellungstermin	*Produktionsplanung* *Terminplanung*
Belegzeiten für Maschinen	*Kapazitätsauslastung der Maschinen*
Vorgabezeiten Lohngruppen	*Lohnberechnung* *(Lohnbüro)*
Kostenarten Kostenstellen Kostenträger	*Kosten- und Leistungsrechnung*

   f) In senkrechter Richtung enthält er die einzelnen Arbeitsgänge, unterschieden nach Baugruppen.
   In waagrechter Richtung sind die Maschinennummer, die Art der Maschinen, die Rüstzeit, die Ausführungszeit je Stück in Sekunden und die Gesamtauftragszeit abgetragen.
   g) Siehe **Arbeitsvorlage 2** (nächste Seite).
   h) Die ermittelte Gesamtauftragszeit von 16,5 Stunden ergibt sich dann, wenn die Arbeitsgänge jeder Baugruppe **nacheinander** durchgeführt werden. Die tatsächliche Produktionszeit ist jedoch wesentlich kürzer, weil **Parallelvorgänge** vorhanden sind. Bestimmte Arbeitsvorgänge können gleichzeitig (parallel) durchgeführt werden, da sie von keinem Vorgänger abhängig sind.

Seite 73: Arbeitsaufträge und Fragen zur Stofferschließung (Fortsetzung)

1. f) und g): **Arbeitsvorlage 2:** Vereinfachter Arbeitsplan für den Pokal Typ „Herkules“

Fertigungslos ___–___ Stück ___–___ Auftragsnummer 167

Arbeitsgänge	Masch.-Nr.	Maschinen	Rüstzeit Min.	Ausführungszeit je Stück Sekunden	Gesamtauftragszeit Min.	Gesamtauftragszeit Std.	Tage (1 Tag = 8 Std.)
Baugruppe Plakette							
Auftragsnummer 167/I							
1. Plakette stanzen	10	Stanzmaschine	65	10,5	240	4	0,5
2. Plakette prägen	11	Hydraulische Presse	40	12,0	240	4	0,5
3. am Unterteil Gewinde andrehen	12	Drehautomat	10	57,0	960	16	2,0
4. Kegel andrehen	12	Drehautomat	10	57,0	960	16	2,0
5. Unterteil von der Stange abstechen	12	Drehautomat	5	28,5	480	8	1,0
6. Unterteil an Plakette anlöten	13	Lötvorrichtung	30	27,0	480	8	1,0
7. Plakette lackieren (goldfarben)	14	Spritzanlage	45	40,5	720	12	1,5
Baugruppe Deckel							
Auftragsnummer 167/II							
1. Deckel ausstanzen und lochen	10	Stanzmaschine	65	10,5	240	4	0,5
2. Deckel tiefziehen	11	Hydraulische Presse	40	12,0	240	4	0,5
3. Deckel lackieren (hellgrün)	14	Spritzanlage	30	27,0	480	8	1,0
Baugruppe Pokalzylinder							
Auftragsnummer 167/III							
1. Pokalzylinder absägen	15	Metallkreissäge	30	27,0	480	8	1,0
2. Zylinder sicken (Rundung eindrücken)	16	Sickenmaschine	40	12,0	240	4	0,5
3. Boden ausstanzen	10	Stanzmaschine	40	12,0	240	4	0,5
4. Boden einlöten	13	Lötvorrichtung	20	42,0	720	12	1,5
5. Zylinder lackieren (dunkelgrün)	14	Spritzanlage	45	40,5	720	12	1,5
Verpacken und Versand	17	Versand				8	1,0
Summe (Tage)							16,5

3618PCM

Seite 73: Arbeitsaufträge und Fragen zur Stofferschließung (Fortsetzung)

2. a) **Arbeitsvorlage 3 a:** Balkendiagramm (1 000 Pokale Typ „Herkules“)

Nr.	Arbeitsgänge	1	2	3	4	5	6	7	8	9	10	11	12	13	14	15	16	17	18
I/1	Plakette stanzen																		
2	Plakette prägen																		
3	am Unterteil Gewinde andrehen																		
4	Kegel andrehen																		
5	Unterteil von der Stange abstechen																		
6	Unterteil an Plakette anlöten																		
7	Plakette lackieren (goldfarben)																		
II/1	Deckel ausstanzen und lochen																		
2	Deckel tiefziehen																		
3	Deckel lackieren (hellgrün)																		
III/1	Pokalzylinder absägen																		
2	Zylinder sicken																		
3	Boden ausstanzen																		
4	Boden einlöten																		
5	Zylinder lackieren (dunkelgrün)																		
IV	Montage, Verpacken, Versand																		

b) Gesamtauftragszeit: 9,5 Tage.

c) Keine Wartezeiten bei den einzelnen Maschinen, d. h. völlig freie Kapazitäten.

3. a) bis d) siehe **Arbeitsvorlage 3 b)**: Maschinenbelegungsplan

	Maschine/Abteilung	Kalendertage Mai/Juni 29.	30.	31.	1.	2.	5.	6.	7.	8.	9.	12.	13.
Nr.	Bezeichnung	Arbeitstage 99	100	101	102	103	104	105	106	107	108	109	110
10	Stanzmaschine	162			165		166	166					
11	Hydraulische Presse	158			163		164	165	166				
12	Drehautomat	161	162							166			
13	Lötvorrichtung	160	161	162	162	163					166	166	
14	Spritzanlage	158	160	161		162		163 164					
15	Metallkreissäge	162	163	164			165	165	166				
16	Sickenmaschine	161	162	163	164				165	166			
17	Versandabteilung	157	158	159	160	160	161	161	162	163	164		165

e) Die Pokale werden am 12. Juni von der Versandabteilung versandfertig gemacht, sodass der Fixtermin 13. Juni eingehalten werden kann.

4.3 Produktionsplanung II: Stücklisten (Arbeitsbuch S. 74 ff.)

Seite 77: Arbeitsaufträge und Fragen zur Stofferschließung

1. a) bis f): Siehe Sachdarstellung (1. und 2.).

2. a) bis c): Sachdarstellung (3. a)

2. d) **Arbeitsvorlage 1:** Erstellung eines Erzeugnisstrukturbaums

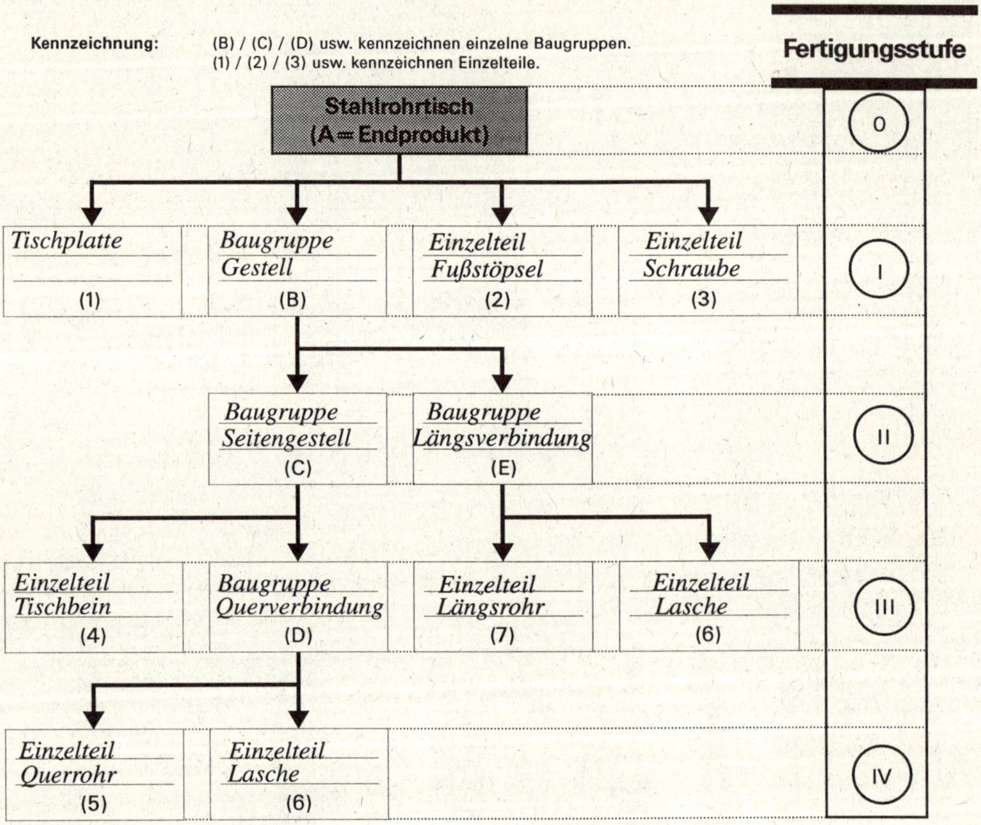

Seite 77: Arbeitsaufträge und Fragen zur Stofferschließung (Fortsetzung)

2. e) **Arbeitsvorlage 2:** Strukturstückliste für Produkt A

Fertigungsstufe I	II	III	IV	Menge
1				1
B				1
●	C			2
●	●	4		2
●	●	D		1
●	●	●	5	1
●	●	●	6	1
●	E			2
●	●	7		1
●	●	6		2
2				4
3				12

f) Siehe Sachdarstellung (3. a).

g) bis i): Siehe Sachdarstellung (3. b).

j) **Arbeitsvorlage 3:** Baukastenstücklisten

Baugruppe *B*	
Teile	Menge
C	*2*
E	*2*

Baugruppe *C*	
Teile	Menge
4	*2*
D	*1*

Baugruppe *D*	
Teile	Menge
5	*1*
6	*1*

Baugruppe *E*	
Teile	Menge
7	*1*
6	*2*

k) bis m): Siehe Sachdarstellung (3. c).

n) **Arbeitsvorlage 4:** Mengenübersichtsstückliste

Produkt A		
Baugruppen bzw. Einzelteile	**Menge pro Einheit**	**Menge pro Auftrag (500 Stück)**
A	1	500
B	1	500
C	2	1 000
D	2	1 000
1	1	500
2	4	2 000
3	12[1]	6 000
4	4 (2 · 2)	2 000
5	2	1 000
6	6 (2 + 2 · 2)	3 000
7	2	1 000

1 (2 + 2 · 2) = 6 Laschen mit je 2 Löchern = 12 Schrauben

4.4 **Netzplantechnik** (Arbeitsbuch S. 78 ff.)

Seite 81 f.: Arbeitsaufträge und Fragen zur Stofferschließung

1. Siehe Sachdarstellung (1. und 2.).
2. **Arbeitsvorlage 1:** Nicht verzweigter Netzplan für die Teilvorgänge 1 bis 5

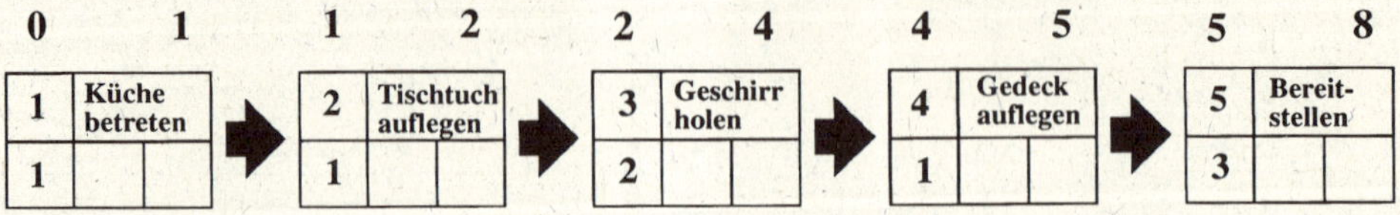

3. Siehe Sachdarstellung (3.).
4. **Arbeitsvorlage 2:** Voraussetzungen für die Erstellung von Netzplänen

- Der Gesamtvorgang (z. B. die Frühstücksbereitung) muss in einzelne *Teilvorgänge* aufteilbar sein.
- Es müssen nicht nur hintereinander folgende, sondern auch *neben*einander folgende Teilvorgänge vorhanden sein.
- Ein Vorgang muss immer zuerst abgeschlossen sein, bevor ein neuer Vorgang *beginnen* kann.
- Die zu verrichtenden Arbeiten bei der Erledigung der einzelnen Teilvorgänge müssen von mehreren Personen vorgenommen werden (Prinzip der Arbeits*teilung*) können.
- Alle Teilvorgänge müssen auf (worauf?) ein gemeinsames *Ziel* ausgerichtet sein.

5. Entgegen den Bedingungen der Netzplantechnik (siehe Sachdarstellung 3.) können in der Praxis einzelne Teilvorgänge **gleichzeitig** erledigt werden. So kann z. B. während der Zeit, in der das Kaffeewasser zum Kochen gebracht wird, noch eine andere Tätigkeit ausgeübt werden, z. B. das Bereitstellen von Brot und Marmelade.
6. a) Die Vorgänge 2 bis 5 können parallel zu den Vorgängen 6 bis 9 durchgeführt werden.
   b) –
   c) Siehe **Arbeitsvorlage 3** (nächste Seite).
   d) Siehe **Arbeitsvorlage 3** (nächste Seite).
   e) Beendigung der Kaffeezubereitung nach 13 Minuten.
   f) Frühester Beginn des Frühstückens nach 13 Minuten.
   g) Siehe **Arbeitsvorlage 3** (nächste Seite).
   h) Frühester Anfangszeitpunkt: 13 Minuten.
   i) Frühester Endzeitpunkt: 13 Minuten + 8 Minuten Vorgangsdauer (Frühstücken) = 21 Minuten.
   j) Der früheste Anfangszeitpunkt richtet sich immer nach dem längsten Vorgang.
   k) Die Gesamtdauer des Projekts wird von den Vorgängen des kritischen Weges bestimmt.
   l) Der Endtermin (Fertigstellungstermin) eines Projekts wird hinausgeschoben.
   m) Lieferungsverzug, Zahlung von Konventionalstrafen (Vertragsstrafen).
   n) Genaue Überwachung der Einhaltung der Zeitvorgaben, evtl. Anordnung von Überstunden, von Wochend- und Feiertagsarbeit, Urlaubssperre, Einstellung zusätzlicher Arbeitskräfte, Verwendung von zeitsparenden Maschinen, Leiharbeitskräfte, Einsatz von Saisonarbeitern.

Seite 81 f.: Arbeitsaufträge und Fragen zur Stofferschließung (Fortsetzung)

6.c)/d)/g): Arbeitsvorlage 3: Einfach verzweigter Netzplan

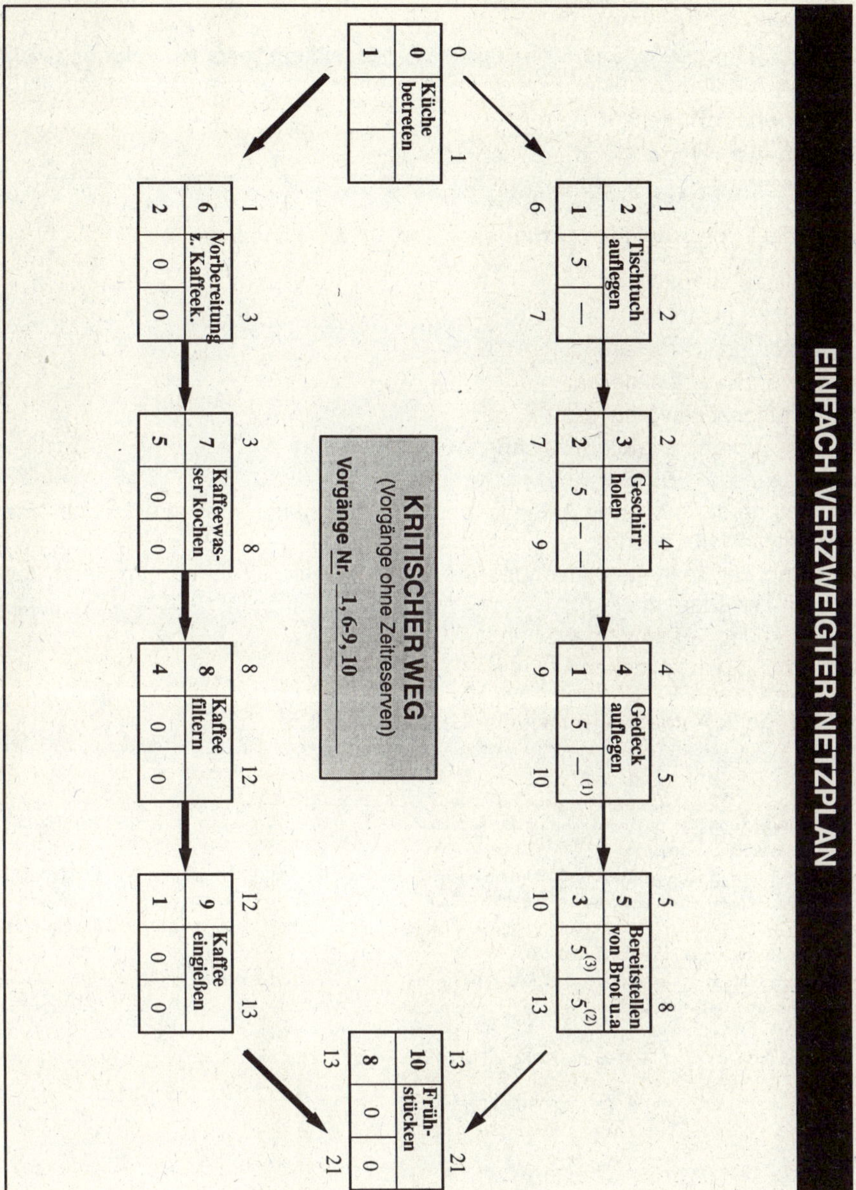

(1) Freie Pufferzeit: FAZ (n+1) – FEZ(n) = 5 – 5 =0

(2) 13 – 8 = 5

(3) Gesamtpufferzeit = SAZ – FAZ = 10 – 5 = 5

Seite 81 f.: Arbeitsaufträge und Fragen zur Stofferschließung (Fortsetzung)

7. a) Bei allen nicht zum kritischen Weg gehörenden Vorgängen entstehen Leer- bzw. Pufferzeiten (Zeitreserven).
   b) SAZ = SEZ – Vorgangsdauer, d. h., die spätesten Anfangszeitpunkte ergeben sich, wenn man von den spätesten Endterminen die jeweilige Vorgangsdauer abzieht.
   c) Siehe **Arbeitsvorlage 3,** vorhergehende Seite.
   d) Siehe **Arbeitsvorlage 3**, vorhergehende Seite.
   e) Siehe **Arbeitsvorlage 3**, vorhergehende Seite.

8. Netzplan für die Übungsaufgabe **(Arbeitsvorlage 4)**: siehe folgende Seite.

9. Phasen der Netzplanerstellung:
   (1) Tätigkeiten aufzählen;
   (2) Tätigkeiten ordnen (Reihenfolge);
   (3) Parallelvorgänge feststellen;
   (4) Bearbeitungszeiten feststellen;
   (5) Netzplan (Vorgangsknoten) zeichnen (Grundschema);
   (6) Vorgangsknoten ausfüllen;
   (7) Bestimmung der frühesten Anfangs- und Endzeitpunkte für jeden einzelnen Vorgang (Vorwärtsrechnung);
   (8) Ermittlung der spätesten Anfangs- und Endzeitpunkte für jeden einzelnen Vorgang (Rückwärtsrechnung);
   (9) Ermittlung der Gesamtpufferzeiten und der freien Puffer;
   (10) Bestimmung des kritischen Weges.

10. **Arbeitsvorlage 5:** Aufgaben (Funktionen) eines Netzplans

a) Er dient der **Ablaufplanung** bei der Durchführung eines Projekts, weil er aufzeigt, wie die einzelnen Teilvorgänge miteinander ....*verknüpft*..... sind.

b) Er ermöglicht die **Terminplanung** bei der Durchführung eines Projekts, weil er den frühesten ...*Anfangs*..- und ..*End*......zeitpunkt sowie den spätesten ..*Anfangs*..- und ....*End*....zeitpunkt eines Vorgangs aufzeigt. Au ß erdem ermittelt er den .*kritischen*. Weg. Durch das genaue Überwachen kritischer Vorgänge wird die Einhaltung des ...*End*.....zeitpunkts eines Projekts ermöglicht.

c) Er dient der **Kapazitätsplanung**, weil er ....*Puffer*...zeiten aufdeckt, die nichts anderes als .*Kapazitäts*. reserven darstellen. Ein höherer Kapazitätsauslastungsgrad verbessert die ...*Produktivität*.... und die *Wirtschaftlichkeit*.. der Produktion.

d) Er **verringert** die **Projektkosten**, weil er die zeitliche Planung und Kontrolle bei der Durchführung eines Vorhabens ....*verbessert*.....

Seite 81 f.: Arbeitsaufträge und Fragen zur Stofferschließung (Fortsetzung)

8. **Arbeitsvorlage 4:** Übungsaufgabe

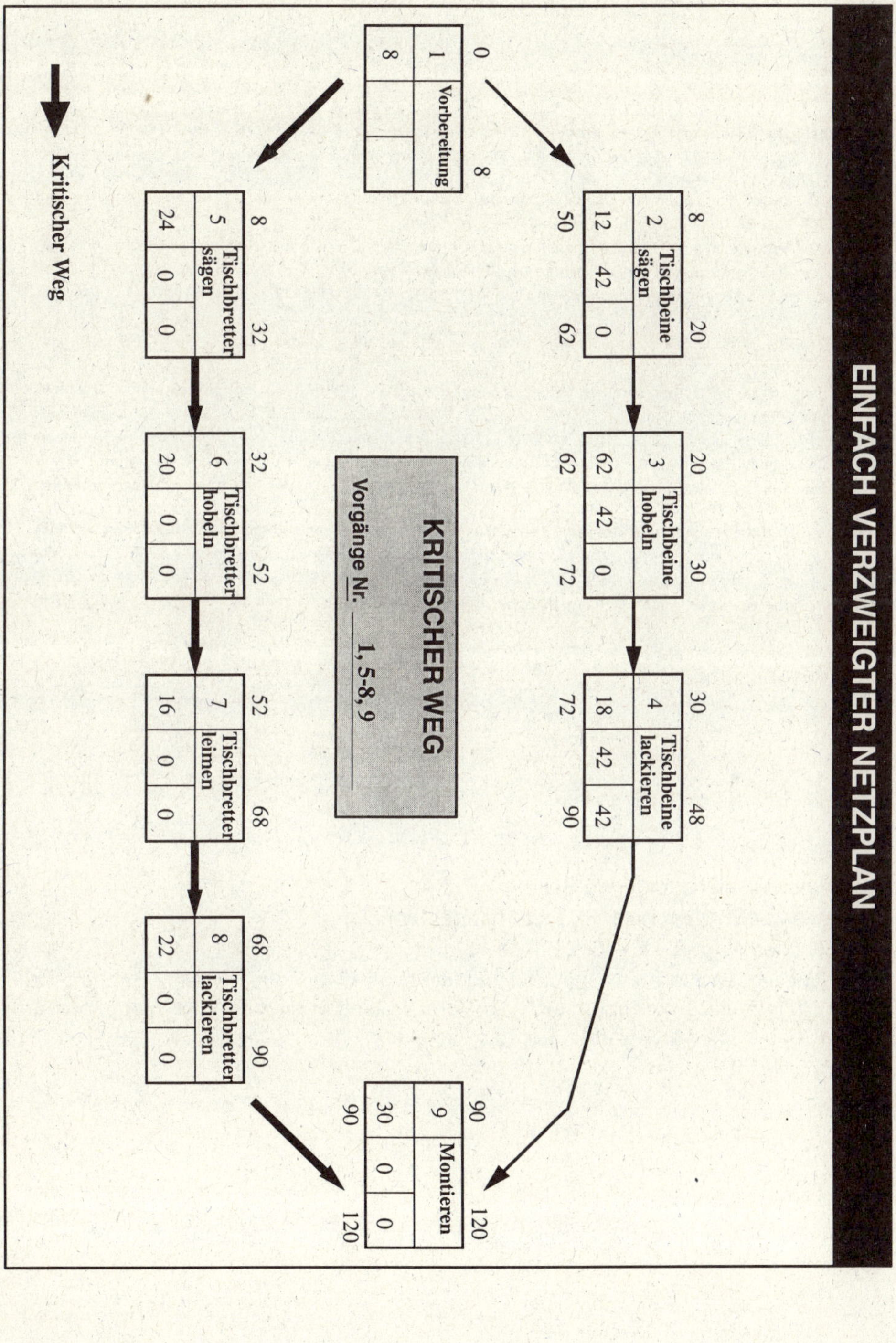

Seite 81 f.: Arbeitsaufträge und Fragen zur Stofferschließung (Fortsetzung)

11. **Arbeitsvorlage 6:** Zusammenstellung wichtiger Aufbauprinzipien der Netzplantechnik

a) Ein **Vorgangsknoten** besteht aus insgesamt .. *5* .. Feldern, nämlich aus . *der Vorgangs-Nr., der Vorgangsbeschreibung, der Vorgangsdauer, der Gesamtpufferzeit, dem freien Puffer* ....

b) Werden die **Zeiten** vom ersten Teilvorgang an **vorwärts addiert,** so erhält man die ... *frühesten* ... Anfangs- und ... *frühesten* .... Endzeiten jedes Teilvorgangs (. *FAZ* und *FEZ* .).

c) Werden die **Zeiten** vom letzten Teilvorgang an **rückwärts gerechnet,** so erhält man die .... *spätesten* ... Anfangs- und .... *spätesten* ... Endzeiten jedes Teilvorgangs (. *SAZ* und . *SEZ* .).

d) Der **FAZ** wird **außerhalb des Vorgangsknotens** (wo?) ... *links oben* ...., der **FEZ** .... *rechts oben* ..... angegeben.
Der **SAZ** wird **außerhalb des Vorgangsknotens** (wo?) .... *links unten* ....., der **SEZ** ... *rechts unten* ..... vermerkt.

e) Der **kritische Weg** umfasst die Parallelvorgänge, die die (welche?) .... *meiste* ..... Zeit beanspruchen. **Alle nicht kritischen Vorgänge** enthalten ...... *Leer* .....-, ... *Reserve* ......- oder ... *Puffer* ...zeiten. Es handelt sich hierbei stets um (welche?) .... *unausgenutzte* .... Kapazitäten.

f) Dort, wo zwischen frühestem und spätestem Anfangszeitpunkt oder zwischen frühestem und spätestem Endzeitpunkt **Übereinstimmung** besteht, gibt es **keine Zeit** .... *reserven* .... **Das ist immer bei den Vorgängen des** .... *kritischen Weges* ..... **der Fall.**

g) **Die Unterschiede zwischen den Zeitangaben** rechts oben (. *FEZ* .) und rechts unten (. *SEZ* .) bzw. zwischen links oben (. *FAZ* .) und links unten (. *SAZ* .) stellen die gesamten ..... *Zeit* ......reserven (.. *Leer* .....- oder ..... *Puffer* ....zeiten) dar.

h) **Der freie Puffer** errechnet sich als Differenz zwischen der . *FAZ* . des Nachfolgers und der . *FEZ* . des jeweiligen Vorgangs.
Ein Vorgang hat immer dann einen freien Puffer, wenn der FAZ des Nachfolgers (wie?) .. *größer* ... ist als der . *FEZ* . des jeweiligen Vorgangs.

12. a) Abbildung, siehe folgende Seite.
    b) Frühester Endzeitpunkt: 32 Tage nach Baubeginn.
    c) Kritischer Weg: A – B – D – E – G – I.
    d) Der kritische Weg ist maßgebend für die Gesamtdauer des Projekts. Er enthält keine Pufferzeiten. Verändern sich die Vorgangszeiten im kritischen Weg, so verändert sich auch die Gesamtdauer des Projekts.

Seite 81 f.: Arbeitsaufträge und Fragen zur Stofferschließung (Fortsetzung)

12. a) **Mehrfach verzweigter Netzplan** (Prüfungsaufgabe)

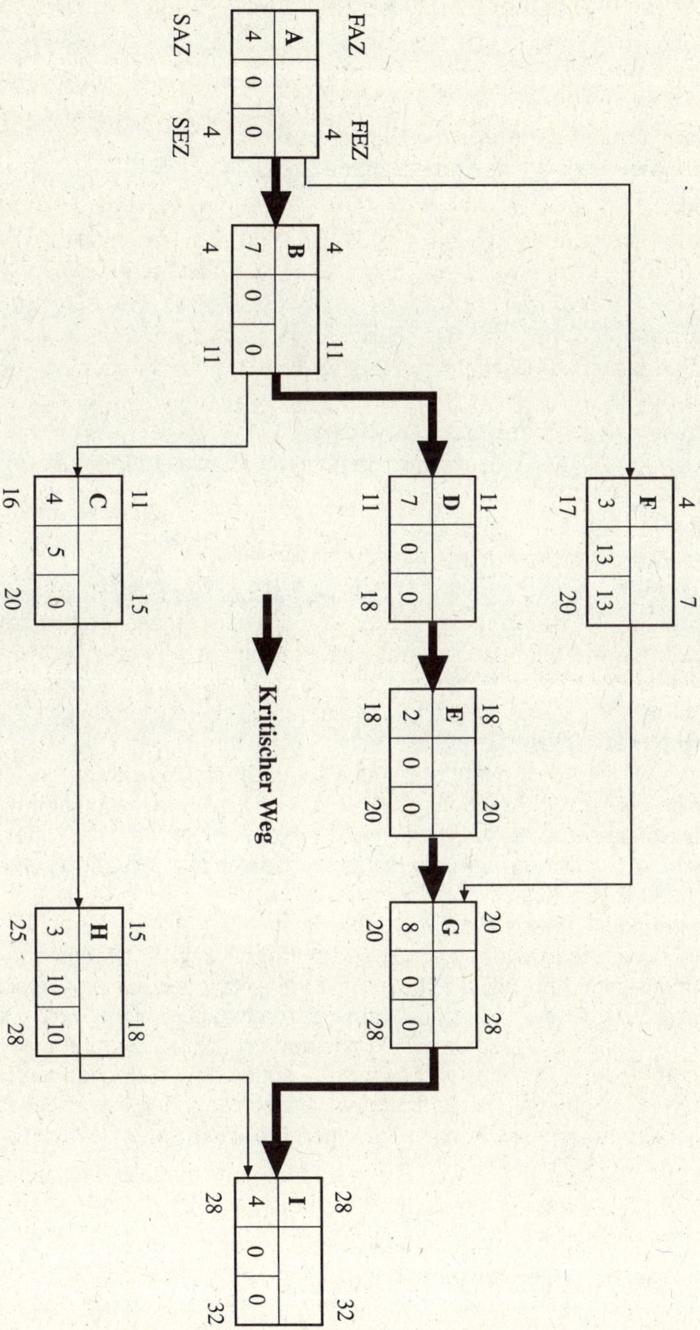

4.5 Betriebswirtschaftliche Kennziffern: Produktivität – Wirtschaftlichkeit – Rentabilität (Arbeitsbuch S. 83 ff.)

Seite 84: Arbeitsaufträge und Fragen zur Stofferschließung

1. –

2. Betriebswirtschaftliche Kennziffern:
   - Produktivität = Ausbringungs- zu Einsatzmenge;
   - Wirtschaftlichkeit = Ertrag zu Aufwand;
   - Rentabilität = Gewinn zu eingesetztem Kapital.

3. a) Dreisatz:
   In 540 Arbeitsstunden wurden 48 000 Liter Süßmost hergestellt,
   in 1 Arbeitsstunde wurden x Liter Süßmost hergestellt
   x = 48 000 : 54 = 88,9 Liter

   ba) Fallbezogene Formel bzw. Gleichung:
   Mostmenge pro Arbeitsstunde = Herstell- bzw. Produktionsmenge : geleistete Arbeitsstunden

   bb) Allgemein gültige Formel bzw. Gleichung:
   Arbeitsproduktivität = Ausstoßmenge (Output) : Einsatzmenge (Input)

   ca) x = 48 000 : 1 020 = rd. 47 Liter

   cb) x = 48 000 : 300 = 160 Liter

   cc) x = 48 000 : 300 000 = 0,16 Liter

   d) Aussagekraft der erarbeiteten Produktivitätskennziffern:
   Die Produktivität ist ein reiner Mengenbegriff; hinter dieser Kennziffer stehen Bezeichnungen wie Liter, Kilogramm, Stück, Stunden. Sie sagt nichts aus über die aufgewendeten Kosten oder über die erzielten Leistungen; ebenso wenig über die Qualität der erbrachten Leistung, also darüber, ob der hergestellte Apfelsaft bzw. Most gut oder schlecht schmeckt.

   e) Grenzen für die Aussagefähigkeit von Produktivitätskennziffern:
   Weil sich immer nur Gleiches mit Gleichem vergleichen lässt, kann die Produktivität der Apfelmostherstellung z. B. nicht mit derjenigen der Bier- oder Limonadenherstellung verglichen werden, schon gar nicht mit derjenigen der Auto- oder Waschmittelproduktion.

   f) Bestimmungsfaktoren für die Produktivität:
   Eine höhere Produktivität kann zurückzuführen sein entweder auf eine höhere Ausbringungsmenge bei gleichem Faktoreinsatz oder auf eine gleich bleibende Ausbringungsmenge bei geringerem Faktoreinsatz. Solche Ergebnisse können durch den Einsatz neuer Produktionsverfahren (Verwirklichung von technischem Fortschritt) oder durch eine verbesserte Ausnutzung der eingesetzten Produktionsfaktoren (z. B. optimale Ausnutzung von Maschinen, bessere Arbeitsorganisation, weniger Produktionsstockungen, geringerer Ausschuss) erzielt werden.

4. a) 21.840,00 DM Kosten (Aufwand) erbrachten 47.040,00 DM Erlöse
   1,00 DM Kosten (Aufwand) erbrachte x DM Erlöse
   x = 47.040,00 : 21.840,00 = 2,15 DM

   ba) Fallbezogene Formel bzw. Gleichung:
   Verkaufserlöse je DM Kosten (Aufwand) = Verkaufserlöse (Erträge) : Kosten (Aufwand)

bb) Allgemein gültige Formel:
Wirtschaftlichkeit = gesamte Verkaufserlöse (bzw. Erträge) einer Periode : gesamte Kosten (bzw. Aufwendungen) einer Periode.

c) Es handelt sich um Geldgrößen, also nicht bloß um reine Mengengrößen wie bei der Produktivität. Begründung: Kosten (Aufwand) und Erlöse (Erträge) werden in Geldeinheiten (DM, Euro) gemessen.

d) Innerbetrieblicher Vergleich: z. B. Vergleich der Wirtschaftlichkeit dieses Jahres mit der des Vorjahres.
Außerbetrieblicher Vergleich: z. B. Vergleich der Wirtschaftlichkeit des eigenen Betriebs mit der von Konkurrenzbetrieben.

e) Wenn z. B. die Rohstoffpreise steigen und/oder die Absatzpreise sinken, kann trotz steigender Produktivität kurzfristig die Wirtschaftlichkeit sinken. Ähnlich ist es bei hohen Überstunden- und Nachtzuschlägen, bei Maschinenschäden infolge Überbeanspruchung. Langfristig verläuft jedoch eine Steigerung der Produktivität fast immer parallel zu einer Steigerung der Wirtschaftlichkeit.

5. a) Bereinigter Gewinn: 25.200,00 – 16.200,00 Unternehmerlohn (540 Arbeitsstunden zu je 30,00 DM) = 9.000,00 DM bereinigter Reingewinn.

360.000,00 DM Gewinn entsprechen einer 100%igen Verzinsung
9.000,00 DM Gewinn entsprechen einer x-%igen Verzinsung

x = 9.000,00 · 100 : 360.000,00 = 2,5 %

ba) Fallbezogene Formel bzw. Gleichung:
Verzinsung des Eigenkapitals in % = Bereinigter Reingewinn : Eigenkapital.

bb) Allgemein gültige Formel bzw. Gleichung:
Rentabilität des eingesetzten Kapitals (UnternehMERrentabilität) in % = Bereinigter Reingewinn : Eigenkapital.

c) Verzinsung des Gesamtkapitals in % (UnternehMUNGSrentabilität)
x = (9.000,00 + 4.500,00) · 100 : 450.000,00 = 3 %

d) Verzinsung der Umsätze (UMSATZRENTABILITÄT)
x = 900 · 100 : 47.040,00 = 19,13 %

e) **Arbeitsvorlage:** Beurteilung der erarbeiteten Rentabiltitätskennziffern

Was versteht man unter Rentabilität?
Sie gibt die Verzinsung des investierten *Kapitals* an, genauer: den prozentualen Anteil des erzielten ..*Gewinns*. einer bestimmten Periode am eingesetzten .*Kapital*.. (Eigen- oder *Gesamt*kapital).

Was gilt als Maßstab für die Höhe der Rentabilität?
Die erzielte Rentabilität wird gemessen an der Durchschnittsverzinsung innerhalb einer bestimmten .*Branche*..; außerdem kann die landesübliche Verzinsung des Sparkapitals unter Berücksichtigung des Unternehmerrisikos als Maßstab herangezogen werden.

Welche Aussagekraft haben Rentabilitätskennziffern?
Ist die Gesamtkapitalrentabilität höher als der Zinssatz für Fremdkapitalzinsen, dann lohnt sich die Aufnahme von weiterem .*Fremdkapital*........

Welche Bedeutung hat die Rentabilität für die Unternehmung?
Eine bestimmte Höhe der Rentabilität ist Voraussetzung für die Erhaltung und Sicherung des eingesetzten ....*Kapitals*...., denn kein Unternehmer wird Kapital im Wirtschaftsprozess einsetzen, wenn nicht die Aussicht auf entsprechende Verzinsung besteht.

Welchen Zweck haben Rentabilitätsberechnungen?
Sie ermöglichen es, inner- und zwischenbetriebliche ....*Vergleiche*... zu erstellen.

4.6 Gewerblicher Rechtsschutz

4.6.1 Patentschutz (Arbeitsbuch S. 85 ff.)

Seite 87: Arbeitsaufträge und Fragen zur Stofferschließung

1. Voraussetzungen für die Patenterteilung (§§ 1 und 2 PatG):
   - Neuheit, d. h. etwas, was noch nicht zum derzeitigen Stand der Technik gehört;
   - gewerbliche Anwendbarkeit (Verwertbarkeit). Vergleichen Sie hierzu § 2 PatG.
2. Wirkung des Patents
   § 9, I PatG: Allein der Patentinhaber ist berechtigt, die patentierte Erfindung zu benutzen, d. h., er besitzt ein Alleinverwertungsrecht.

   § 15 PatG: Das Patent kann veräußert, verpfändet, vererbt oder als Einlage in ein Unternehmen eingebracht werden.
3. Verbote für Dritte
   §§ 9, I, 2. PatG: Sie dürfen ein Erzeugnis, das Gegenstand des Patents ist, weder herstellen noch anbieten, in Verkehr bringen, gebrauchen, einführen.

   § 142 PatG: Bei Missbrauch droht Freiheitsstrafe bis zu drei Jahren oder Geldstrafe.
4. Dauer des Patentschutzes
   § 16 PatG: 20 Jahre.
5. Gegenleistung des Patentinhabers
   § 17 PatG: Zahlung einer Jahresgebühr nach dem Tarif, und zwar für jede Anmeldung und für jedes Patent für das dritte und jedes folgende Jahr.
6. Verwertung des Patents
   Vergabe einer Lizenz an einen Produzenten.
7. Begriff „Lizenz"
   Es ist das Recht, gegen Zahlung einer Gebühr eine Erfindung wirtschaftlich (gewerblich) zu verwerten.
8. Erlöschen des Patents
   § 20 PatG: Zwei Möglichkeiten:
   – Verzicht des Patentinhabers durch schriftliche Erklärung an das Patentamt;
   – nicht rechtzeitige Bezahlung der Jahresgebühr.
9. Begriff „Patentrolle"
   § 30 PatG: Verzeichnis über die erteilten Patente. Sie enthält die Bezeichnung für das erteilte Patent, den Namen und den Wohnort des Patentinhabers, den Beginn, den Ablauf und das Erlöschen des Patentschutzes.
10. Phasen der Patenterteilung
    - § 35 PatG: Schriftlicher Antrag zur Erteilung eines Patents beim Patentamt in München mit genauen Unterlagen.
    - § 44 PatG: Prüfung des Antrags durch das Patentamt, insbesondere die Patentfähigkeit des angemeldeten Gegenstands.
    - § 49 PatG: Öffentliche Bekanntmachung der Anmeldung im Patentblatt.
    - §§ 58 und 30 PatG: Bekanntmachung der Patenterteilung im Patentblatt und Eintragung des Patents in die Patentrolle.
    - § 59 PatG: Einspruchsfrist gegen die Patenterteilung: 3 Monate.
11. a) § 31 PatG: Einsichtnahme in die Akten des Patentamts sowie in die dazugehörigen Modelle.

Seite 87: Arbeitsaufträge und Fragen zur Stofferschließung (Fortsetzung)

b) § 31 PatG: Jedermann kann Einsicht nehmen. Voraussetzung: Nachweis eines berechtigten Interesses.

c) Nachteil der Öffentlichkeit: Gefahr der Nachahmung einer Erfindung.

12. Geografischer Bereich des Patentschutzes: Grundsätzlich nur im Inland.
13. Erwerb eines Auslandspatents, z. B. eines EU-Patents beim Europäischen Patentamt in München.
14. Marktstellung des Patentinhabers: Er ist Monopolist.
    Beachten Sie: Es gibt in der Regel Surrogatkonkurrenz, d. h., es besteht kein absolutes Monopol.
15. Kompatibilität von Patentschutz und Wettbewerb.
    Patentschutz führt zur Monopolisierung. Mit Ablauf der Schutzfrist sind jedoch Nachahmungen gestattet, d. h., es entstehen im Laufe der Zeit auch für den Patentinhaber Konkurrenzbetriebe.
    Der Patentschutz fördert die geistige Anstrengung, weil er geistiges Eigentum schützt. Auf diese Weise werden technische Neuentwicklungen gefördert. Da jeder Unternehmer gerne gegenüber seinem Konkurrenten die Nase vorn haben möchte, trägt der Patentschutz zur Verschärfung des Wettbewerbs bei.
16. Äußere Erkennbarkeit von Patenten
    Nummerierung des Patents, z. B. DBP 98765432.
17. Edison besaß 2 000 Patente. Seine größten Erfindungen waren das Mikrofon, das Grammofon, die Glühlampe, der Generator zur Stromerzeugung.
18. Auswertung der Zeitungsartikel:
    (1) Rund 65 000 Patentanmeldungen (1996).
    (2) Rund 16 400 Patenterteilungen (1996).
    (3) Zwei Hauptursachen: wachsendes Bewusstsein für Schutzrechte und steigende Forschertätigkeit.
    (4) Größte Patentanmelder: Siemens, Bosch, BASF, Bayer.
    (5) Durchschnittl. Kosten: 8.900,00 DM.
    (6) Ein europäisches Patent wird für Klein- und Mittelbetriebe erschwinglicher.

4.6.2 **Gebrauchsmusterschutz** (Arbeitsbuch S. 88 f.)

Seite 89: Arbeitsaufträge und Fragen zur Stofferschließung

1. Die Definitionen für Gebrauchsmuster und Patent sind inhaltlich identisch.
2. Voraussetzungen nach § 1, I GebrMG:
   - Es muss sich um eine Neuheit handeln.
   - Es muss eine Erfindung vorliegen.
   - Die Erfindung muss gewerblich anwendbar sein.
3. § 3, I, 1 GebrMG: Als „Neuheit“ zählt alles das, was nicht zum gegenwärtigen Stand der Technik gehört.
4. Siehe Sachdarstellung (2.).
5. Ja, weil es sich hier um eine Verbesserung des Produktionsverfahrens handelt, mit dem neue Wirkungen (verbesserter Geschmack, längere Haltbarkeit) erzielt werden.

<u>Seite 89: Arbeitsaufträge und Fragen zur Stofferschließung (Fortsetzung)</u>

6. Beim Patent werden größere Anforderungen an die erfinderische Tätigkeit (sog. Erfindungshöhe) gestellt, außerdem werden die materiellen Schutzvoraussetzungen (Neuheit, Vorliegen eines erfinderischen Schrittes und gewerbliche Anwendbarkeit) vor der Patenterteilung vom Patentamt einzeln geprüft.
7. Hauptvorteile: einfacheres Verfahren, schnellerer Schutz und geringere Kosten (Jahresgebühren).
8. Gebrauchsmusterschutz bei relativ kurzlebigen Produkten, die einen schnellen Schutz benötigten, z. B. bei technischen Verbesserungen.
9. Siehe Sachdarstellung (3.).
10. § 8, I GebrMG: Eintragung in die Rolle für Gebrauchsmuster beim Patentamt in München.
11. § 11 GebrMG: Allein der Inhaber ist berechtigt, den Gegenstand des Gebrauchsmusters zu verwerten.
12. § 23 GebrMG: 3 Jahre, Verlängerung um weitere 3 Jahre möglich, danach nur jeweils 2 Jahre, höchstens jedoch 10 Jahre.
13. § 25 GebrMG: Geldstrafe oder Freiheitsstrafe bis zu einem Jahr.
14. a) Vorteile des Patentschutzes:
    – Wirtschaftliche Auswertung der Erfindung, z. B. Herstellen von Räucherbrezeln;
    – Vergabe von Lizenzen zum Räuchern von Backwaren.

    b) Ja, vgl. § 11 GebrMG.
15. § 8, V GebrMG: Jedermann kann Einsicht in die Gebrauchsmusterrolle sowie in die Akten eingetragener Gebrauchsmuster nehmen.

4.6.3 Markenschutz (Arbeitsbuch S. 90 ff.)

<u>Seite 92: Arbeitsaufträge und Fragen zur Stofferschließung</u>

1. Das Wort „Baggerparty“ ist als Marke in das Register beim Patentamt eingetragen und geschützt.
2. Regelung im Gesetz über den Schutz von Marken und sonstigen Kennzeichen (Markengesetz) vom 25. Oktober 1994.
3. a) bis c): Siehe Sachdarstellung.
4. § 1 MarkenG: Marken, geschäftliche Bezeichnungen und geografische Herkunftsangaben.
5. § 3, I MarkenG nennt u. a. folgende Markenarten:
   – Wortmarken (Personennamen), z. B. Bosch, Ford, Siemens
   – Buchstabenmarken, z. B. AOK, AEG, KKH, VW
   – Bilder, z. B. Mercedes-Stern, Lufthansa-Kranich, Posthorn der Deutschen Post AG
   – Wortbilder, z. B. Audi, Bayer, Aral, Ford, HypoBank
   – Zahlenmarken, z. B. 4711, 8 x 4
6. § 14, III MarkenG: Es ist ihm verboten, …
   – die Marke auf Waren oder Verpackungen anzubringen;
   – Waren oder Dienstleistungen mit der Marke in Verkehr zu bringen, sie zu importieren oder zu exportieren;
   – die Marke in Geschäftspapieren oder für die Werbung zu benutzen.

Seite 92: Arbeitsaufträge und Fragen zu Stofferschließung (Fortsetzung)

7. § 15, IV MarkenG: Unterlassung verlangen;
   § 15, V MarkenG: Schadenersatz verlangen, wenn die Verletzungshandlung vorsätzlich oder fahrlässig begangen wurde.
8. Der Begriff „Baggerparty“ sei keine rein beschreibende Angabe, sondern eine Wortneubildung, die verschiedene Deutungen zulasse. Als rein beschreibende Angabe könnte der Begriff nicht als Marke verwendet werden; er wäre als solcher nicht eintragungsfähig.
9. § 41 MarkenG: Eintragung in das Register (sog. Zeichenrolle) beim Bundespatentamt in München.
10. § 47 MarkenG: Beginn des Schutzes mit der Anmeldung der Marke, Ende des Schutzes nach 10 Jahren; Verlängerungsmöglichkeit um jeweils 10 Jahre.
11. § 62 MarkenG: Jedermann kann Einsicht in das Register nehmen (§ 62, III). Möglich ist auch die Einsicht in die Akten (§ 62, I und II).
12. § 143 MarkenG: Freiheitsstrafe bis zu 3 bzw. 5 Jahren oder Geldstrafe
    § 144 MarkenG: Bei widerrechtlicher Verwendung geografischer Herkunftsbezeichnungen: bis zu 2 Jahren Freiheitsstrafe oder Geldstrafe.
13. a) Parmaschinken (Italien), griechischer Fetakäse, Schwarzwälder Schinken, Lübecker Marzipan, bayerisches Bier, Überkinger Mineralwasser.
    b) § 126, II MarkenG: Nicht geschützt sind Gattungsbezeichnungen, die ihre ursprüngliche Bedeutung verloren haben, z. B. Briekäse, Camembert, Edamer, Emmentaler, Gouda.
14. Anforderungen an geografische Herkunftsbezeichnungen nach MarkenG § 17:
    - Sie dürfen nicht die Gefahr der Irreführung in sich bergen.
    - Sie weisen auf besondere Eigenschaften oder Qualitäten der Produkte hin.

    Ob die genannten Anforderungen im Falle von „Clausthaler Bieren“, die in Frankfurt gebraut werden, erfüllt sind, ist Auslegungssache. Schülerindividuelle Lösungen.
15. Keine Wettbewerbsverzerrung bzw. keine Verwechslungsgefahr (MarkenG § 127, I), weil beide Firmen unterschiedliche Produktgruppen (einerseits Fastfood, andererseits Tiernahrung) herstellen.
16. Bei einem Jahresumsatz der Firma Levi's von 700 Millionen DM betrug der Anteil der im gesamten deutschsprachigen Raum beschlagnahmten Fälschungen 14 Millionen DM; das entspricht genau 2 Prozent des Umsatzes oder 14 Prozent des Jahresgewinns von 1996 (100 Millionen DM). Bei der Bewertung des Schadens ist jedoch der Werbeeffekt von Nachahmungen zu berücksichtigen.

4.6.4 Güterzeichenschutz (Arbeitsbuch S. 93 f.)

Seite 94: Arbeitsaufträge und Fragen zu Stofferschließung

1. Gütezeichen sollen ein Symbol für zweierlei sein:
   - für die Wirksamkeit der Holzschutzmittel,
   - für die gesundheitliche Unbedenklichkeit dieser Produkte.
2. Allgemeine Aufgaben: Garantie für eine bestimmte Mindestqualität, Schutz des lauteren Wettbewerbs (Verbraucherschutz). Im Außenhandel: den guten Ruf von „Made in Germany“ sichern.
3. Siehe Sachdarstellung (2.).
4. Siehe Sachdarstellung (1.).

Seite 94: Arbeitsaufträge und Fragen zur Stofferschließung (Fortsetzung)

5. Herausgabe von Gütezeichen und Überwachung der Gütenormen durch
   - Rationalisierungsausschuss für Lieferbedingungen und Gütesicherung (RAL):
   - staatliche Stellen, z. B. das Landwirtschaftsministerium;
   - private Vereinigungen, z. B. Marketinggesellschaften.
6. Entwicklungstendenzen
   - Herkunftsbezeichnung „Made in Germany" soll durch „ISO 900" ersetzt werden.
   - Neben dem deutschen GS-Zeichen gibt es das europäische CE-Zeichen.
   - Gütesiegel für Gemüse aus ökologischem Anbau.
   - Qualitätszeichen für heimisches „Holz aus nachhaltiger Forstwirtschaft".
   - Neues Teppich-Etikett mit der Garantie, dass die Teppiche nicht von Kindern gewebt wurden.
   - Herkunfts- und Qualitätszeichen Baden-Württemberg.
   - Europäisches Gütesiegel für alle medizinischen Produkte.
   - Gütezeichen „Frisch aus Baden-Württemberg" für Eier.

4.6.5 Geschmacksmusterschutz (Arbeitsbuch S. 95 f.)

Seite 96: Arbeitsaufträge und Fragen zur Stofferschließung

1. a) §§ 1, I/5 GeschmMG: Verbot, gewerbliche Muster oder Modelle nachzubilden.

   b) §§ 7/8 GeschmMG: Anmeldung des Musters oder Modells zur Eintragung in das Musterregister beim Patentamt.

   c) § 8 c GeschmMG: Zahlung einer Anmeldegebühr.

   d) § 9, I und II GeschmMG: Schutzdauer 5 Jahre; Verlängerung um jeweils 5 Jahre möglich, maximal jedoch 20 Jahre. Eintragung der Verlängerung in das Musterregister.

   e) § 11 GeschmMG: Einsichtnahme in das Musterregister. Für jedermann möglich. Glaubhaftmachung eines berechtigten Interesses notwendig, wenn Informationen über die Darstellung eines Musters oder Modells oder Einsichtnahme in die Akten verlangt wird.

   f) § 14 a GeschmMG:
   - Beseitigung der Beeinträchtigung;
   - Unterlassung der Nachbildung (bei Wiederholungsgefahr);
   - Leistung von Schadenersatz;
   - Herausgabe des erzielten Gewinns.

   § 14, I GeschmMG: Bei Missbrauch geschützter Geschmacksmuster droht Freiheitsstrafe bis zu drei Jahren oder Geldstrafe.

2. a) Besonders häufige Fälschungen bei Textilien und Gebrauchsartikeln, neuerdings auch bei Software.

   b) Die meisten Fälschungen kommen aus Asien.

   c) Beispiele für betroffene Textilfirmen: Boss, Chanel, adidas, puma, betty barcley u. a.

   d) Beispiele für Plagiate: Rucksäcke, Waagen, Thermoskannen, Eierschneider, Korkenzieher, Elektrorasierer, Möbelstücke, Becher.

Seite 96: Arbeitsaufträge und Fragen zur Stofferschließung (Fortsetzung)

e) Umsatzanteil am Welthandel: etwa 5 % (ungefähr 5 Billionen DM)
– Vernichtete Arbeitsplätze in Europa: ungefähr 100 000

f) Verleihung des „Plagiarius“: öffentliche Anprangerung des Musterklaus, von Produktfälschungen.

g) Geringe praktische Wirksamkeit des Geschmacksmustergesetzes.

4.7 Die optimale Fehlerquote (Arbeitsbuch S. 97 ff.)

Seite 100: Arbeitsaufträge und Fragen zur Stofferschließung

1. a) Je höher die Zahl der Stichproben, desto geringer die zu erwartende Fehlerquote. Die Zahl der Stichproben steht in einem umgekehrt proportionalen Verhältnis zur zu erwartenden Fehlerquote.
   b) Je höher die Zahl der Stichproben, desto höher sind die anfallenden Qualitätskontrollkosten (proportionales Verhältnis).
   c) Je höher die Zahl der Stichproben, desto geringer sind die Kosten mangelhafter Qualität (umgekehrt proportionales Verhältnis).
   d) Die gesamten Qualitätskosten sinken mit steigender Zahl der Stichproben bis zu einem bestimmten Punkt, danach steigen sie an.
2. Die optimale Fehlerquote liegt bei 0,8 (60 Stichproben). Begründung: Die Qualitätskontrollkosten (800,00 DM) sind identisch mit den Kosten mangelhafter Qualität (800,00 DM); die gesamten Qualitätskosten haben ihren niedrigsten Punkt (1.600,00 DM) erreicht.
3. Grafische Darstellung (**Arbeitsvorlage 1**): siehe folgende Seite.
4. Siehe **Arbeitsvorlage 1** (folgende Seite).
5. **Arbeitsvorlage 2:** Auswertung des Zahlenmaterials der Tabelle und der grafischen Darstellung

(1) Zusammenhang zwischen der Anzahl der Stichproben und der zu erwartenden Fehlerquote

Je mehr Stichproben gemacht werden, desto ....*geringer*... ist die zu erwartende Fehlerquote.

(2) Zusammenhang zwischen Fehlerquote und Qualitätskosten

Je geringer die Fehlerquote sein soll,
desto ....*höher*....... sind die Qualitätskontrollkosten,
desto ...*geringer*..... sind die Kosten mangelhafter Qualität und umgekehrt.

(3) Verlauf der gesamten Qualitätskosten

Mit sinkender Fehlerquote ...*sinken*..... die gesamten Qualitätskosten bis zum Punkt der optimalen Fehlerquote; danach .....*steigen*..... sie.

(4) Optimale Fehlerquote

Tabellarisch kann sie **auf zweifache Weise ermittelt** werden:
in den Spalten „Qualitätskontrollkosten“ und „Kosten mangelhafter Qualität“: beide Beträge sind ...*gleich* .... *hoch*............................... ;
in der Spalte „ Gesamtkosten“ : .....*niedrigster Betrag*........

Grafisch ergibt sich die optimale Fehlerquote als
Schnittpunkt der Kostenkurve für die ..*Q-Kontroll*... kosten und der Kurve für die Kosten ..*mangel-* ....*hafter Qualität*......... ;
..*niedrigster*... Punkt der Kurve für die gesamten Qualitätskosten.

3. und 4. **Arbeitsvorlage 1:** Grafische Darstellung

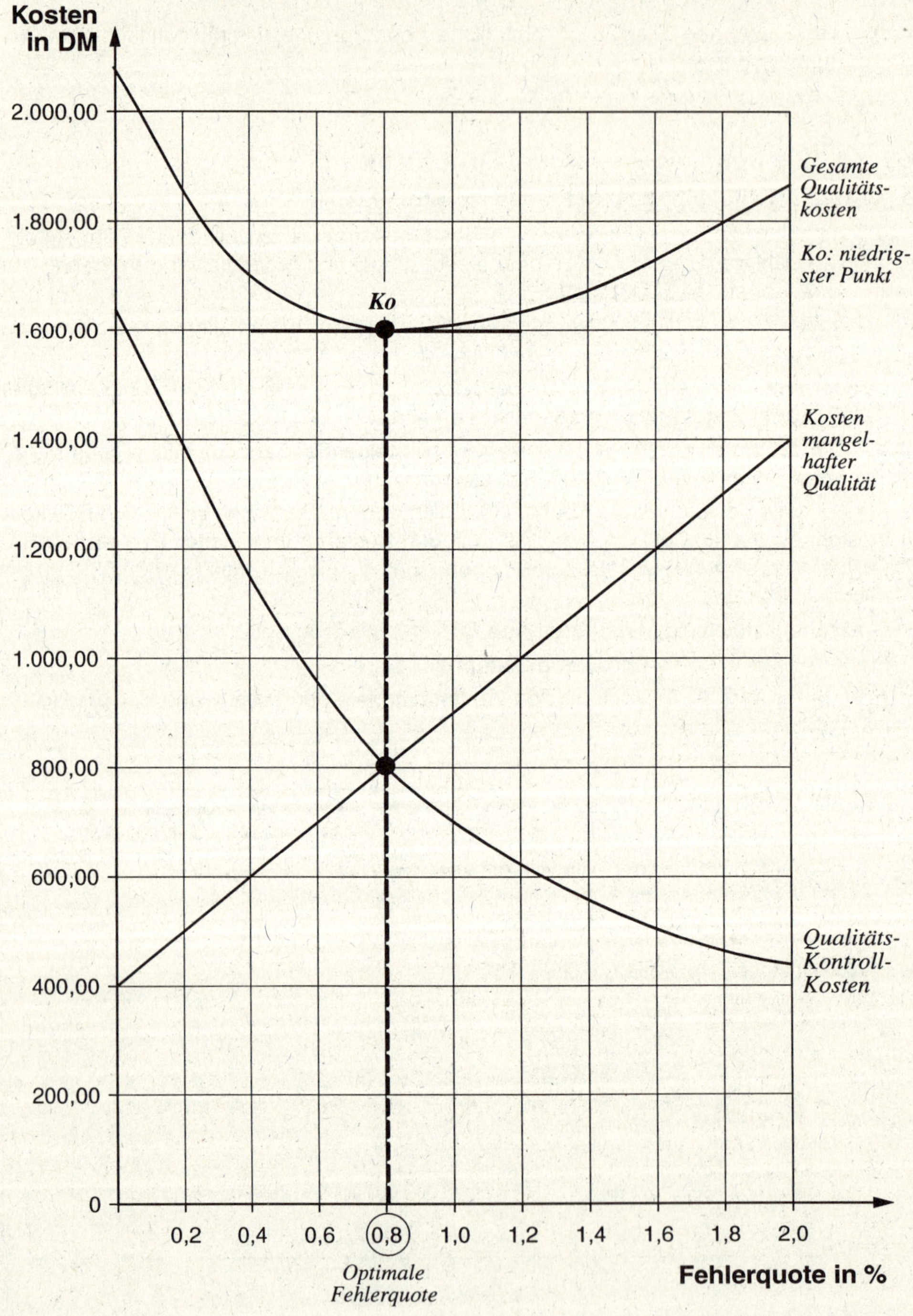

Seite 100: Arbeitsaufträge und Fragen zur Stofferschließung (Fortsetzung)

6. a) **Arbeitsvorlage 3:** Beispielsammlung

Lfd. Nr.	Beispiele für Qualitätskosten	Kosten der Qualitätskontrolle	Kosten mangelhafter Qualität
1	Kosten durch Beschäftigungsrückgang infolge von Absatzeinbußen		x
2	Kosten für die mit der Qualitätsprüfung beschäftigten Personen	x	
3	Kosten aus der Bearbeitung von Mängelrügen der Kunden		x
4	Kosten für das bei der Qualitätsprüfung zerstörte oder verbrauchte Material, z. B. Materialproben	x	
5	Kosten für die bei der Qualitätsprüfung verwendeten Hilfsmittel (Geräte, Apparate, Werkzeuge), insbesondere Abschreibungskosten	x	
6	Kosten für die Erbringung von Ersatzleistungen aufgrund berechtigter Mängelrügen der Kunden		x
7	Kosten für die Nachbesserung (z. B. Reparatur) von Erzeugnissen, die mit Mängeln behaftet waren		x
8	Aufwand durch Mindererlöse für Ausschuss und Fehlpartien		x
9	Kosten für die zur Durchführung der Qualitätsprüfung benötigten Räumlichkeiten	x	
10	Kosten für die Beseitigung des Ausschusses	(x)	x
11	Kosten für die bei der Qualitätsprüfung verbrauchte Energie (Heizmaterial, Strom-, Benzinkosten)	x	
12	Kosten für die Nacharbeit an schadhaften Werkstücken		x
13	Kosten eines Probedurchlaufs bei Neukonstruktion	x	
14	Kosten für die Herstellung und Entwicklung von Prüfgeräten	x	
15	Kosten für die Wareneingangskontrolle	x	

b) **Arbeitsvorlage 4:** siehe folgende Seite.

7. a) bis c): siehe Sachdarstellung.

Seite 100: Arbeitsaufträge und Fragen zur Stofferschließung (Fortsetzung)

6. b) **Arbeitsvorlage 4:** Übersicht

Qualitätskosten

KOSTEN DER QUALITÄTS *KONTROLLE*	KOSTEN *MANGELHAFTER* QUALITÄT
je 2 Gruppen:	
*Fehlerverhütungs*kosten	*Fehler*kosten
*Prüf*kosten	*Fehlerfolge*kosten
Beispiele: *– Personalkosten*	Beispiele: *– Nachbesserung*
– Materialkosten	*– Kosten für Ersatzlieferungen,*
– Hilfsmittelkosten	*– Mängelrügebearbeitungskosten*
– Raumkosten	*– Kosten des Beschäftigungsrückgangs*
– Energiekosten	*– Erlösminderungen wegen Ausschuss*
	– Kosten für Ausschussbeseitigungen

Beachte: **Im weiteren Sinne gehören zu den Qualitätskosten auch immaterielle Werte, so z. B. die Schädigung des Rufs und des Ansehens (Images) einer Firma durch qualitativ minderwertige Produkte.**

4.8 Das Gesetz der Massenproduktion (Arbeitsbuch S. 101 f.)

Seite 101: Arbeitsaufträge

1. **Arbeitsvorlage 1:** Wertetafel

Produktionsmenge (Stück)	**1 820**	**2 360**	**3 380**	**4 890**
Grad der Kapazitätsauslastung (%)	*36,4*	*47,2*	*67,6*	*97,8*
Fixe Gesamtkosten (DM)	150.000,00	150.000,00	150.000,00	150.000,00
Variable Gesamtkosten (DM)	*(60 · 1.820,00)* *109.200,00*	*(60 · 2.360,00)* *141.600,00*	*(60 · 3.380,00)* *202.800,00*	*(60 · 4.890,00)* *293.400,00*
Gesamtkosten (fix u. variabel) [DM]	*259.200,00*	*291.600,00*	*352.800,00*	*443.400,00*
Fixkosten je Stück (DM)	*82,42*	*63,56*	*44,38*	*30,67*
Variable Kosten je Stück (DM)	*60,00*	*60,00*	*60,00*	*60,00*
Stückkosten insgesamt (DM)	*142,42*	*123,56*	*104,38*	*90,67*

Seite 101: Arbeitsaufträge (Fortsetzung)

1. **Arbeitsvorlage 2:** Auswertung der Tabelle

(1) **Steigende Kapazitätsauslastung** (= steigende Beschäftigung) wirkt sich auf die **Entwicklung der Gesamtkosten** wie folgt aus:

Die fixen Gesamtkosten ....*bleiben unverändert (konstant)*.... ;

die variablen Gesamtkosten ....*steigen*.... absolut (in DM);

die Summe aus fixen und variablen Gesamtkosten ....*steigt ebenfalls*.... .

(2) **Steigende Kapazitätsauslastung** (= steigende Beschäftigung) wirkt sich auf die **Entwicklung der Stückkosten** wie folgt aus:

Die variablen (proportionalen) Kosten je Stück ....*bleiben gleich (konstant)*.... ;

die fixen Kosten je Stück ....*sinken*.... . Begründung: Je grö ß er die Produktionsmenge ist, desto ....*geringer*.... ist der Anteil der Fixkosten an den gesamten Stückkosten. Die Fixkosten verteilen sich dann auf eine ....*größere*.... Produktionsmenge.

Die gesamten Stückkosten (fixe und variable) ....*sinken*.... .

(3) **Welche Gesetzmäßigkeit** kann in Bezug auf die **Stückkosten** festgestellt werden?

Je höher der Grad der Kapazitätsauslastung (Beschäftigungsgrad) ist, desto geringer werden die ....*fixen*.... Kosten je Stück und umso niedriger werden die ....*Stück*.... kosten insgesamt.

(4) **Welche Formel** gilt für die **Stückkosten?**

Ausgehend von den Gesamtkosten der Produktion (fixe und variable) errechnet man die Stückkosten nach folgender Gleichung:

Stückkosten (K) = Gesamtkosten (fixe und variable) / ....*Produktionsmenge*....

oder = ...*Fixe*.... Gesamtkosten / ....*Produktionsmenge*.... + ...*variable*.... Gesamtkosten / ....*Produktionsmenge*....

oder = ...*Fixe*.... Gesamtkosten (F) / ....*Produktionsmenge*.... (M) + ...*variable*.... Kosten je Stück (v)

oder (in Kurzform): = [redacted]

Man nennt diese Formel das **Gesetz der** ....*Massen*.... **produktion.**

2. **Arbeitsvorlage 3:** Ableitung von Erkenntnissen über das Verhältnis von Beschäftigung (Kapazitätsauslastung) und Fixkostenbelastung

(1) **Steigende Beschäftigung (Kapazitätsauslastung) und Fixkostenbelastung**

Je kapitalintensiver ein Betrieb ist, desto ....*größer*.... wird der Anteil der fixen Kosten an den Gesamtkosten und desto ....*mehr*.... ermä ß igen sich die Stü ckkosten bei ....*steigender*.... Produktionsmenge.

Niedrigere Stückkosten bedeuten aber in jedem Falle ....*verbesserte*.... Wettbewerbschancen; sie bewirken bei entsprechenden Marktpreisen eine wesentliche ....*Steigerung*.... des Gewinns. Hieraus erklärt sich u. a. die Überlegenheit der ....*Groß*.... betriebe gegenüber den Handwerksbetrieben.

(2) **Sinkende Beschäftigung (Kapazitätsauslastung) und Fixkostenbelastung**

Das Gesetz der Massenproduktion wirkt sich allerdings auch bei einem Produktions**rückgang** aus, und zwar in (welcher?) ....*umgekehrter*.... Richtung. **Je höher der Fixkostenanteil** an den Gesamtkosten ist, **desto schneller** gehen die ....*Stück*.... kosten bei einer rückläufigen Entwicklung der Produktion in die Höhe, desto ....*größer*.... werden also die **Verluste** bei einem entsprechenden Beschäftigungsrückgang **(Gesetz der Kostenremanenz).** Dies erklärt die grö ß ere ....*Krisen*.... anfä lligkeit kapitalintensiver Betriebe gegenüber Handwerksbetrieben.

(3) **Zusammenfassung**

Das Gesetz der Massenproduktion wirkt sich – in beiden Richtungen – **am stärksten bei** (welchen?) ....*kapitalintensiven*.... Betrieben aus.

Betriebe mit Massenproduktion haben einerseits bei guter Beschäftigung einen deutlichen ....*Wettbewerbs*....- vorteil, sind aber andererseits bei schlechter Beschäftigung auch besonders ....*gefährdet*.... .

4.9 Die Gewinnschwelle (Break-even-Point) (Arbeitsbuch S. 103 ff.)

Seite 103: Arbeitsaufträge

1. **Arbeitsvorlage 1:** Wertetafel

1 Gereinigte Autos pro Monat (Menge x)	2 Fixe Kosten je Monat in DM (F)	3 Variable Kosten in DM (V)	4 Gesamtkosten in DM (G)	5 Umsatz in DM (x p) (U)	6 Gewinn (+)/ Verlust ( ) in DM	7 Reinigungskosten pro Auto (Stückkosten) (k)	8 Stückpreis in DM (p)	9 Stückgewinn oder -verlust (+)/( )	10 Variable Kosten pro Stück (v)	11 Fixe Kosten pro Stück (f)
5 000	30.000,00	12.500,00	42.500,00	25.000,00	- 17.500,00	8,50	5,00	- 3,50	2,50	6,00
6 000	30.000,00	15.000,00	45.000,00	30.000,00	- 15.000,00	7,50	5,00	- 2,50	2,50	5,00
7 000	30.000,00	17.500,00	47.500,00	35.000,00	- 12.500,00	6,79	5,00	- 1,79	2,50	4,29
8 000	30.000,00	20.000,00	50.000,00	40.000,00	- 10.000,00	6,25	5,00	- 1,25	2,50	3,75
9 000	30.000,00	22.500,00	52.500,00	45.000,00	- 7.500,00	5,83	5,00	- 0,83	2,50	3,33
10 000	30.000,00	25.000,00	55.000,00	50.000,00	- 5.000,00	5,50	5,00	- 0,50	2,50	3,00
11 000	30.000,00	27.500,00	57.500,00	55.000,00	- 2.500,00	5,23	5,00	- 0,23	2,50	2,73
12 000	30.000,00	30.000,00	60.000,00	60.000,00	—	5,00	5,00	—	2,50	2,50
13 000	30.000,00	32.500,00	62.500,00	65.000,00	+ 2.500,00	4,80	5,00	+ 0,20	2,50	2,31
14 000	30.000,00	35.000,00	65.000,00	70.000,00	+ 5.000,00	4,64	5,00	+ 0,36	2,50	2,14
15 000	30.000,00	37.500,00	67.500,00	75.000,00	+ 7.500,00	4,50	5,00	+ 0,50	2,50	2,00
16 000	30.000,00	40.000,00	70.000,00	80.000,00	+ 10.000,00	4,38	5,00	+ 0,62	2,50	1,88

Seite 103: Arbeitsaufträge (Fortsetzung)

2. **Arbeitsvorlage 2:** Grafische Darstellung

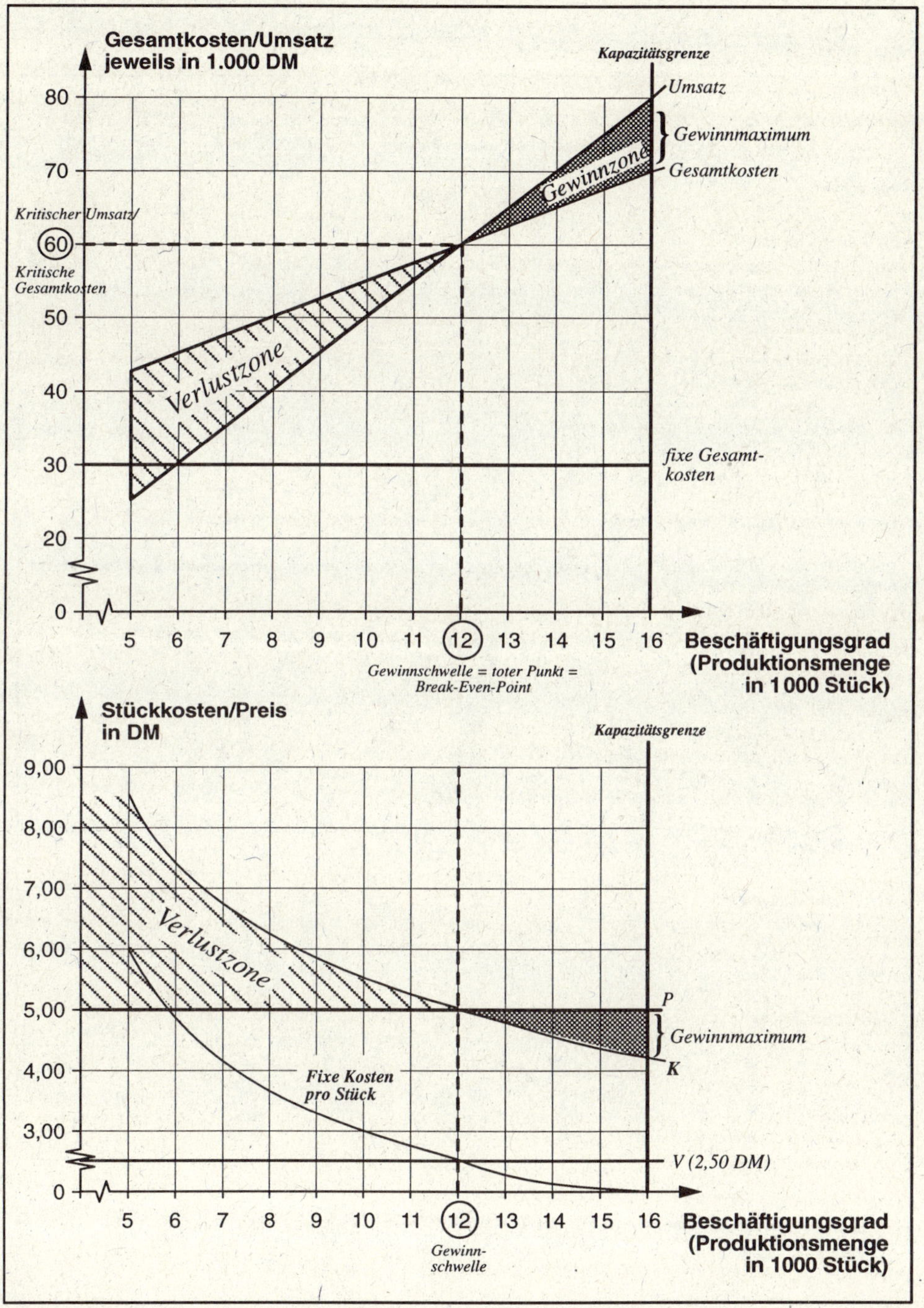

Seite 103: Arbeitsaufträge (Fortsetzung)

3. **Arbeitsvorlage 3:** Auswertung der tabellarischen und grafischen Darstellungen

a) **Die Gesamtkostenkurve**
Ihr Verlauf ist (wie?) ....*linear*.... Sie steigt im Verhältnis zur Erlöskurve (wie?) ...*weniger*..... steil an; deshalb schneiden sich beide Kurven an einem bestimmten Punkt.

b) **Die Stückkostenkurve**
Sie verläuft (wie?) ....*degressiv*..., d. h., je höher die produzierte Menge ist, desto ..*niedriger*.... sind die Kosten pro Stück.
Grund für die Kostendegression: die proportional-variablen Kosten je Stück sind ..*konstant*...., die fixen Kosten je Stück nehmen jedoch mit steigender Beschäftigung ......*ab*.......... . Vergleichen Sie hierzu die Spalten 10 und 11 der Tabelle in Arbeitsvorlage 1.

c) **Die Erlöskurve** verläuft ebenfalls (wie?) ......*linear*......... . Der absolut höchste Erlös wird an der ..*Kapazitätsgrenze*..... erreicht.

d) **Die Kurve der fixen Gesamtkosten** verläuft (wie?) ....*parallel*..................... zur x-Achse.

e) **Die Preisgerade** stellt eine Parallele zur ......*x-Achse*... dar.

f) **Die Kapazitätsgrenze** kann grafisch als Parallele zur ...*y-Achse*..... dargestellt werden.

g) **Der Schnittpunkt von Gesamtkosten- und Erlöskurve** wird als **Gewinn-** oder **Nutzenschwelle,** als **toter Punkt** oder als **Break-even-Point** bezeichnet.
Die **Gleichung** für den Schnittpunkt lautet:

Gesamtkosten = *Umsatz*

$v \cdot x + F = p \cdot x$

Eingesetzt:

$2{,}5\,x + 30.000 = 5x$

$30.000 = 2{,}5\,x$

$x = 12.000$ Stück

Die Schnittmenge von Erlös- und Gesamtkostenkurve entspricht bei Stückbetrachtung der Schnittmenge von ......*Preis*.....- und ......*Stückkosten*..... kurve.

h) **Verlust-/Gewinnzone**
Bei einer Ausbringungs**menge** (Beschäftigung), die **kleiner** ist als die Nutzenschwelle, arbeitet der Betrieb mit ....*Verlust*........, bei einer **höheren** Ausbringungsmenge bewegt sich das Unternehmen in der ..*Gewinn*.... zone.

i) **Gewinnmaximum**
Es liegt (wo?) an der ..*Kapazitätsgrenze* . Dort ist sowohl die Differenz zwischen *Erlösen* .... und .....*Gesamtkosten*................. (bei Gesamtbetrachtung) als auch diejenige zwischen Preis und ....*Stückkosten*...... (bei Stückbetrachtung) am größten.
Die Grafik verdeutlicht, dass bei Massenproduktion nur dann ein Gewinnmaximum erreicht wird, wenn die Kapazitäten ..*voll ausgelastet*.. sind.

4.10 Substitution eines arbeits- bzw. lohnintensiven durch ein kapital- bzw. anlagenintensives Produktionsverfahren

4.10.1 Substitution mit Kapazitätserweiterungseffekt (Arbeitsbuch S. 107 f.)

Seite 108: Arbeitsaufträge

Arbeitsvorlage 1: Wertetafel

Erzeugungsmenge in Stück	Arbeits- oder lohnintensives Produktionsverf.				Kapital- oder anlagenintensives Produktionsverf.			
	Fixkosten je Monat in DM	Variable Kosten in DM	Gesamtkosten	Stückkosten in DM	Fixkosten je Monat in DM	Variable Kosten in DM	Gesamtkosten	Stückkosten in DM
200	*20.000,00*	*6.000,00*	*26.000,00*	*130,00*	*28.000,00*	*4.000,00*	*32.000,00*	*160,00*
400	↓	*12.000,00*	*32.000,00*	*80,00*	↓	*8.000,00*	*36.000,00*	*90,00*
600		*18.000,00*	*38.000,00*	*63,33*		*12.000,00*	*40.000,00*	*66,67*
800		*24.000,00*	*44.000,00*	*55,00*		*16.000,00*	*44.000,00*	*55,00*
1 000		*30.000,00*	*50.000,00*	*50,00*		*20.000,00*	*48.000,00*	*48,00*
1 200	—	—	—	—		*24.000,00*	*52.000,00*	*43,33*

Arbeitsvorlage 2: Grafische Darstellung

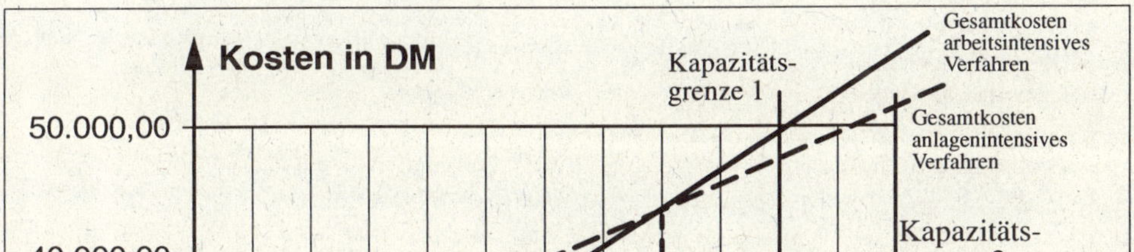

Seite 108: Arbeitsaufträge (Fortsetzung)

Arbeitsvorlage 3: Kostenentwicklung bei Einführung kapitalintensiver Produktionsverfahren

(1) **Im dargestellten Fall** werden arbeits- oder lohnintensive Produktionsverfahren durch ..*Kapital*...- oder anlagenintensive Produktionsverfahren ersetzt (substituiert). Anders ausgedrückt: Der Produktionsfaktor ......*Arbeit*........... wird bei Rationalisierungsmaßnahmen zunehmend durch den Produktionsfaktor ....*Kapital*...... ersetzt (substituiert).

(2) **Hauptkostenfaktor** bei **arbeits**intensiven Produktionsverfahren sind die ...*Lohn*.... kosten; sie steigen und fallen je nach der Anzahl der eingesetzten Arbeitskräfte, d. h., sie haben vorwiegend (welchen?) ...*variablen*..... Charakter.

(3) **Hauptkostenfaktor** bei **anlagen**intensiven Produktionsverfahren sind die .....*Zins*......- und ..*Abschreibungs*..kosten; sie fallen unabhängig von der Höhe der Kapazitätsauslastung an, sind also unabhängig vom jeweiligen *Beschäftigungs* grad und haben deshalb (welchen?) .....*fixen*........ Charakter.

(4) **Je stärker** sich ein Betrieb **anlagen**intensiver Produktionsverfahren bedient, desto höher ist der Anteil der ...*fixen*..... Kosten an den Gesamtkosten, desto geringer ist andererseits der Anteil der ....*variablen*..... Kosten an den Gesamtkosten.

(5) **Je kapitalintensiver** ein **Produktionsverfahren** ist, desto höher ist die ....*Fix*..... kostenbelastung des Betriebs.

Arbeitsvorlage 4: Die Ermittlung der „kritischen Produktionsmenge"

(1) **Im vorliegenden Fall** wird der Betrieb nur dann auf das **kapitalintensive Produktionsverfahren** übergehen, wenn er auf Dauer mit einer Absatzmenge rechnen kann, die über ......*800*....... Einheiten liegt.

(2) **Unterhalb** dieser Absatzmenge ist das ......*arbeits*........ intensive Produktionsverfahren kostengünstiger, da die Gesamtkosten hierbei (wie?) ......*niedriger*...... sind als die des anlageintensiven Verfahrens.

(3) **Die Menge,** bei der die Gesamtkosten des **arbeits**intensiven Verfahrens gleich den Gesamtkosten des **anlagen**intensiven Verfahrens sind, nennt man die „......*Kritische*.... **Menge"** bzw. die „.....*Kritische*..... Produkt...*menge*.....". Sie liegt im obigen Beispiel bei ....*800*..... Einheiten.

(4) Die **kritische Menge** kann auf **dreierlei Art und Weise** ermittelt werden:

a) **tabellarisch:** Gesamtkosten des Verfahrens 1 sind identisch mit den .....*Gesamtkosten*... des Verfahrens 2;

b) **grafisch** als Schnittpunkt der beiden .....*Gesamtkosten*....... kurven;

c) **mathematisch** durch Gleichsetzung der .....*Gesamt*.... kosten des arbeitsintensiven und derjenigen des ......*kapital*......... intensiven Verfahrens;

Gleichungen:

Gesamtkosten des .....*arbeits*..........- intensiven Produktionsverfahrens	=	Gesamtkosten des ......*kapital*..........- intensiven Produktionsverfahrens
Fixkosten + ...*variable*... Kosten (Verf. 1)	=	Fixkosten + ..*variable*.. Kosten (Verf. 2)

Eingesetzt ergibt sich:

....*20.000,00*.... + ...*30x*........	=	....*28.000,00*.... + ...*20x*.......
..*30*... x − ..*20*.. x	=	...*28.000,00* − .....*20.000,00*....
x	=	...*800*.. Stück

(5) **Durch Anwendung von kapitalintensiven Produktionsverfahren** ergibt sich zwangsläufig eine Ausweitung der ...*Kapazitäts*... grenze. Grund: steigende Produktions...*geschwindigkeit*..... .

(6) **Die Stückkosten** sind umso **niedriger,** je näher der Betrieb an der ...*Kapazitäts*...... grenze arbeitet, je höher also der .*Kapazitätsauslastungs*...- oder *Beschäftigungs*.. grad ist. Begründung: Je näher der Betrieb an der Kapazitätsgrenze arbeitet, auf desto mehr Einheiten werden die ...*Fix*........ kosten verteilt **(Gesetz der ...*Massen*..... produktion).**

4.10.2 Substitution mit Berücksichtigung von Faktorpreisänderungen
(Arbeitsbuch S. 109 f.)

Seite 110: Arbeitsaufträge

1. **Arbeitsvorlage 1:** Wertetafel

Erzeugungsmenge in Stück	Arbeits- od. lohnintensives Produktionsverfahren				Kapital- od. anlagenintensives Produktionsverf.			
	Fixkosten je Monat in DM	Variable Kosten in DM	Gesamtkosten	Stückkosten in DM	Fixkosten je Monat in DM	Variable Kosten in DM	Gesamtkosten	Stückkosten in DM
200	*20.000,00*	*7.500,00*	*27.500,00*	*137,50*	*28.000,00*	*5.000,00*	*33.000,00*	*165,00*
400	↓	*15.000,00*	*35.000,00*	*87,50*	↓	*10.000,00*	*38.000,00*	*95,00*
600	↓	*22.500,00*	*42.500,00*	*70,83*	↓	*15.000,00*	*43.000,00*	*71,66*
800	↓	*30.000,00*	*50.000,00*	*62,50*	↓	*20.000,00*	*48.000,00*	*60,00*
1 000	↓	*37.500,00*	*57.500,00*	*57,50*	↓	*25.000,00*	*53.000,00*	*53,00*
1 200	—	—	—	—	↓	*30.000,00*	*58.000,00*	*48,33*

2. **Arbeitsvorlage 2:** Grafische Darstellung

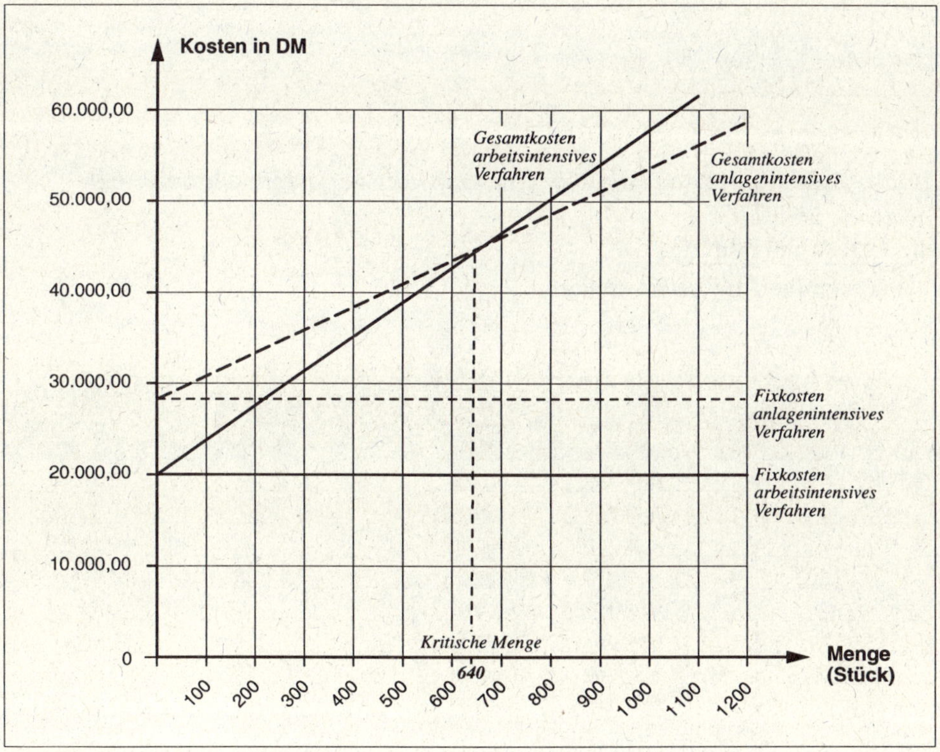

Seite 110: Arbeitsaufträge (Fortsetzung)

3. **Arbeitsvorlage 3:** Auswertung des Zahlenmaterials

(1) **Berechnung der „kritischen Menge":**

Gesamtkosten beim **arbeits**intensiven Produktionsverfahren	=	Gesamtkosten beim **kapital**intensiven Produktionsverfahren
20.000,00 + 37,50 x	=	*28.000,00 + 25 x*
37,5 x - 25 x	=	*28.000,00 - 20.000,00*
12,5 x	=	*8.000,00*
x	=	*640 Stück (bisher: 800 Stück)*

(2) **Materialpreis- und Lohnerhöhungen** wirken sich auf arbeitsintensive Produktionsverfahren (wie?) ... *stärker* ...... aus als auf kapitalintensive Produktionsverfahren.

Anders ausgedrückt: Infolge von Lohnerhöhungen steigt die Gesamtkostenkurve des arbeitsintensiven Verfahrens (wie?) .... *stärker* .... an als die Gesamtkostenkurve des anlagenintensiven Verfahrens.

(3) **Infolge des steileren Anstiegs** bei den Gesamtkostenkurven ist die kritische Menge (wie?) ..... *geringer* ...... als vor der Lohnerhöhung.

(4) **Je teurer das arbeitsintensive Verfahren** infolge der Lohnerhöhungen wird, desto eher erscheint ein Übergang auf das ... *kapitalintensive* .... Verfahren angebracht.

(5) **Zusammenfassung:** Je anlagenintensiver ein Produktionsverfahren ist, desto ... *geringer* .... ist die Bedeutung von Lohnkosten für die Entwicklung der Gesamtkosten. Oder: Je höher die Lohnkostensteigerungen sind, desto eher lohnt sich der Übergang zu einem .... *kapital* ..... intensiven Produktionsverfahren.

4.10.3 Substitution mit Berücksichtigung von Absatzpreisänderungen
(Arbeitsbuch S. 110 ff.)

Seite 112: Arbeitsaufträge

1. **Arbeitsvorlage 1:** Kostenvergleich

Ausbringung (Stück)	Arbeits- od. lohnintensives Produktionsverf.			Kapital- od. anlagenintensives Produktionsverf.		
	Fixe Kosten	Variable Kosten	Gesamt-kosten	Fixe Kosten	Variable Kosten	Gesamt-kosten
100	*15.000,00*	*10.000,00*	*25.000,00*	*25.000,00*	*7.500,00*	*32.500,00*
200	↓	*20.000,00*	*35.000,00*	↓	*15.000,00*	*40.000,00*
300		*30.000,00*	*45.000,00*		*22.500,00*	*47.500,00*
400		*40.000,00*	*55.000,00*		*30.000,00*	*55.000,00*
500		*50.000,00*	*65.000,00*		*37.500,00*	*62.500,00*
600		*60.000,00*	*75.000,00*		*45.000,00*	*70.000,00*
700		*70.000,00*	*85.000,00*		*52.500,00*	*77.500,00*
800		*80.000,00*	*95.000,00*		*60.000,00*	*85.000,00*

Seite 112: Arbeitsaufträge (Fortsetzung)

2. Grafische Ermittlung der „kritischen Menge“: 400 Stück, siehe **Arbeitsvorlage 2** auf der folgenden Seite.
3. Rechnerische Ermittlung der „kritischen Menge“:

Gesamtkosten des alten Produktionsverfahrens	=	Gesamtkosten des neuen Produktionsverfahrens
100 x + 15 000	=	75 x + 25 000
100 x – 75 x	=	25 000 – 15 000
25 x	=	10 000
x	=	400 Stück

4. Die „kritische Menge“ ist diejenige Produktionsmenge, ab der sich das neue Produktionsverfahren lohnt. Bei geringerer Ausbringungsmenge sind die Gesamtkosten des alten Produktionsverfahrens niedriger als die des neuen. Begründung: höhere Fixkosten des neuen Produktionsverfahrens; sie führen erst ab einer bestimmten Kapazitätsauslastung zu niedrigeren Gesamtkosten.
5. a) **Arbeitsvorlage 3:** Ermittlung der Verkaufserlöse

Ausbringungsmenge (Stück)	**100**	**200**	**300**	**400**	**500**	**600**	**700**	**800**
Erlös beim Stückpreis 125,00 DM	12.500,00	25.000,00	37.500,00	50.000,00	62.500,00	75.000,00	87.500,00	100.000,00
Erlös beim Stückpreis 110,00 DM	11.000,00	22.000,00	33.000,00	44.000,00	55.000,00	66.000,00	77.000,00	88.000,00

b) Grafische Lösungen der Nutzenschwellen 1 bis 3: siehe Grafik.
Rechnerische Lösungen:
Nutzenschwelle für das **alte** Produktionsverfahren (alter Preis):

Verkaufserlöse	=	Gesamtkosten
125 x	=	100 x + 15 000
25 x	=	15 000
x	=	600 Stück (NS 1)

Nutzenschwelle für das **neue** Produktionsverfahren (alter Preis):

125 x	=	75 x + 25 000
125 x – 75 x	=	25 000
50 x	=	25 000
x	=	500 Stück (NS 2)

c) Grafische Lösung der Nutzenschwelle 3 (NS 3): siehe Grafik.
Rechnerische Lösung:
Nutzenschwelle für das neue Produktionsverfahren beim reduzierten Preis von 110,00 DM:

110 x	=	75 x + 25 000
35 x	=	25 000
x	=	714,28 Stück (NS 3)

Seite 112: Arbeitsaufträge (Fortsetzung)

2. bis 5. **Arbeitsvorlage 2:** Grafische Darstellung

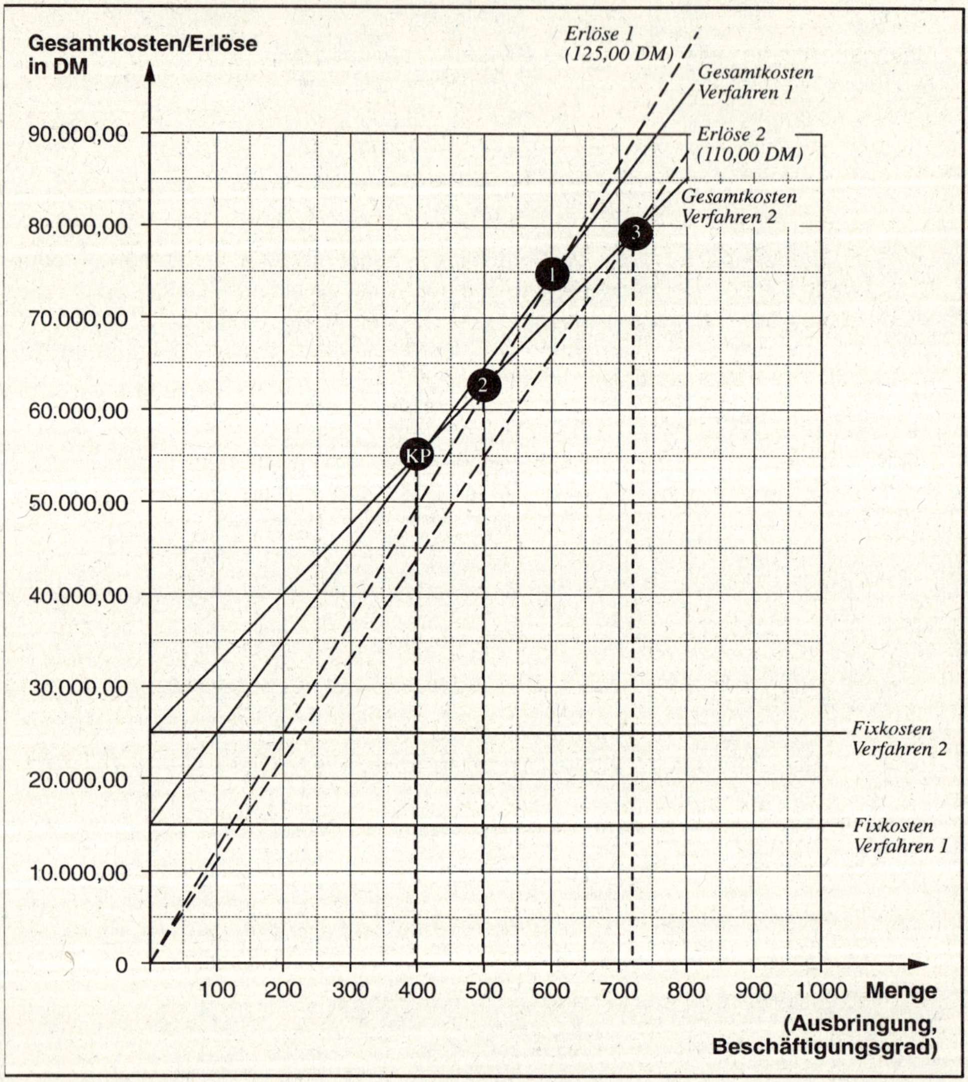

① Nutzenschwelle 1:
Gesamtkosten Verfahren 1 =
Erlöse beim altem Preis (125,00 DM)

② Nutzenschwelle 2:
Gesamtkosten Verfahren 2 =
Erlöse beim alten Preis (125,00 DM)

③ Nutzenschwelle 3:
Gesamtkosten Verfahren 2 =
Erlöse beim neuen Preis (110,00 DM)

(KP) Kritische Menge:
Gesamtkosten Verfahren 1 =
Gesamtkosten Verfahren 2
(ab hier lohnt sich Verfahren 2)

6. Die Frage muss von zwei verschiedenen Seiten her beantwortet werden, einmal von der Kostenseite her, zum anderen von der Ertragsseite.

   Von der Kostenseite her „lohnt" sich das neue Produktionsverfahren dann, wenn die Gesamtkosten des neuen Verfahrens denen des alten Verfahrens entsprechen. Das ist bei der kritischen Menge von 400 Stück der Fall.

   Bei einer Produktionsmenge < 400 Stück ist das alte Produktionsverfahren kostengünstiger; bei Ausbringungsmengen über 400 Stück liegen die Gesamtkosten des neuen Produktionsverfahrens unter denen des alten Verfahrens.

   Von der Erlösseite her müssen drei verschiedene Situationen unterschieden werden:

   - **Nutzenschwelle 1 (NS 1): 600 Stück.** Die beim alten Preis (125,00 DM) erzielten Erlöse entsprechen den Gesamtkosten des **alten** Produktionsverfahrens (= Nutzenschwelle des alten Produktionsverfahrens beim alten Preis).
   - **Nutzenschwelle 2 (NS 2): 500 Stück.** Die beim alten Preis (125,00 DM) erzielten Erlöse entsprechen den Gesamtkosten des **neuen** Produktionsverfahrens (= Nutzenschwelle des neuen Produktionsverfahrens beim alten Preis).

     Bei gegebenem Preis (125,00 DM) wird also mit dem neuen Produktionsverfahren die Nutzenschwelle (Gewinnzone) **eher** erreicht als mit dem alten Verfahren, nämlich bei 500 statt bei 600 Produktionseinheiten. Die Erklärung dafür liegt in dem Tatbestand, dass die Gesamtkostenkurve des **alten** Verfahrens **steiler** verläuft als die des neuen Herstellverfahrens.
   - **Nutzenschwelle 3 (NS 3): 714 Stück**. Die beim reduzierten Preis (110,00 DM) erzielten Erlöse entsprechen den Gesamtkosten des neuen Produktionsverfahrens (= Nutzenschwelle des neuen Produktionsverfahrens beim neuen Preis).

     Bei gegebenen Gesamtkosten verläuft bei reduzierten Preisen die Erlöskurve weniger steil. Sie schneidet die Gesamtkostenkurve für das **neue** Produktionsverfahren erst bei einer größeren Produktionsmenge (714 Stück).

4.11 Die optimale Losgröße (Auflage) bei Serienfertigung
(Arbeitsbuch S. 112 ff.)

Seite 113: Arbeitsaufträge

1. **Arbeitsvorlage 1** (Wertetafel)

① Anzahl der Lose (Auflagen)	② Losgröße (Stück)	③ Auflagefixe Kosten (Rüstkosten) insgesamt (DM)	④ Auflagefixe Kosten je Stück (der Gesamtmenge) (DM)	⑤ Wert der gelagerten Ware (DM)	⑥ Auflagevariable Kosten (Zins- und Lagerkosten), 20 % insgesamt (DM)	⑦ Auflagevariable Kosten (Zins- und Lagerkosten) je Stück (DM)	⑧ Gesamtkosten (auflagefixe und -variable Kosten) (DM)
1	100 000	10.000,00	*0,10*	*500.000,00*	*100.000,00*	*1,00*	*110.000,00*
2	*50 000*	*20.000,00*	*0,20*	*250.000,00*	*50.000,00*	*0,50*	↓ *70.000,00*
3	*33 333*	*30.000,00*	*0,30*	*166.666,67*	*33.333,33*	*0,33*	*63.333,33*
4	*25 000*	*40.000,00*	*0,40*	*125.000,00*	*25.000,00*	*0,25*	↑ *65.000,00*
5	*20 000*	*50.000,00*	*0,50*	*100.000,00*	*20.000,00*	*0,20*	*70.000,00*
8	*12 500*	*80.000,00*	*0,80*	*62.500,00*	*12.500,00*	*0,125*	*92.500,00*
10	*10 000*	*100.000,00*	*1,00*	*50.000,00*	*10.000,00*	*0,10*	*110.000,00*

2. **Arbeitsvorlage 2:** Grafische Darstellung (siehe folgende Seite).

3. **Arbeitsvorlage 3:** Auswertung der Wertetafel und der Grafik

- **Je größer die Anzahl der Lose (Auflagen) ist,** desto ...*geringer*... ist die Losgröße und umgekehrt.
- **Die gesamten Rüstkosten für eine bestimmte Produktionsmenge** (z. B. 100 000 Stück) sind umso **niedriger,** je ..*höher*.. die Losgröße ist, d. h. je ..*geringer*.. die Anzahl der Lose ist.
- **Die auflagefixen Kosten je Stück** sind umso **niedriger,** je ...*höher*... die Losgröße ist, d. h. je ..*geringer*... die Anzahl der Lose ist.
- **Die gesamten Lager- und Zinskosten** sind umso **niedriger,** je .....*kleiner*..... die Losgröße ist, d. h. je ...*höher*........ die Anzahl der Lose ist.
- **Die Lager- und Zinskosten je Stück** sind umso **niedriger,** je ....*niedriger*... die Losgröße ist, d. h. je ....*höher*.... die Anzahl der Lose ist.
- **Die Gesamtkosten (Summe aus Rüst- und Lagerkosten) sinken** mit ...*steigender*... Anzahl der Lose, also mit ...*abnehmender*... Losgröße, bis zu einem bestimmten Punkt, danach .....*steigen*..... sie.
- **Die optimale Losgröße** gibt an, bei welcher Fertigungsmenge ...
  - die Summe aus auflagefixen Kosten (Rüstkosten) und auflagevariablen Kosten (Lager- und Zinskosten) am *niedrigsten* ist. Mathematisch ergibt sich dieser Punkt durch Anlegen einer *Tangente*... an die ..*Gesamtkosten*...kurve.
  - die auflagefixen Stückkosten (= ....*Rüst*........kosten je Stück) genau so hoch sind wie die auflage.*variablen*.. Stückkosten (= ....*Lager-*... und .....*Zins*.....kosten je Stück). Mathematisch ergibt sich dieser Punkt als Schnittpunkt zwischen den beiden ......*Stückkosten*......kurven.

3618PCM

Seite 113: Arbeitsaufträge (Fortsetzung)

2. **Arbeitsvorlage 2:** Grafische Darstellung

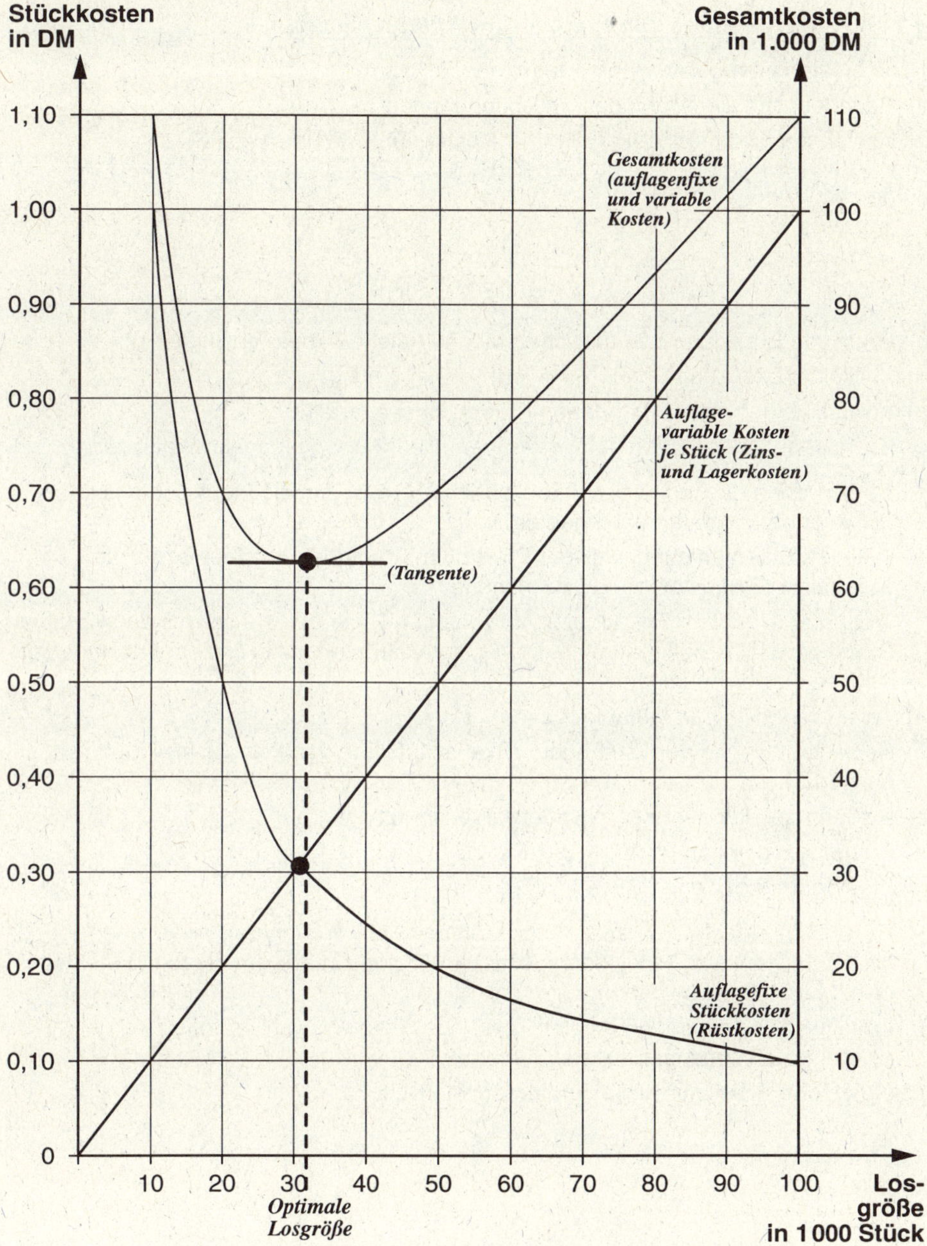

Optimale Losgröße bei *33.333* **Stück;**
drei **maliges Umrüsten der Maschinen erforderlich.**

4.12 Eigenfertigung oder Fremdbezug (Outsourcing)
(Arbeitsbuch S. 115 ff.)

Seite 118: Arbeitsaufträge und Fragen zur Stofferschließung

1. a) und b): siehe **Arbeitsvorlage 1 a)** (folgende Seite).

   ca) Rechnerische Ermittlung der „kritischen Menge“:

   Kosten der Eigenfertigung (EF) = Kosten für Fremdbezug (FB)

   $$K_F + K_V \cdot x = P \cdot x$$
   $$60\,000 + 30\,x = 46\,x$$
   $$60\,000 = 46\,x - 30\,x$$
   $$16\,x = 60\,000$$
   $$x = \underline{\underline{3\,750 \text{ Stück}}}$$

   cb) Grafische Ermittlung der „kritischen Menge“: siehe **Arbeitsvorlage 1 b**).

   da) Vollkostenbasis (für Eigenproduktion).

   db) Vollauslastung des vorhandenen Produktionsapparates.

   dc) Es müssen Investitionen getätigt werden (Sach- und Personalinvestitionen).

2. a) – Felgen: Fremdbezug, weil der Preis beim Fremdbezug niedriger ist als die variablen Stückkosten bei Eigenfertigung.

   – Auspuff: Eigenfertigung, weil der Preis beim Fremdbezug höher ist als die variablen Stückkosten bei Eigenfertigung.

   – Vergaser: Der beim Fremdbezug zu zahlende Preis ist identisch mit den variablen Stückkosten bei Eigenfertigung. Die Entscheidung erfolgt in diesem Fall nach qualitativen Gesichtspunkten.

   ba) Teilkostenbasis (nur variable Kosten).

   bb) Es besteht wegen der vorhandenen Kapazitätsreserven kein zusätzlicher Investitionsbedarf.

   bc) Sie führt zu einem erhöhten Kapazitätsausnutzungsgrad.

   c) Fremdbezug, wenn P (FB) < kv(EF).
   Eigenfertigung, wenn P (FB) = k(EF).

3. a) Es sind in diesem Fall zwar Kapazitätsreserven vorhanden, sie reichen jedoch nicht aus, um alle Teile, deren variable Kosten unter dem Bezugspreis liegen, selbst herstellen zu können.

   b) In Bezug auf die eigengefertigten Teile muss eine Auswahl getroffen werden, d. h., es ergibt sich ein sog. Engpassproblem.

   c) bis g): siehe **Arbeitsvorlage 2** (übernächste Seite).

Seite 118: Arbeitsaufträge und Fragen zur Stofferschließung (Fortsetzung)

1. **Arbeitsvorlage 1:** Vergleich auf Vollkostenbasis (Situation I)

Bedarfsmenge x (Stück/Monat)	Fixkosten (K_F)	Variable Kosten (K_V)	Gesamtkosten (K_G)	Stückkosten (K_{St})	Kosten bei Fremdbezug $K_{(FB)}$
1 000	*60.000,00*	*30.000,00*	*90.000,00*	*90,00*	*46.000,00*
2 000	↓	*60.000,00*	*120.000,00*	*60,00*	*92.000,00*
3 000		*90.000,00*	*150.000,00*	*50,00*	*138.000,00*
4 000		*120.000,00*	*180.000,00*	*45,00*	*184.000,00*
5 000		*150.000,00*	*210.000,00*	*42,00*	*230.000,00*

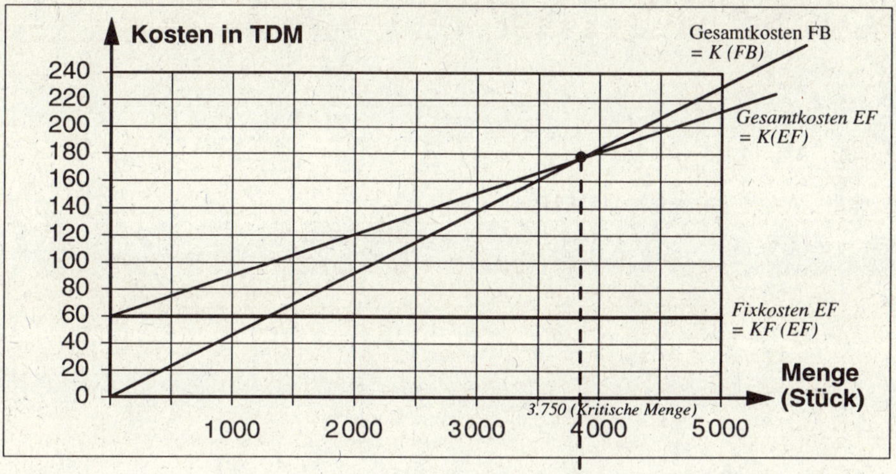

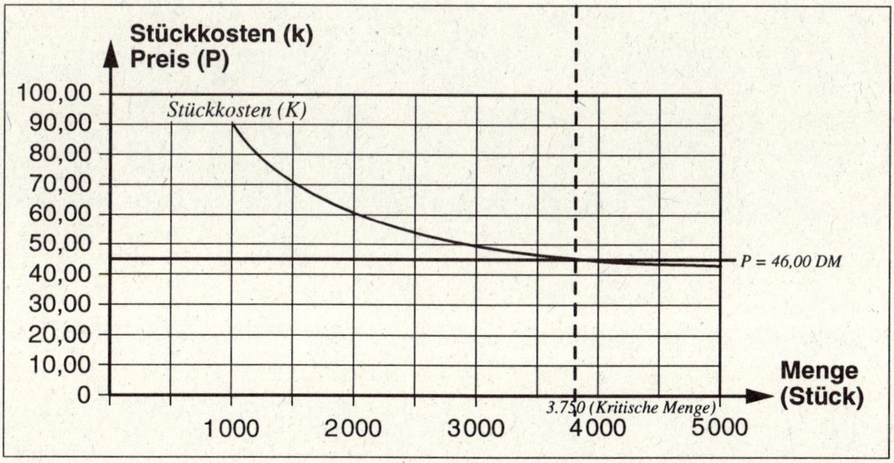

3. **Arbeitsvorlage 2:** Engpassproblem (Situation III)

Autoteile	T 1	T 2	T 3	T 4	T 5	Summe
Kapazitätsbedarf in Minuten	*90 000*	*30 000*	*60 000*	*96 000*	*15 000*	*291 000*
Kapazitätsbedarf in Stunden	*1 500*	*500*	*1 000*	*1 600*	*250*	*4 850*

b) Berechnung des Kapazitätsfehlbedarfs

Benötigte Kapazität *4.850* Maschinenstunden – vorhandene Kap. *4.200* Maschinenstunden	
Kapazitätsfehlbedarf *650* Maschinenstunden	

c) Vorauswahl: T 5 verursacht bei EF variable Stückkosten in Höhe von *25,00* DM; der Fremdbezugspreis beträgt lediglich *20,00* DM. Somit kommt bei T 5 nur (was?) *Fremdbezug* infrage. Der Kapazitätsfehlbedarf verringert sich dadurch um *250* auf *400* Maschinenstunden.

d) Ermittlung einer Rangfolge der Produkte für die Eigenfertigung

Teile	Bezugspreis	Variable Stückkosten k_v	Kostenersparnis je Stück	Fertigungszeit je Stück[1]	Kostenersparnis je Engpassstd.	Rangfolge
T 1	*40,00*	*32,00*	*8,00*	*30*	*16,00*	*3*
T 2	*30,00*	*24,00*	*6,00*	*20*	*18,00*	*2*
T 3	*25,00*	*20,00*	*5,00*	*15*	*20,00*	*1*
T 4	*60,00*	*50,00*	*10,00*	*40*	*15,00*	*4*

1 in Minuten

e) Festlegung des Produktionsprogramms für die Eigenfertigung

Rangfolge	Teile	Eigenfertigung (Menge)	Fremdbezug (Menge)	Fertigungszeit (Stunden)	Freie Kapazität (Stunden/Rest)
1	*T3*	*4 000*	—	*1 000*	*(4 200 – 1 000) = 3 200*
2	*T2*	*1 500*	—	*500*	*2 700*
3	*T1*	*3 000*	—	*1 500*	*1 200*
4	*T4*	*1 440*	*(2 400 – 1 440) = 960*	*1 200*	—
5	*T5*		*1 500*	—	—

Seite 118: Arbeitsaufträge und Fragen zur Stofferschließung (Fortsetzung)

4. a) und c): **Arbeitsvorlage 3**

Lfd. Nr.	Unterschiede zwischen Eigenfertigung und Fremdbezug	Kenn-zeichnung	
1	Genaue Qualitätskontrolle durch eigenes Personal möglich (erhöhte Qualitätsanforderungen)	V-EF	g
2	Spezialisierung auf bestimmte Produkte möglich, daher Kostenvorteile durch Massenproduktion (niedrigere Produktionskosten)	V-FB	m
3	Belastung hauptsächlich mit variablen Kosten	V-FB	m
4	Belastung mit fixen und variablen Kosten	N-EF	m
5	In der Regel keine Kapitalbindung	V-FB	g
6	Unsicherheit bei der Einhaltung von Lieferterminen	N-FB	g
7	Fixkostenbelastung durch Einrichtung und Unterhaltung einer besonderen Einkaufs- und Produktionsabteilung	N-EF	m
8	Es bestehen Auswahlmöglichkeiten zwischen mehreren Lieferanten, zwischen unterschiedlichen Preisen, Qualitäten, Lieferterminen u. a.	V-FB	g
9	Kapitalbindung durch extra bereitgestelltes Anlagevermögen	N-EF	g
10	Es fallen nur Bezugskosten für die bei der Herstellung eines Produktes verwendeten Roh-, Hilfs- und Betriebsstoffe an.	V-EF	m
11	Ist man mit den Leistungen eines Lieferanten unzufrieden, kann der Zulieferer gewechselt werden.	V-FB	g
12	Es können lange Lieferzeiten bestehen.	N-FB	g
13	Es fallen vermehrt Bezugskosten an.	N-FB	m
14	Fehlende Erfahrung mit der Herstellung eines Produkts, d. h. fehlendes „Know-how".	N-EF	g
15	Verlagerung des Fertigungs- und Investitionsrisikos auf den Zulieferer.	V-FB	g
16	Geheimhaltung von Besonderheiten der Fertigung möglich, z. B. bei Fertigung nach Rezepten.	V-EF	g
17	Schwankende Preise für Fertigteile erschweren die Kalkulation des Abnehmers.	N-FB	m
18	Erhöhte Anforderungen an die Betriebsorganisation, insbesondere an die Fertigungsplanung.	N-EF	g
19	Größere Abhängigkeit von Zulieferern.	N-FB	g
20	Soweit Kapazitätsreserven bestehen, kann eine bessere Auslastung des Produktionsapparates erreicht werden.	V-EF	m
21	Bei stärkeren Produktionsschwankungen kann die Bereitstellung von Einzelteilen leichter dem Bedarf angepasst werden.	V-EF	m
22	Langjährige Produktionserfahrung der Zulieferer auf einem bestimmten Gebiet	V-FB	g
23	Unsicherheit bei der Einhaltung von Lieferterminen	N-FB	g
24	Wegfall von Beschaffungszeiten (Lieferzeiten)	V-EF	g

Seite 118: Arbeitsaufträge und Fragen zur Stofferschließung (Fortsetzung)

4. b) **Übersicht:**

Eigenfertigung (EF) oder Fremdbezug (FB) von Fertigteilen

Vorteile der Eigenfertigung (V-EF)	**Nachteile der Eigenfertigung (N-EF)**
1, 10, 16, 20, 21, 24	*4, 7, 9, 14, 18*
Vorteile des Fremdbezugs (V-FB)	**Nachteile des Fremdbezugs (N-FB)**
2, 3, 4, 8, 11, 15, 22	*6, 12, 13, 17, 19, 23*

d) Ist der bei Fremdbezug zu zahlende Preis identisch mit den variablen Stückkosten bei Eigenfertigung, dann muss die EF-Entscheidung nach qualitativen Gesichtspunkten getroffen werden.

Handlungsfeld 5: MARKETING (ABSATZ)

5.1 Kundenorientierung als Leitmaxime unternehmerischen Handelns (Arbeitsbuch S. 119 ff.)

Seite 123: Arbeitsaufträge und Fragen zur Stofferschließung

1. **Fragen zur Ausgangssituation und zur Arbeitsvorlage 1**
   a) Die Kundenorientierung rangiert mit 88 % an erster Stelle der unternehmerischen Zielsetzungen, vor der Qualitätsverbesserung des Produkt- und Dienstleistungsangebots (76 %) und dem Kostensenkungsstreben (61 %).
   b) Der Telekomchef verlangt von seinen Mitarbeitern neben besserer Führung und größerem Engagement auch mehr Kundenorientierung. Die Kundenorientierung müsse zur „gelebten Praxis“ werden.
   c) Zusammenfassung der Umfrageergebnisse: Neben Bestnoten auf der einen Seite (Autoclubs, Haushaltsgeräteservice, Autoversicherer, Mobilfunkbetreiber, traditionelles Dienstleistungsgewerbe wie Friseure u. a.), starke Defizite auf der anderen Seite (hohe Beschwerderaten – nicht ernst genommene Kritik der Kunden – fehlende Fortschritte bei der Kundenorientierung vieler Anbieter – mangelhafte Serviceleistungen bei Post, Bahn, Telekom, Behörden).
   d) Begründung der Auszeichnung mit konsequenter Nischenpolitik, relativ niedrigen Entwicklungskosten und Kundenorientierung.
   e) Schülerindividuelle Lösung. Defizite in Bezug auf Kundenorientierung sind in mehreren Wirtschaftsbereichen noch vorhanden, jedoch gewinnt die Ausrichtung der Geschäftspolitik an den Bedürfnissen des Kunden im globalen Wettbewerb zunehmend an Bedeutung. Ohne konsequente Kundenorientierung wird es in Zukunft kaum möglich sein, dem Wettbewerbsdruck standzuhalten.

2. **Arbeitsvorlage 2:** Gründe für die Kundenorientierung
   – Kundenorientierung als Erfolgsfaktor: Der Kunde entscheidet über Erfolg oder Misserfolg eines Unternehmens.
   – Kundenorientierung als Chance: Der unternehmerische Erfolg ist kein Zufall, sondern das Ergebnis von konsequent gelebter Kundenorientierung, Innovation und Kreativität.
   – Kundenorientierung als Wettbewerbsvorteil. Die maximale Kundenorientierung ist im Wettbewerb noch wichtiger als der Kostenaspekt und eine weitgehende Produktdifferenzierung.

3. **Arbeitsvorlage 3:** Analyse der praktischen Beispiele
   a) Die Sparkasse lernt auf diese Weise die Bedürfnisse und Wünsche ihrer Kunden kennen; sie kann ihre Geschäftspolitik danach ausrichten und auf diese Weise die Kundenorientierung maximieren. Das sichert ihr langfristig gesehen hohe Umsätze.
   b) Diese Serviceleistungen vermindern den Einkaufsstress, fördern somit den Spaß beim Einkaufen, außerdem ersparen sie dem Kunden eine Menge Zeit und anerkennen den Kunden als Individualität.
   c) Individuelle Problemlösungen stellen auf die speziellen Bedürfnisse und Wünsche des Kunden ab; dadurch kann ein Maximum an Kundenorientierung erreicht werden.

Seite 123: Arbeitsaufträge und Fragen zur Stofferschließung (Fortsetzung)

4. **Arbeitsvorlage 4:** Beispiele für unzureichende Kundenorientierung
   a) Kritik an Computerherstellern: In der Werbung dominiert das Fachchinesisch. Grund: Ausrichtung der Werbung auf jugendliche Computerfreaks. Vernachlässigt werden Angaben über den anwenderbezogenen Nutzen von Computern. Auf diese Weise könnte die breite Masse zur Anschaffung von Computern bewogen werden.
   b) Individuelle Zusammenstellung der Tageszeitung je nach Interessengebiet durch Module.
   c) Die Serviceleistungen können überdimensioniert sein. Sie werden vom Kunden entweder überhaupt nicht gewünscht oder sie können von ihm nicht oder nicht in vollem Umfang genutzt werden: trotzdem werden sie ihm in Rechnung gestellt.

5. Managementgrundsätze
   - Managementgrundsatz 1: Den Kunden ernst nehmen oder: Der Kunde als Mittelpunkt der unternehmerischen Dispositionen oder: Es gibt nichts Wichtigeres im Unternehmen als den Kunden.
   - Managementgrundsatz 2: Die individuellen Bedürfnisse des Kunden beachten oder: Die Unternehmenspolitik muss sich an den individuellen Bedürfnissen des Kunden orientieren oder: Die Bedürfnisse des Kunden stehen im Mittelpunkt der Unternehmenspolitik.
   - Managementgrundsatz 3: Individuelle Problemlösungen anstreben oder: Weg vom Einheitsprodukt, hin zu den individuellen Problemlösungen.
   - Managementgrundsatz 4: Möglichst viele Daten über den Kunden sammeln oder: Nur wer seinen Kunden kennt, kann ihm bestmöglich dienen.
   - Managementgrundsatz 5: Der Kunde muss Partner des Unternehmens werden oder: Kunde und Unternehmen müssen einen ständigen Dialog pflegen oder: Unternehmen müssen sich wandeln von nach innen gerichteten zu offenen, nach außen gerichteten Einheiten.

5.2 **Das Unternehmensleitbild** (Arbeitsbuch S. 124 f.)

Seite 125: Arbeitsaufträge und Fragen zur Stofferschließung

1. Überschriften (Ausgangssituation):
   (1) Konzentration auf funktionelle Bekleidung (begrenztes Produktionsprogramm)
   (2) Anspruch auf Marktführerschaft
   (3) Sinnvolle Qualitätsprodukte (hoher Qualitätsstandard)
   (4) Partnerschaft in den Geschäftsbeziehungen
   (5) Innovation
   (6) Mitarbeitermotivation: Identifikationsfunktion
   (7) Umweltengagement
   (8) Taten als Beurteilungsmaßstab

Seite 125: Arbeitsaufträge und Fragen zur Stofferschließung (Fortsetzung)

2. **Arbeitsvorlagen 1 und 2**

- **Begriffliches:**
  - *(2) Eine Art Grundordnung für das Unternehmen*
  - *(8) Grund- und Leitsätze für ein Unternehmen*
  - *(10) Selbst geschaffene freiwillige Verpflichtungen*
  - *(11) Orientierungsrahmen für das Management*
- **Allgemeiner Zweck (Aufgabe):**
  - *(4) Positive Darstellung des Unternehmens*
  - *(5) Schriftlich fixierte Leitsätze*
- **Aufgaben (Funktionen) in Bezug auf die Mitarbeiter:**
  - *(1) Motivation der Mitarbeiter durch Zielvorgaben*
  - *(6) Identifikationsfunktion*
- **Gefahren bzw. Möglichkeiten des Missbrauchs:**
  - *(3) Phrasendrescherei (bei fehlender Leistung)*
  - *(7) Imageverlust bei Nichteinhaltung der Versprechungen*
  - *(9) Verwendung des Unternehmensleitbilds für Werbezwecke*

3. Schülerindividuelle Stellungnahmen:
   - Motive: Verwendung zur innerbetrieblichen Leistungssteigerung. Sie soll zur Leistungssteigerung gegenüber Abnehmern führen.
   - Anwendungsmöglichkeiten: bei hochwertigen Gütern (Qualitäts-, Hightech-Produkten)
   - Kosten- und Ertragsgesichtspunkte: Imageverbesserung für das Unternehmen → höherer Qualitätsstandard als Zielvorgabe → höhere Einschätzung der Produkte durch die Mitarbeiter → Umsatz- und Gewinnsteigerung.

5.3 Marketinginstrumente (Arbeitsbuch S. 126 ff.)

Seite 128: Arbeitsaufträge und Fragen zur Stofferschließung

1. Der Umsatzrückgang bei der Telstar AG ist stärker als der in der gesamten Branche.
2. Mögliche Ursachen für den Umsatzrückgang:
   a) Gründe, die bei der Unternehmensleitung liegen:
   Zu wenig Werbung – Einsatz falscher Werbemittel – falsche Werbemethoden – falsche Produktpolitik – schlechte Imagepflege – Unterschätzung der Konkurrenz – falsche Preispolitik – zu geringe Produktdifferenzierung

   b) Gründe, die bei den Absatzvermittlern liegen:
   Zu geringer Anreiz für die Aufnahme unserer Produkte in ihr Sortiment – zu wenig Anreiz zum Kauf größerer Mengen – Mängel in der Zustellung der Ware – eingeschränkte Umtausch- und Rückgabemöglichkeiten – ungünstige Erfüllungsort- und Gerichtsstandsbedingungen – schwerfällige und unrationelle Absatzorganisation – verbesserungsbedürftige Transportleistungen – wenig kulante Behandlung von Gewährleistungsansprüchen der Kunden

   c) Gründe der Endabnehmer:
   Zu hohe Preise – ungünstige Verkaufsbedingungen (kurze Zahlungsfristen, niedrige Mengenrabatte, Skonti) – unzureichende Anpassung an Kundenwünsche – fehlende technische Neuentwicklungen – veraltete Formgebung (Styling, Design)

– fehlende Änderungen bei Material und/oder Farbe – mangelnde Anpassung an veränderte Verwendungszwecke – zu geringe Auswahlmöglichkeiten, zu wenig Ausführungsarten – zu geringe Unterschiede zwischen den einzelnen Modellen – zu wenig Vorführungen, Messen- und Ausstellungsbesuche usw. – hohe Reparaturanfälligkeit der Geräte

d) Gründe, die bei der Konkurrenz zu suchen sind:
Besserer Service der Mitanbieter – mehr Zubehör – besserer Reparatur- und Wartungsdienst – günstigere Konditionen – bessere Mitarbeiter- und Händlerschulung – mehr Werbung – bessere Form der Produkte – größere Auswahl (umfassenderes Sortiment) – technische Neuentwicklungen u. a.

3. Von der Telstar AG eingesetzte Marketinginstrumente:

Gruppe I:	Werbung und Öffentlichkeitsarbeit
Gruppe II:	Preisgestaltung
Gruppe III:	Konditionen (Lieferungs- und Zahlungsbedingungen)
Gruppe IV:	Produktgestaltung
Gruppe V:	Programm- bzw. Sortimentsgestaltung
Gruppe VI:	Kundendienst (Service)
Gruppe VII:	Absatzwege (-kanäle)
Gruppe VIII:	Verkaufsförderung

4. **Arbeitsvorlage 2:** Übersicht

Marketinginstrumente

Produktpolitik

z. B. *– Die Qualität der Ware*
– Produktgestaltung (Styling, Design)
– Produktionsprogramm
– Produktdifferenzierungen
– Produktvariationen
– Produktinnovationen
– Sortimentsgestaltung (Sortiments-
– bereinigung-, erweiterung)

Preis- und Konditionenpolitik

z. B. *– Preise*
– Lieferungsbedingungen (Verpackungs-, Transportkosten, Erfüllungsort, Gerichtstand)
– Zahlungsbedingungen (Rabatte, Skonti, Boni)
– Garantie- und Kulanzleistungen
– Kundendienst (Service)

Distributionspolitik

Absatzwege
Absatzformen[1]
Absatzsysteme[2]

Kommunikationspolitik

z. B. *– Werbung*
– Publicrelations
– Salespromotion

1 Absatz**formen** betreffen die Frage, **welche Verkaufsorgane** beim Absatz der Produkte eingeschaltet werden sollen: **unternehmenseigene** (z. B. Filialgeschäfte) oder **unternehmensfremde** Verkaufsorgane (z. B. Handel).

2 Absatz**systeme** betreffen die Frage, **von welcher Stelle aus** der Absatz der Produkte erfolgen soll: von einer **Zentrale** aus **(zentraler Absatz)** oder von **mehreren Stellen** aus **(dezentraler Absatz)**. Vergleichen Sie hierzu Abschnitt 5.10: Der optimale Vertriebsweg ± Sachdarstellung.

Seite 128: Arbeitsaufträge und Fragen zur Stofferschließung (Fortsetzung)

5. Marketinginstrumente (Begriff): Mittel, die ein Unternehmen im Kampf um den Kunden, d. h. bei der Verwirklichung der unternehmerischen Ziele (Gewinn-, Umsatz-, Marktanteilsmaximierung u. a.) einsetzt.

   Marketinginstrumente sind Instrumente der Marktgestaltung. Im Gegensatz hierzu stehen die Instrumente der Absatzmarktforschung. Dazu zählen Befragung, Beobachtung und Experiment. Die Absatzmarktforschung liefert die Grundlage für den optimalen Einsatz der Marketinginstrumente. Sie ist somit eine Voraussetzung für den Einsatz von Marketinginstrumenten; sie selbst kann jedoch nicht als Marketinginstrument bezeichnet werden.

6. Einzusetzende Marketinginstrumente
   a) Werbung zur Imagepflege (Hinweise auf Wertarbeit, Prestigekonsum), Markenpflege
   b) Werbung in den Massenmedien – Hervorhebung der Firmenbezeichnung bzw. des Warenzeichens
   c) Erweiterung des Produktionsprogramms, Produktdifferenzierung und Produktvariation
   d) Verbesserung der Konditionen: längere Zahlungsziele für Kunden, evtl. Zusammenarbeit mit einem Kreditinstitut (Kreditfinanzierung)
   e) Verkaufsförderung, z. B. Erhöhung der Händlerrabatte, Verkäuferschulung und -training, Zurverfügungstellen von Werbematerial.

5.4 **Marketingmix** (Arbeitsbuch S. 129 f.)

Seite 130: Arbeitsaufträge und Fragen zur Stofferschließung

1. Probleme bei der praktischen Umsetzung des Marketingmix:
   - Welche Marketinginstrumente sollen eingesetzt werden (Auswahl der in die Berechnung einzubeziehenden Marketinginstrumente)?
   - Welche Wirkung kann durch den Einsatz der einzelnen Marketinginstrumente erzielt werden? Wie ist die Wirkung im Hinblick auf die anderen Marketinginstrumente und in Bezug auf die Erreichung des angestrebten Unternehmensziels zu beurteilen?
   - Mit welcher Intensität sollen die verschiedenen Marketinginstrumente eingesetzt werden?
   - Zu welchem Zeitpunkt soll der Einsatz der einzelnen Marketinginstrumente erfolgen? (Timing)
2. Begriffsdefinition: siehe Sachdarstellung (1., letzter Abschnitt).

Seite 130: Arbeitsaufträge und Fragen zur Stofferschließung (Fortsetzung)

3. **Arbeitsvorlage 1:** Übersicht

Marketingmix

Produktmix	Kontrahierungsmix	Distributionsmix	Kommunikationsmix
z. B. *die Qualität der Ware, Produktgestaltung, Produktionsprogramm, Sortimentsgestaltung*	z. B. *Preise, Lieferbedingungen (z. B. Transportkosten), Zahlungsbedingungen, Garantieleistungen, Service*	z. B *Absatzwege, (einschließlich Absatzmittler, z. B. Handelsvertreter, Reisende) Absatzformen, Absatzsysteme*	z. B. *Werbung, Publicrelations, Verkaufsförderung (Salespromotion)*

4. **Arbeitsvorlage 2:** Bestimmung der wirkungsvollsten Marktstrategie (Marketingmix)

b) Alternative Marketingstrategien der Telstar AG

Marketing-Instrumente	Gewichtung	R[1]	G[2]	Strategie A	R[1]	G[2]	Strategie B	R[1]	G[2]	Strategie C	R[1]	G[2]	Strategie D	R[1]	G[2]	Strategie E	R[1]	G[2]
1. Werbung/Öffentlichkeitsarbeit	30			+ –	*3*	*90*	+	*4*	*120*	+ +	*5*	*150*	+ –	*3*	*90*	+ –	*3*	*90*
2. Preisgestaltung	25			+ –	*3*	*75*	+ +	*5*	*125*	+ –	*3*	*75*	+	*4*	*100*	+	*4*	*100*
3. Produktgestaltung	20			+ +	*5*	*100*	+ –	*3*	*60*	+	*4*	*80*	+ –	*3*	*60*	+	*4*	*80*
4. Programmgestaltung	10			–	*2*	*20*	– –	*1*	*10*	+ –	*3*	*30*	–	*2*	*20*	+ –	*3*	*30*
5. Vertriebspolitik	10			+ –	*3*	*30*	+ –	*3*	*30*	–	*2*	*20*	+ +	*5*	*50*	+ –	*3*	*30*
6. Kundendienst (Service)	5			+ –	*3*	*15*	+ –	*3*	*15*	+ –	*3*	*15*	+	*4*	*20*	+	*4*	*20*
						330			*360*			*370*			*340*			*350*

1 R = Rangordnungspunkte 2 G = gewichtete Punkte

5. Beurteilung der Vorgehensweise
   - Vorteile: Jedes Marketinginstrument wird einzeln beurteilt; es wird mit konkreten Zahlenwerten gearbeitet, nicht bloß mit verbalen Beschreibungen.
   - Nachteile: Die ermittelten Ergebnisse beruhen auf Schätzwerten; die Resultate haben subjektiven Charakter (Scheingenauigkeit).

5.5 Werbeplanung (Arbeitsbuch S. 131 ff.)

Seite 133: Arbeitsaufträge und Fragen zur Stofferschließung

1. a) Umsatz 4,8 Millionen DM = 100 %
   Werbekosten 0,6 Mill. DM = x %

   $x = \frac{100 \cdot 0{,}6}{4{,}8} = 12{,}5\ \%$, d. h., jede 8. Mark, die wir einnehmen, wird in Form von Werbung wieder ausgegeben.

   b) Reingewinn 360.000,00 DM = 100 %
   Werbekosten 600.000,00 DM = x %

   $x = \frac{100 \cdot 600.000}{360.000} = 166\ 2/3\ \%$, d. h., die Werbekosten übersteigen den Gewinn um fast 70 %.

   c) Planmäßiges (systematisches, überlegtes) Vorgehen erforderlich.

2. a) und b) **Arbeitsvorlage 1**: Werbeplan 199. (siehe nächste Seite)

3. bis 6: Die Werbeplanung (siehe übernächste Seite).

7. Kurzvortrag

8. Interpretation der Karikatur.
   Ein Teufel wirbt im Himmel – symbolisiert durch drei kleine Engel mit Flügeln und Wolken – für die Hölle mit dem Slogan: „Die Hölle ist wärmer". Die Bildunterschrift lautet: „Werbung weckt Bedürfnisse". Offensichtlich kann Werbung nur solche Bedürfnisse wecken, die im Menschen bereits (latent) vorhanden sind. Im Himmel herrscht der Zustand der Glückseligkeit; ein Bedürfnis nach mehr Wärme ist dort nicht vorhanden. Deshalb wird die Werbung des Teufels für die Hölle dort wirkungslos verpuffen. Fazit: Werbung hat dort ihre Grenzen, wo keine Bedürfnisse vorhanden sind.

Seite 133: Arbeitsaufträge und Fragen zur Stofferschließung (Fortsetzung)

2. a) und b) **Arbeitsvorlage 1**

WERBEPLAN 199 .

(b) Streuung → / WIE WERBEN? = Streu-*MITTEL*	(c) WIE VIEL JE WERBEMITTEL? = Streu-*DICHTE*		(d) WANN? = Streu-*ZEIT*		WANN?		WANN?		WANN?		(e) WER? = Streu-*KREIS*	(f) WO? = Streu-*GEBIET (-REGION)*
	%	Betrag	V*	Frühjahr	V*	Sommer	V*	Herbst	V*	Winter		
Farbkataloge	**60**	*360.000,00*	**4**	*144.000,00*	**1**	*36.000,00*	**3**	*108.000,00*	**2**	*72.000,00*	Bisherige Kunden + Interessenten	Umkreis von Weilheim (20–30 km)
Anzeigen in Fachzeitschriften	**10**	*60.000,00*	**4**	*24.000,00*	**1**	*6.000,0*	**2**	*12.000,00*	**3**	*18.000,00*	Fachhändler, Hobbygärtner	Göppingen, Eislingen, Geislingen, Kirchheim (Teck), Nürtingen, Wendlingen, Köngen, Plochingen, Esslingen
Werbedrucksachen	**15**	*90.000,00*	**2**	*18.000,00*	**2**	*18.000,00*	**2**	*18.000,00*	**4**	*36.000,00*	Bisherige Kunden + Interessenten	
Werbebriefe	**10**	*60.000,00*	**6**	*36.000,00*	–	——	**4**	*24.000,00*	–	——		
Ausstellungen	**5**	*30.000,00*	–	——	–	——	**10**	*30.000,00*	–	——	Ausstellungsbesucher	Weilheim
Summen:	100	600.000,00		*222.000,00*		*60.000,00*		*192.000,00*		*126.000,00*		

(a) ***WIE VIEL WERBUNG INSGESAMT?***

WERBEETAT oder *WERBEBUDGET*

* V = Verhältniszahl

Seite 133: Arbeitsaufträge und Fragen zur Stofferschließung (Fortsetzung)

3. bis 6: Übersicht

Die Werbeplanung

1 Bestandteile (Elemente) des Werbeplans

a) ***Welche*** *finanziellen* ***Mittel*** *stehen für Werbezwecke zur Verfügung ?*

= WERBEETAT oder ***WERBEBUDGET***

b) ***Wie*** *soll geworben werden ?*
Zum Beispiel mit Katalogen oder Zeitungsanzeigen

= WERBEMITTEL oder ***STREUMITTEL***

c) ***Wie viel*** *soll geworben werden, d.h., wie viel DM können für die einzelnen Werbemittel eingesetzt werden ?*

=INTENSITÄT (Umfang) der Werbung oder ***STREUDICHTE***

d) ***Wann*** *soll geworben werden ?*

= ZEITPUNKT des Werbemitteleinsatzes oder ***STREUZEIT***

e) ***Wer*** *soll umworben werden ?*

= ADRESSATEN oder ZIELGRUPPEN der Werbung
= ***STREUKREIS***

f) ***Wo*** *soll geworben werden ?*
GEBIETE des Werbemitteleinsatzes

= ***STREUGEBIET***

2 Zielsetzungen der Werbung (Werbeziele)

a) *— Sachliche* ***Informierung*** *der Kunden, evtl. auch Beratung*

b) *—* ***Alte Kunden*** *erhalten, neue Kunden gewinnen*

— ***Image****pflege*

— ***Die Leistungsfähigkeit*** *des Unternehmens unter Beweis stellen*

c) *—* ***Anreize*** *schaffen zur Abnahme größerer Mengen (Umsatzsteigerung)*

d) *—* ***Neue Produkte*** *bekannt machen*

— ***Neue Bedürfnisse*** *wecken*

3 Anforderungen an die Werbung (Werbegrundsätze)

a) *—* ***Keine Übertreibungen*** *(Grundsatz der Wahrheit der Werbung)*

b) *—* ***Klarheit*** *(Verständlichkeit) der Werbeaussage*

c) *—* ***Einheitlichkeit*** *(Abgestimmtheit) der Werbebotschaft*

d) *—* ***Aktualität*** *(Zeitbezogenheit) der Werbebotschaft*

e) *—* ***Orginalität*** *(Einfallsreichtum) der Werbung*

f) *—* ***Wirksamkeit*** *und* ***Wirtschaftlichkeit*** *der Werbung*

5.6 **Marktforschung** (Arbeitsbuch S. 134 f.)

Seite 139 f.: Arbeitsaufträge und Fragen zur Stofferschließung

1. Die Marktuntersuchung wird systematisch und mit wissenschaftlichen Methoden durchgeführt.
2. Die Fragebogenaktion fällt in den Bereich der Marktanalyse, weil Erkenntnisse über die derzeitige Marktlage gewonnen werden. Der Markt wird zu einem bestimmten Zeitpunkt erforscht, nicht über längere Zeit hinweg, d. h., es liegt eine Zeitpunkt-, jedoch keine Zeitraumbetrachtung vor.
3. Erforschung des Trinkverhaltens in den befragten Haushalten.
4. Verwendung der Befragungsergebnisse für gezielte Werbemaßnahmen, z. B. Probeausschank. Ziel dieser Werbemaßnahmen: Gewinnung neuer Kunden.
5. Frage 5: Durchschnittspreis pro Flasche Wein
   Frage 6: Weinvorrat
   Frage 7: Berufsgruppen der Weinkonsumenten
   Frage 8: Alter der Weinkonsumenten
6. Frage 5 gibt wichtige Hinweise für die Preispolitik des Unternehmens. Beispiel: Sollen mehr billige oder mehr teure Weine angeboten werden?

   Frage 6 gibt Aufschluss über die Bezugsmengen potenzieller Weinkunden. Sollen künftigen Kunden bei Abnahme größerer Mengen Sonderangebote unterbreitet werden?

   Frage 7 gibt Auskunft über die Kaufkraft potenzieller Weinkunden. In welcher Berufsgruppe sind kaufkräftige Weinliebhaber zu finden?

   Frage 8 gibt Hinweise darauf, bei welcher Altersgruppe Werbemaßnahmen am ehesten Erfolg versprechend sind.
7. a) **Arbeitsvorlage 1**, siehe nächste Seite.

   b) **Arbeitsvorlage 3 a)**, siehe nächste Seite.
8. a) Verkaufsstatistiken gehören zum betriebsinternen Quellenmaterial.
   b) Zahlen der Buchhaltung und der Kostenrechnung, Kunden- und Lieferantendateien (-karteien), Reiseberichte.
   c) Solche Informationen liefern – soweit sie nicht im Statistischen Jahrbuch enthalten sind – die Statistischen Landesämter und das Statistische Bundesamt in Wiesbaden. Sie gehören zur Sekundärforschung (Schreibtischforschung bzw. Deskresearch).
9. Die Fragebogenaktion gehört zur Primärforschung, weil die Informationen unmittelbar am Markt durch besondere Erhebungen gewonnen werden.
10. Beauftragung eines Marktforschungsinstituts.
11. Hauptvorteil: profihaftes Vorgehen und entsprechend gute Befragungsergebnisse.

    Hauptnachteil: kostspielig.
12. Gewinnung von Marktinformationen auch durch Beobachtung und durch Einrichtung von Testmärkten.
13. Befragung durch Interview (mündlich) oder telefonisch (fernmündlich).

(Fortsetzung Seite 100)

Seite 139 f.: Arbeitsaufträge und Fragen zur Stofferschließung (Fortsetzung)

7. a) **Arbeitsvorlage 1:** Beispielsammlung zu den einzelnen Teilbereichen der Marktforschung (Marktanalyse und Marktbeobachtung)

Von der Marktforschung untersuchte Fragen und Sachverhalte (Auswahl)	Klassifizierung
(1) Welchen Spielraum für eigene Absatzerfolge lassen die den Markt bereits beliefernden Konkurrenzunternehmen? (Daten über Mitbewerber, ihre Preise, die Warenqualität, die Lieferungs- und Zahlungsbedingungen.)	KoB
(2) Wie groß ist der mögliche Bedarf? (Beurteilungskriterium: Einkommensentwicklung, Geburtenzahl, Verbrauchsgewohnheiten u. a.)	KapAn
(3) Wie groß ist die Anzahl der Wirtschaftssubjekte, die als Abnehmer infrage kommen?	KapAn
(4) Wie entwickeln sich die Marktanteile der Konkurrenzunternehmen?	KoB
(5) Wie reagieren die Abnehmer auf bestimmte Absatzmethoden (z. B. Verkauf im Fachgeschäft, durch Reisende, durch Direktversand)?	MotAn
(6) Welche Modetrends sind erkennbar?	DaB
(7) Wie reagieren die Abnehmer auf Absatzwerbung? Welche Werbung ist am wirksamsten? Können durch zusätzliche Werbemaßnahmen weitere Abnehmer gewonnen werden?	MotAn
(8) Sind bedeutsame technische Neuerungen zu erwarten?	DaB/KoB
(9) Wie sind die Einkommens- und Vermögensverhältnisse der möglichen Abnehmer beschaffen?	KapAn
(10) Wie verändert sich die eigene Marktposition?	KuB
(11) Sind neue in- und ausländische Anbieter auf dem Markt zu erwarten?	KoB
(12) Wie reagieren die Abnehmer auf Änderungen in der äußeren Gestaltung der Produkte?	MotAn
(13) Welche Vor- und Nachteile haben die Produkte der Konkurrenten?	KoB
(14) Wie entwickelt sich die Einstellung der Abnehmer gegenüber dem eigenen Erzeugnis?	KuB
(15) Wie reagieren die Abnehmer auf Sortimentsänderungen, z. B. auf Änderungen der Sortimentstiefe?	MotAn
(16) Durch welche zusätzlichen absatzpolitischen Maßnahmen können weitere Abnehmer gewonnen werden?	KuB
(17) Mit welchen absatzpolitischen Mitteln arbeiten die Mitbewerber?	KoB
(18) Welche Wohn- und Verkehrsdichte weist das untersuchte Absatzgebiet auf?	KapAn
(19) Wie lauten die aktuellen Konjunkturdaten und die Konjunkturprognosen?	DaB
(20) Sind Konjunkturveränderungen (-schwankungen) zu erwarten?	DaB
(21) Wie reagieren die Abnehmer auf Preisänderungen?	MotAn
(22) Sind einschneidende Maßnahmen der staatlichen Wirtschaftspolitik im In- oder Ausland zu erwarten?	DaB
(23) Welche Leistungen (Preise, Warenqualität, Service, Lieferungs- und Zahlungsbedingungen) erbringen die Mitbewerber?	KoB
(24) Wie verteilen sich einzelne Bedarfsträger (private, öffentliche Haushalte, Unternehmungen) auf die verschiedenen Geschäftszweige?	KapAn

b) **Arbeitsvorlage 3 a):**

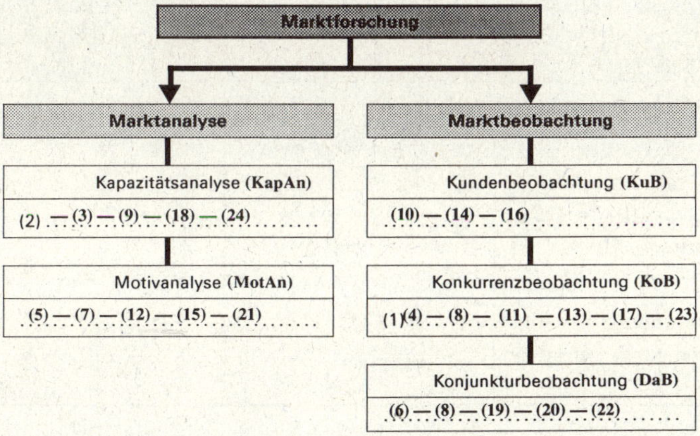

Seite 139 f.: Arbeitsaufträge und Fragen zur Stofferschließung (Fortsetzung)

14. a) **Arbeitsvorlage 2:**
Sammlung von Vor- und Nachteilen der einzelnen Befragungsarten

Beschreibung der einzelnen Vor- und Nachteile	Klassifizierung
(1) Unmittelbarer persönlicher Kontakt zwischen Interviewer und Auskunftsperson.	V-MB
(2) Häufig geringe Rücklaufquote.	N-SB
(3) Kostengünstig, weil z. B. keine Reisekosten für den Interviewer anfallen.	V-TB
(4) Der Befragte kann dann antworten, wenn er gerade Zeit hat.	V-SB
(5) Relativ geringe Kosten, sofern eine angemessene Rücklaufquote gewährleistet ist.	V-SB
(6) Schwieriges Erreichen bestimmter Berufskreise, z. B. Fernfahrer, Reisende, Schichtarbeiter.	N-TB
(7) Kein Interviewereinfluss auf das Befragungsergebnis.	V-SB
(8) Verhältnismäßig hohe Kosten (Reise-, Übernachtungs-, Ausbildungskosten).	N-MB
(9) Die zeitliche Kürze verhindert oft wohl überlegte Antworten.	N-TB
(10) Möglichkeit, eine größere Anzahl von Fragen zu stellen.	V-MB
(11) Mangelnde Konzentration der Befragten, weil die Befragung oft als Störung empfunden wird.	N-TB
(12) Kein oder nur geringer Interviewereinfluss auf den Befragten.	V-TB/V-SB
(13) Die Rücksender der Fragebogen sind häufig nicht repräsentativ für die Gesamtmasse.	N-SB
(14) Der Befragte hat die Möglichkeit zur spontanen Beantwortung der Fragen.	V-MB/V-TB
(15) Die Antworten sind oft besser überlegt, weil ausreichend Zeit zur Verfügung steht.	V-SB
(16) Relativ hoher Zeitaufwand für den Befrager.	N-MB
(17) Möglichkeit, dem Befragten Fotos, Anzeigen usw. zur Stellungnahme vorzulegen.	V-MB
(18) Schnelle Durchführung möglich.	V-TB
(19) Geringe Bereitschaft, der Befragten einem Unbekannten irgendwelche Auskünfte zu geben (hohe Verweigerungsrate).	N-TB
(20) Möglichkeit, mit der Befragung zusätzlich eine Beobachtung zu kombinieren.	V-MB
(21) Die Zahl der auf einem Fragebogen anzubringenden Fragen ist begrenzt.	N-SB
(22) Interviewereinfluss, oft auch unbewusst, z. B. durch Haltung und Mimik.	N-MB
(23) Missverständnisse und Unklarheiten beim Befragten können nicht ausgeräumt werden.	N-SB
(24) Gefahr der Wiedergabe von Gruppenmeinungen (z. B. Familie).	N-MB
(25) Auch schwer zu erreichende Berufskreise können befragt werden.	V-SB
(26) Befangenheit des Befragten bei Fragen, die in die Intimsphäre fallen.	N-MB
(27) Erfassen des Momentverhaltens der Auskunftspersonen möglich, z. B. beim Fernsehen.	V-TB
(28) Kein einheitlicher Erhebungsstichtag möglich.	N-SB

b) **Arbeitsvorlage 3 b):**

Die praktische Bedeutung der einzelnen Befragungsformen

Bedeutung / Befragungsarten	Vorteile	Nachteile
Schriftliche Befragung (SB)	(4) – (5) – (7) – (12) – (15) – (25)	(2) – (13) – (21) – (23) – (24) – (28)
Mündliche (persönliche) Befragung (MB)	(1) – (10) – (14) – (17) – (20)	(8) – (16) – (22) – (26)
Fernmündliche (telefonische) Befragung (TB)	(3) – (12) – (14) – (18) – (27)	(6) – (9) – (11) – (19)

3618PCM

Seite 139 f.: Arbeitsaufträge und Fragen zur Stofferschließung (Fortsetzung)

15. Schülerindividuelle Stellungnahme.
    Mündliche Befragung: zu hoher Kosten- und Zeitaufwand.
    Telefonische Befragung: Wahrscheinlich hohe Verweigerungshaltung der Befragten.
16. Haushaltsbefragung, weil die einzelnen Fragen sich auf den gesamten Haushalt, nicht auf eine Einzelperson beziehen. Eventuell liegt eine Kundenbefragung vor, wenn die Fragebogen von Abnehmern des Weinguts Hofmeister ausgefüllt und zurückgeschickt werden.
17. Kundenbefragung erfolgt hauptsächlich durch die Handlungsreisenden und Handelsverteter der C. Hofmeister KG. Ihnen gegenüber äußern sich die Kunden über die Qualität, den Geschmack, den Preis der verkauften Weine, über Lieferungs- und Zahlungsbedingungen, über Konkurrenzangebote u. a.
18. Befragung von Winzern und Kellermeistern im Verlauf des Sommers über die voraussichtliche Menge und Qualität (Öchslegrade) der bevorstehenden Weinernte.
19. Eine Vollerhebung müsste als Zielgruppe sämtliche Weinliebhaber eines bestimmten Gebiets (z. B. Niedersachsen, Thüringen) erfassen. Das ist aus Zeit- und Kostengründen nicht zu machen.
20. Die befragte Teilmenge muss repräsentativ für die Gesamtmenge sein.
21. Schülerindividuelle Angaben. Mögliche Lösung: Die Firma Hofmeister muss unbedingt neue Kunden hinzugewinnen, wenn sie die Umsatzeinbußen aufhalten will. Die Fragebogenaktion liefert dem Weingut wichtige Informationen über potenzielle Kunden. Für die Reisenden und Handelsvertreter eröffnet sie Möglichkeiten zur ersten Kontaktaufnahme.
22. Als Maßnahmen kommen in Betracht:
    - Durchführung einer Kapazitätsanalyse: Erforschung der Aufnahmefähigkeit bestimmter Märkte für dieses Produkt.
    - Einrichtung von Testmärkten.

5.7 **Der Produktlebenszyklus** (Arbeitsbuch S. 141 f.)

Seite 142 f.: Arbeitsaufträge und Fragen zur Stofferschließung

1. Gründe für begrenzte Lebensdauer von Produkten: technischer Fortschritt, veränderte Verbrauchsgewohnheiten.
2. Je intensiver der technische Fortschritt, desto kürzer ist bei bestimmten Produkten die Produktlebensdauer, vgl. Computertechnik.
3. **Arbeitsvorlage 1:** Zuordnung der Kennzeichen zu den einzelnen Phasen

(1) III	(5) V	(9) IV	(13) I	(17) II
(2) II	(6) II	(10) I	(14) IV	(18) III
(3) IV	(7) III	(11) IV	(15) II	(19) II
(4) I	(8) I	(12) V	(16) III	

Seite 142 f.: Arbeitsaufträge und Fragen zur Stofferschließung (Fortsetzung)

4. **Arbeitsvorlage 2:** Übersicht (5-Phasen-Schema)

Phasen	**I**	**II**	**III**	**IV**	**V**
Bezeichnung der Phasen	***Einführungsphase***	***Wachstums- oder Expansionsphase***	***Reifephase***	***Sättigungs- oder Stagnationsphase***	***Degenerations-, Niedergangs-, Verfallphase***
Verlauf der Umsatzkurve	*steigend*	*stark steigend*	*schwach steigend*	*leicht sinkend*	*stark rückläufig*
Verlauf der Gewinnkurve	*negativ (Verlustzone)*	*stark steigend*	*leicht steigend bzw. relativ konstant*	*rückläufig*	*stark rückläufig*
Ideale Umsatzverteilung	*10–15 %*	*20 %*	*40–50 %*	*20 %*	*10–15 %*
Typische Kennzeichnung der einzelnen Phasen	*(4) – (8) – (10) – (13)*	*(2) – (6) – (15) – (17) – (19)*	*(1) – (7) – (16) – (18)*	*(3) – (9) – (11) – (14)*	*(5) – (12)*

5. Beziehungszusammenhänge:
   – Sobald der Umsatz von Produkt 1 stagniert bzw. abnimmt, sollte ein neues Produkt (Produkt 2) im Markt eingeführt werden, damit die Umsatzeinbußen von Produkt 1 durch entsprechende Umsatzsteigerungen beim Produkt 2 aufgefangen werden können.
   Ähnlich verhält es sich mit der Gewinnentwicklung. Sobald der Gewinn von Produkt 1 stagniert oder abnimmt, sollte die Gewinneinbuße durch eine entsprechende Gewinnsteigerung bei einem neu in den Markt eingeführten Produkt (Produkt 2 bzw. Nachfolgeprodukt) kompensiert werden.

6. Arten von Produktlebenszyklen:
   (1) Normaler Lebenszyklus
   (2) Gescheiterte Neueinführung
   (3) Wachstumsstarkes Produkt
   (4) Wachstumsschwaches Produkt
   (5) Modegüter
   (6) Verlängerungsstrategie

7. Alternative zur Produktelimination: Am Modell „Sausewind“ werden zahlreiche technische Verbesserungen angebracht, außerdem wird das Styling des Rades verbessert, sodass es mit den Konkurrenzprodukten aus den Niederlanden und aus Italien mithalten kann. Statt der Produktverbesserung könnte auch ein neues Kinderfahrrad auf den Markt gebracht werden, das den ausländischen Konkurrenzprodukten in technischer Hinsicht und vom Styling her überlegen ist.

5.8 **Produktelimination** (Arbeitsbuch S. 144 f.)

<u>Seite 145: Arbeitsaufträge und Fragen zur Stofferschließung</u>

1. Produktelimination
2. Siehe Sachdarstellung (1.).
3. Siehe Sachdarstellung (2.).
4. Übersicht

ENTSCHEIDUNGSKRITERIEN bei der Produktelimination

Mehr QUANTITATIVE Entscheidungskriterien

- negative Umsatz- oder Marktanteilsentwicklung
- sinkender Beitrag zur Abdeckung der Fixkosten oder Verlusterzielung
- abnehmender Umsatzanteil am Gesamtumsatz (Auslaufmodell)
- sinkende Rentabilität
- sinkender Kapitalumschlag

Mehr QUALITATIVE Entscheidungskriterien

- Änderung der Verbrauchsgewohnheiten
- Modeänderungen
- häufige Reklamationen
- fehlende Umweltverträglichkeit
- die Änderung gesetzlicher Vorschriften (z. B. Verschärfung der Umweltschutzvorschriften)
- Störungen im Produktionsablauf

5. Deckungsbeitrag pro Stück: Er gibt an, inwieweit durch den Verkaufspreis die variablen Stückkosten abgedeckt werden bzw. was noch zur Abdeckung der fixen Stückkosten und eines Gewinns übrig bleibt.
6. Deckungsbeitrag II: Er gibt an, inwieweit durch die Verkaufserlöse sowohl die variablen als auch die erzeugnisfixen Kosten abgedeckt sind, was also als Gewinn übrig bleibt (DB II = Gewinn- bzw. Verlustbeitrag eines Produkts).

7. a)

Preis je Stück (Nettoerlöse)	22,00 DM	18,00 DM	15,50 DM
./. variable Kosten je Stück	16,00 DM	15,50 DM	9,00 DM
Deckungsbeitrag I (je Stück)	+ 6,00 DM	+ 2,50 DM	+ 6,50 DM
· Verkaufsmenge (je Monat)	· 8 000 Stück	· 4 000 Stück	· 12 000 Stück
Deckungsbeitrag I (je Monat)	48.000,00 DM	10.000,00 DM	78.000,00 DM
./. erzeugnisfixe Kosten	– 25.000,00 DM	– 18.000,00 DM	– 48.000,00 DM
Deckungsbeitrag II	+ 23.000,00 DM	– 8.000,00 DM	+ 30.000,00 DM

b) Der Gewinn steigt von 45.000,00 DM (23.000,00 – 8.000,00 + 30.000,00 DM) um 8.000,00 DM auf 53.000,00 DM.

c) Tatbestände, die gegen eine Elimination sprechen:
- Aufrechterhaltung eines Vollsortiments bzw. eines breiten Produktionsprogramms;
- der Hersteller ist bemüht, seinen Kunden umfassende Problemlösungen anzubieten;
- ein Vollsortiment verbessert die Auswahlmöglichkeiten für die Kunden und verhindert deren Abwandern; außerdem werden sog. „Mitnahmeeffekte" erzielt (Impulskäufe).

5.9 **Produktdiversifikation** (Arbeitsbuch S. 146 f.)

Seite 147: Arbeitsaufträge und Fragen zu Stofferschließung

1. Wesensmerkmale der Diversifikation:
   - Erweiterung des Produktionsprogramms oder des Sortiments
   - Eindringen in neue Märkte
2. Laterale Diversifikation
3. Es liegt eigentlich gar keine Diversifikation, sondern eine Konglomerationsbildung vor. Sie führt zu sog. Mischkonzernen. Nachteile: fehlende Produktionserfahrung, erhöhtes Produktionsrisiko.
4. Unterschied: Horizontale Diversifikation findet auf derselben Produktionsstufe, vertikale Diversifikation hingegen auf einer vor- oder nachgelagerten Produktionsstufe statt.
5. Mögliche Motive und Zielsetzungen:
   (1) Bessere Auslastung der vorhandenen Produktionskapazitäten
   (2) Bessere Auslastung der vorhandenen Vertriebsorganisation
   (3) Verminderung der durch Spezialisierung auf einzelne Produkte oder Abnehmergruppen bedingten wirtschaftlichen Abhängigkeit
   (4) Sicherung des Unternehmenswachstums durch Ausweichen auf rentablere Tätigkeitsgebiete
   (5) Verbesserung der Rentabilität durch Konzentration auf gewinnträchtigere Produkte
   (6) Flucht vor starker Konkurrenz oder vor einem ruinösen Wettbewerb mit starkem Preisverfall
   (7) Anlegen frei verfügbarer finanzieller Mittel
   (8) Verminderung des Unternehmensrisikos durch Zulegen eines „zweiten Standbeins“
   (9) Abstimmung der Produktion auf die Bedürfnisse der Abnehmer, z. B. durch Lieferung echter Problemlösungen

5.10 **Der optimale Vertriebsweg** (Arbeitsbuch S. 148 ff.)

Seite 150: Arbeitsaufträge und Fragen zur Stofferschließung

1. a) und b): Siehe Sachdarstellung (1.).
   c) Zwei Unterscheidungsmerkmale:
   - die Zahl der Zwischenstufen (keine Zwischenstufen beim direkten Absatz; mehrstufige Absatzketten beim indirekten Absatz);
   - die eingeschalteten Verkaufsorgane (eigene Verkaufsorgane beim direkten Absatz; fremde Verkaufsorgane beim indirekten Absatz).

   d) Zwei Unterscheidungsmerkmale:
   - die Zahl der Verkaufsstellen (-orte): nur eine Verkaufsstelle beim zentralen Absatz, mehrere Verkaufsstellen beim dezentralen Absatz;

Seite 150: Arbeitsaufträge und Fragen zur Stofferschließung (Fortsetzung)

- die eingeschalteten Verkaufsorgane: nur ein unternehmenseigenes Verkaufsorgan, nämlich die Verkaufsabteilung des Herstellers, bei direktem Absatz; mehrere unternehmenseigene (-abhängige) Verkaufsorgane beim dezentralen Absatz.

2. Weitere Möglichkeiten des indirekten Absatzes:

(1) H → Gh → Eh → EV
(2) H → HV → Gh → Eh → EV
(3) H → HV → EV
(4) H → Sy → Gh → Eh → EV
(5) H → Sy → Eh → EV
(6) H → HV → Ko → EV
(7) H → Gh → Ko → EV
(8) H → Ma → Gh → Eh → EV
(9) H → Ma → Eh → EV

3. Beurteilung der Absatzformen

Unternehmenseigene Verkaufsorgane:

- Vorteile: Weisungsgebundenheit und vielseitige Verwendbarkeit der eigenen Kräfte.
- Nachteile: hohe Fixkostenbelastung; Verringerung der Belegschaft bei Umsatzrückgang ist schwierig (Kündigungsschutz).

Unternehmensfremde Verkaufsorgane:

- Vorteile: Vorwiegend variable, vom Umsatz abhängige Kosten; Auflösung der Agentur- und Kommissionsverträge bei Umsatzrückgang möglich.
- Nachteile: Begrenzte Kontrollierbarkeit von fremden Kräften; Mitnahme von Kunden bei Auflösung von Vertragsverhältnissen.

4. Schülerindividuelle Lösungen

5. Bedeutung der einzelnen Absatzwege

(1) Vdir (2) Ndir (3) Ndir (4) Vdir (5) Vdir (6) Vdir (7) Ndir (8) Ndir
(9) Vdir (10) Vdir (11) Vdir (12) Vdir (13) Ndir (14) Vdir (15) Ndir (16) Ndir

Absatzwege

Vorteile des direkten Absatzes = Nachteile des indirekten Absatzes	↔	Nachteile des direkten Absatzes = Vorteile des indirekten Absatzes
(1) – (4) – (5) – (6) – (9) – (10) – (11) – (12) – (14)		(2) – (3) – (7) – (8) – (13) – (15) – (16)

6. a) **Arbeitsvorlage 2:** Bewertungstabelle

Absatzwege → / Beurteilungskriterien ↓	Direkter Verkauf an Kunden (Punkte)	Verkauf über Großhändler (Punkte)	Verkauf über ausgewählte Facheinzelhändler (Punkte)
Vertriebskosten	– 3	+ 2	– 1
Wahrung der Exklusivität	+ 3	– 3	+ 2
Qualität der Kundenberatung	+ 3	± 0	+ 2
Möglichkeit, einen breiteren Kundenkreis anzusprechen	– 2	+ 3	± 0
Summe der Punkte	+ 1	+ 2	+ 3

Die Ergebnisse dieser Bewertungstabelle sind nicht sehr aussagefähig, weil alle vier Beurteilungskriterien gleich stark gewichtet werden. Zu genaueren und realitätsnäheren Ergebnissen gelangt man, wenn die Geschäftsleitung eine Gewichtung der einzelnen Beurteilungskriterien vornimmt.

Beispiel für eine Bewertungstabelle mit gewichteten Beurteilungskriterien:

Absatzwege → / Beurteilungskriterien ↓	Gewichtung	Direkter Verkauf an Kunden		Verkauf über Großhändler		Verkauf über auserwählte Facheinzelhändler	
		EP[1]	GP[1]	EP[1]	GP[1]	EP[1]	GP[1]
Vertriebskosten	20	– 3	– 60	+ 2	+ 40	– 1	– 20
Wahrung der Exklusivität	30	+ 3	+ 90	– 3	– 90	+ 2	+ 60
Qualität der Kundenberatung	40	+ 3	+ 120	0	0	+ 2	+ 80
Möglichkeit, einen breiteren Kundenkreis anzusprechen	10	– 2	– 20	+ 3	+ 30	0	0
Summe der Punkte	100	–	+ 130	–	– 20	–	+ 120

1 EP = Einzelpunkte GP = Gewichtete Punkte

b) Schülerindividuelle Entscheidungen und Begründungen.

5.11 Der Handelsvertreter

5.11.1 Der Abschluss eines Agenturvertrags (Arbeitsbuch S. 151 ff.)

Seite 156: Arbeitsaufträge und Fragen zur Stofferschließung

1. –

2.1 Siehe Sachdarstellung (1.)!

2.2 Art der Vertretung: Abschluss-, Gebiets-, Waren-, Mehrfirmen-, Inlandsvertreter.

3. Erläuterung der einzelnen Rechte und Pflichten des Handelsvertreters:
   (1) **Bemühungspflicht:** Siehe Lösungsbeispiel bei der Aufgabenstellung.
   (2) **Interessenwahrung:** Pflicht, für die Belange des Unternehmers einzustehen, z. B. bei Vertragsverhandlungen mit Kunden (Skonto-, Rabattgewährung, Konditionen).

(3) **Benachrichtungspflicht:** Pflicht, den Unternehmer von jeder Geschäftsvermittlung bzw. jedem Geschäftsabschluss unverzüglich in Kenntnis zu setzen.

(4) **Sorgfaltspflicht:** Pflicht, die Sorgfalt eines ordentlichen Kaufmanns anzuwenden, z. B. überlassene Muster und Proben sorgfältig aufzubewahren, den Unternehmer rechtzeitig zu benachrichtigen.

(5) **Verschwiegenheitspflicht:** Pflicht, über Betriebs- und Geschäftsgeheimnisse Stillschweigen zu wahren, z. B. über die Kalkulationsgrundlagen, die Preise, die Konditionen.

(6) **Wettbewerbsenthaltung**. Sie betrifft das vertragliche Wettbewerbsverbot (Konkurrenzklausel), das für die Zeit **nach** Beendigung des Vertragsverhältnisses gilt. Voraussetzung für die Gütligkeit der Konkurrenzklausel: maximal 2 Jahre Wettbewerbsenthaltung, Schriftform der Vereinbarung, Zahlung einer Entschädigung.

(7) **Recht** des Handelsvertreters **auf Unterstützung** durch den Unternehmer, z. B. durch Überlassung von Mustern, Zeichnungen, Prospekten, Werbematerial.

(8) **Recht auf Benachrichtigung**, z. B. wenn der Unternehmer Geschäfte in erheblich geringerem Umfang abschließen will, als vom Handelsvertreter erwartet werden kann.

(9) **Recht auf Zahlung einer besonderen Delkredereprovision**, wenn sich der Handelsvertreter verpflichtet, für die Erfüllung der Verbindlichkeit aus einem Geschäft einzustehen.

(10) **Recht auf Zahlung von Abschluss- und Inkassoprovision** für alle während des Vertragsverhältnisses abgeschlossenen Geschäfte bzw. für die vom Handelsvertreter beim Kunden auftragsgemäß eingezogenen Rechnungsbeträge.

(11) **Recht auf Abrechnung**. Abrechnung unverzüglich, spätestens am Ende des nächsten Monats; nach Möglichkeit monatliche Abrechnung, längstens vierteljährlich.

(12) **Recht auf Entgegennahme von Erklärungen des Kunden**, z. B. Anzeige von Mängeln, zur Verfügungstellung von Ware.

(13) **Ausgleichsanspruch des Handelsvertreters** nach Beendigung eines Vertragsverhältnisses für die geworbenen Kunden, soweit der Unternehmer aus der Geschäftsverbindung weitere Vorteile zieht.

(14) **Kündigungsrecht**

a) Fristgemäße Kündigung: Einhaltung von Kündigungsfristen, abhängig in der Regel von der Dauer des Vertragsverhältnisses.

b) Fristlose Kündigung: beim Vorliegen eines wichtigen Grundes. Sie kann nicht ausgeschlossen oder beschränkt werden. Schadensersatzpflicht desjenigen, der durch sein Verhalten die fristlose Kündigung veranlasst hat.

4. Positive Aspekte für den Bewerber (Handelsvertreter):

- Wirtschaftliche Aspekte:
  - Gute Beziehungen zu Sportartikelfachgeschäften
  - Sport- und Turnbekleidung für Damen: Komplementärgüter für sportliche Oberbekleidung, Verbreiterung des Sortiments, Tendenz zum Vollsortiment, besseres Angebot (Auswahl) für die Kunden
- Persönliche Aspekte: Gute Warenkenntnisse auf dem Textilsektor, langjährige Branchenerfahrung, Intelligenz, gute Umgangsformen, Arbeitseifer und berufliches Engagement, Flexibilität, technische Aufgeschlossenheit.

Seite 156: Arbeitsaufträge und Fragen zur Stofferschließung (Fortsetzung)

5. Die Angaben im Agenturvertrag stimmen mit den mündlichen Vereinbarungen, so wie sie in der Gesprächsnotiz festgehalten wurden, im Wesentlichen überein.

   Teilweise gehen die Bestimmungen des Agenturvertrags über die mündlichen Vereinbarungen hinaus, z. B. enthält § 2 des Agenturvertrags ein Inkassoverbot für den Handelsvertreter. Andererseits sind in § 3 des Agenturvertrags zusätzliche Pflichten für die Herstellerfirma verankert, so die Unterstützungspflicht, die Informations- und Auskunftspflicht gegenüber dem HV, das begrenzte Weisungsrecht.

6. **Vorteile für den Handelsvertreter:**
   - Übernahme eines vorhandenen Kundenstamms (§ 1, 4)
   - Unterstützungs-, Informations- und Auskunftspflicht der Herstellerfirma (§ 3, 1)

   Vorteile für die Herstellerfirma:
   - Vertretung für sämtliche Erzeugnisse des gegenwärtigen Produktionsprogramms (§ 1, 2), also nicht nur für die umsatzträchtigen Produkte;
   - keine Provisionszahlung für Geschäfte mit Sportvereinen, Behörden und Privatpersonen (§ 1, 3);
   - Interessenwahrungspflicht des HV (§ 2, 1);
   - kein Aufwandsersatz für den HV (§ 8, 1);
   - relativ lange Probezeit von 6 Monaten (§ 12, 1);
   - relativ kurze Kündigungsfrist von einem Monat während der Probezeit (§ 12, 1);
   - relativ kurze Kündigungsfrist zum Ende eines Quartals (nicht zum Geschäftsjahresende, § 12, 1, 4).
7. Schülerindividuelle Lösung
8. Zustandekommen und Erfüllung des Agenturvertrags:

   Phase 1: Anpreisung (rechtlich unverbindlich);

   Phase 2: kein Angebot (die Willenserklärung ist inhaltlich noch zu wenig konkretisiert);

   Phase 3: Vorverhandlungen (unverbindlich);

   Phase 4: Antrag (Angebot, Offerte): Er ist verbindlich.

   Phase 5: Annahme des Antrags (des Angebots, der Offerte);

   Phase 4 und 5 zusammen: Abschluss eines Handelsvertretungs- oder Agenturvertrags; Verpflichtungsgeschäft;

   Phase 6 bis 8: Sie betreffen das Erfüllungs- oder Verfügungsgeschäft.

5.11.2 Abschluss- und Vermittlungsvertreter (Arbeitsbuch S. 156 ff.)

Seite 156 ff.: Arbeitsaufträge und Fragen zur Stofferschließung

1. **Arbeitsvorlage 1**: siehe nächste Seite.
2. **Arbeitsvorlage 2**: siehe übernächste Seite.
3. Der Unternehmer (Auftraggeber) kann besser kontrollieren, mit wem er Geschäfte abschließen will. Er kann den Abschluss von Geschäften mit unsoliden Kunden verweigern bzw. nur unter der Bedingung der Sofortzahlung abschließen.
4. Der Handelsvertreter übernimmt die Haftung für den Eingang der Zahlung. Dafür kann er eine besondere Provision verlangen, nämlich die Delkredereprovision.

3618PCM

Seite 156 ff.: Arbeitsaufträge und Fragen zur Stofferschließung (Fortsetzung)

1. **Arbeitsvorlage 1**

AUFTRAGSABWICKLUNG BEI HANDELSVERTRETERN MIT ABSCHLUSSVOLLMACHT (ABSCHLUSSVERTRETER)

Auftraggeber (Unternehmer) | **HANDELSVERTRETER** | **Kunde**

1 Verbindliches Angebot über 30 Damen-Freizeitanzüge zum Preis von 1.800,00 DM ab Werk.

Rechtliche Bedeutung: *Antrag (Offerte)*

2 Der Kunde unterschreibt das Bestellformular.

Rechtliche Bedeutung: *Annahme der Offerte*

Rechtliche Bedeutung der Phasen 1 und 2 zusammen:

Zustandekommen eines *KAUFVERTRAGS*
Bezeichnung: *VERPFLICHTUNGSGESCHÄFT* (II)

3 *Weiterleitung* der Bestellung zur Bearbeitung

Eine zusätzliche Auftragsbestätigung des Auftraggebers (Unternehmers) ist in diesem Fall ~~rechtlich von~~/ohne[1] Bedeutung.

Begründung: Der Kaufvertrag ist in diesem Falle unmittelbar zwischen dem *Kunden* und dem *Abschlussvertreter* zustande gekommen.

1 *Nichtzutreffendes streichen.*

Beachten Sie:
Der **Abschluss des Handelsvertreter- bzw. Agenturvertrags** zwischen dem Auftraggeber und dem HV stellt das **VERPFLICHTUNGSGESCHÄFT I** dar.

4 *Lieferung* und *Eigentums*übertragung an der Ware

5 *Zahlung* und *Eigentums*übertragung am Geld

Rechtliche Bedeutung der Phasen 4 und 5: Sie betreffen das

= *ERFÜLLUNGS* - oder *VERFÜGUNGSGESCHÄFT* (I)

6 *Provisions*-rechnung

7 *Zahlung* und *Eigentums*-übertragung am Geld

Phase 6 und 7 zusammen ergeben das

ERFÜLLUNGS- oder *VERFÜGUNGS*-*GESCHÄFT* (II)

Seite 156 ff.: Arbeitsaufträge und Fragen zur Stofferschließung (Fortsetzung)

2. **Arbeitsvorlage 2**

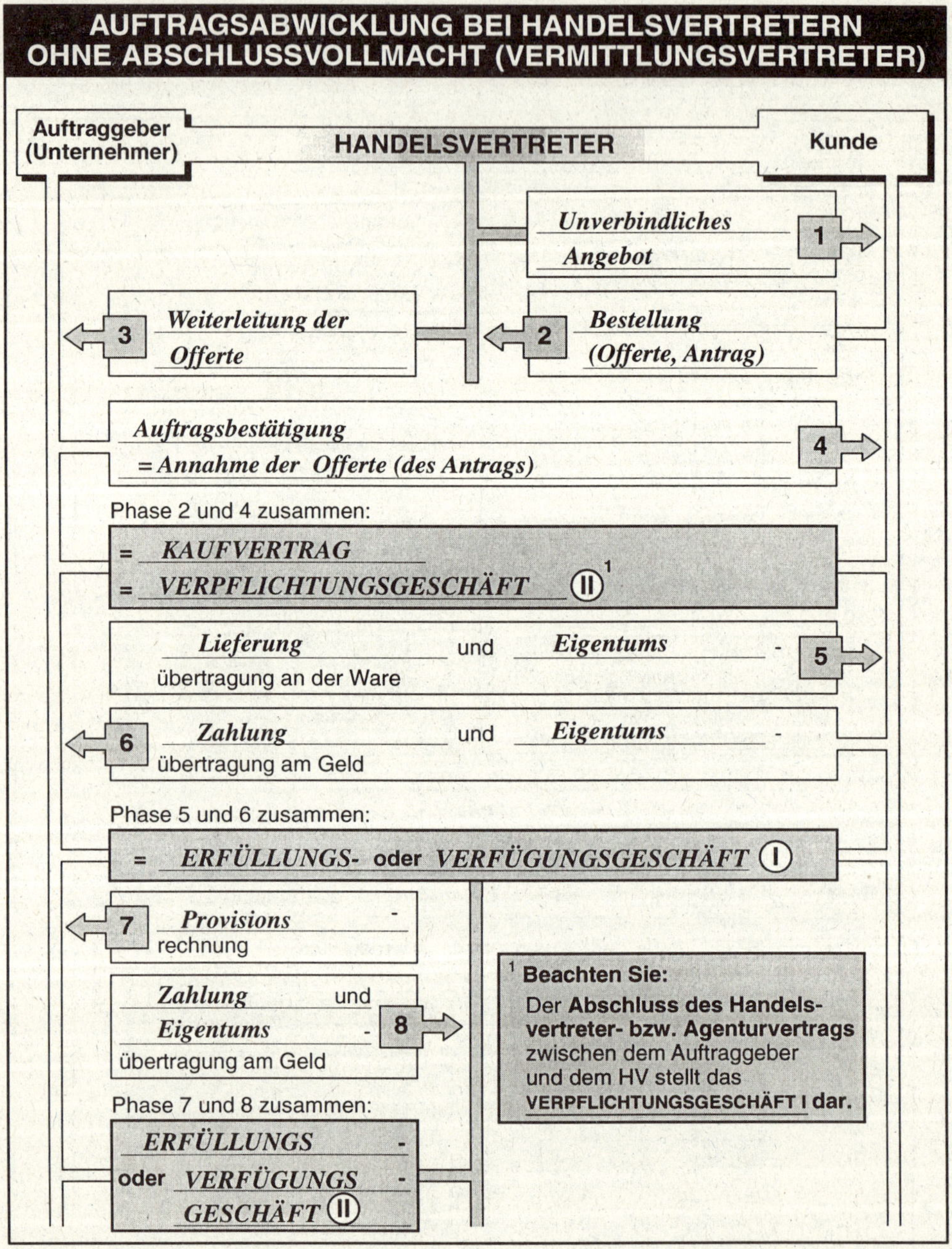

5.12 Handelsvertreter oder Handlungsreisende (Vergleich)
(Arbeitsbuch S. 159 ff.)

Seite 161: Arbeitsaufträge und Fragen zur Stofferschließung

1. **Handelsvertreter**:

Provision 11,5 % von 1.200.000,00 DM	=	138.000,00 DM
Aufwandsentschädigung		12.000,00 DM
Gesamtkosten		150.000,00 DM

Reisender:

Provision 4 % von 1.200.000,00 DM	=	48.000,00 DM
Personalkosten		120.000,00 DM
Gesamtkosten		168.000,00 DM

2. Berechnung des kritischen Umsatzes:

Kosten des Handelsvertreters = Kosten des Handlungsreisenden

$$\left.\begin{array}{l}12.000{,}00 \text{ DM fixe Kosten} +\\ \frac{11{,}5}{100} \text{ vom Umsatz}\end{array}\right\} = \left\{\begin{array}{l}120.000{,}00 \text{ DM fixe Kosten}\\ \frac{4}{100} \text{ vom Umsatz}\end{array}\right.$$

$$12.000 + 0{,}115\,U = 120.000 + 0{,}04\,U$$

$$U = 1.440.000{,}00 \text{ DM}$$

3. **Arbeitsvorlage 1**: Grafische Darstellung des Kostenvergleichs

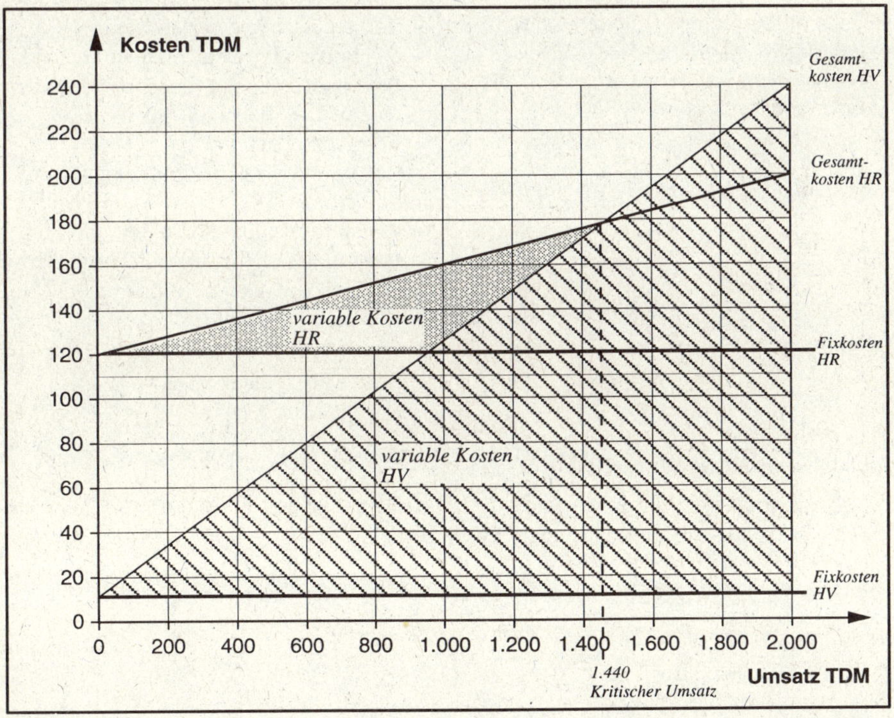

Seite 161: Arbeitsaufträge und Fragen zur Stofferschließung (Fortsetzung)

4. a) bis c): **Siehe Arbeitsvorlage 1**, vorhergehende Seite.

5. Handelsvertreter sind bei einem Umsatz unter 1.440.000,00 DM kostengünstiger; bei höheren Umsätzen verursachen Reisende weniger Kosten. Begründung: Der Fixkostenanteil an den Gesamtkosten ist bei Handelsvertretern wesentlich geringer als bei Handlungsreisenden, d. h., die Kosten für den Handelsvertreter haben weitgehend variablen, die Kosten für den Reisenden weitgehend fixen Charakter.

6. Wesensmerkmale von Handlungsreisenden (HR) und Handelsvertretern (HV):
   (1) HV – (2) HV – (3) HR – (4) HV – (5) HR – (6) HV – (7) HV – (8) HR – (9) HV – (10) HR – (11) HV – (12) HR – (13) HV – (14) HV – (15) HR – (16) HV – (17) HV – (18) HV – (19) HV – (20) HV – (21) HV – (22) HV – (23) HR

7. Übersicht:

Vergleich zwischen Handlungsreisendem und Handelsvertreter

Vorteile des Handlungsreisenden = Nachteile des Handelsvertreters	Vorteile des Handelsvertreters = Nachteile des Handlungsreisenden
– Ist nur für eine Firma tätig	– Keine hohen Einarbeitungskosten
– Ist leichter kontrollierbar	– Gute Marktkenntnisse
– Ist vielseitiger einsetzbar	– Keine Betriebsblindheit
– Keine Abfindungen bei Vertragsbeendigung	– Ist nicht weisungsgebunden
– Bessere Beratung der Kunden möglich	– Verursacht weniger Fortbildungskosten
– Liefert dem Unternehmer durch Reiseberichte wichtige Informationen über die Markt- und Konkurrenzverhältnisse	– Verursacht weniger Fixkosten
	– Geringere Kapitalkosten beim Einsatz
	– Breiteres Sortiment (bessere Verkaufschancen für die Produkte)
	– Vergütung nach Leistung
	– Übernimmt die Haftung für den Forderungseingang
	– Keine Kosten für Leerzeiten
	– Lohn- und Lohnnebenkosten entfallen
	– Umsatzintensiveres Arbeiten durch Komplementärgüter
	– Bessere Kundenkontakte durch umsatzintensive Artikel

Didaktisch-methodischer Hinweis

Bei Zeitknappheit genügt es, wenn die Schüler die jeweiligen Nummern der Arbeitsvorlage 2 in die oben stehende Übersicht eintragen.

Seite 161: Arbeitsaufträge und Fragen zur Stofferschließung (Fortsetzung)

8. **Arbeitsvorlage 3:** Einbeziehung qualitativer Kriterien in die Entscheidung

Entscheidungskriterien	Gewichtung	Handelsvertreter		Reisender	
		Punkte einzeln	Punkte gesamt	Punkte einzeln	Punkte gesamt
– Weisungsgebundenheit	10 %	1	10	3	30
– Eigeninteresse am Umsatz	40 %	3	120	1	40
– Marktübersicht	20 %	3	60	1	20
– Betreuung von Kunden	30 %	1	30	3	90
Summe	100 %	–	220	–	180

9. **„Weisungsgebundenheit"** der Reisenden: Sie resultiert aus der Tatsache, dass sie kaufmännische Angestellte im Außendienst sind; Handelsvertreter hingegen sind selbstständige Kaufleute nach § 1 HGB. Angestellte müssen den Weisungen des Prinzipals (Unternehmers) Folge leisten. Dementsprechend ist der Handlungsreisende vielseitiger und flexibler einsetzbar als der Handelsvertreter. Über die Arbeitszeit des Letzteren kann der Unternehmer grundsätzlich nicht verfügen.

   „Betreuung von Kunden": Der Handelsvertreter lebt in erster Linie von seiner Provision; der Reisende hingegen erhält ein Fixum, also ein festes Gehalt, das unabhängig von den erzielten Umsätzen ist. Der HV ist also darauf angewiesen, Verkaufserlöse zu erzielen. Der Reisende hingegen kann sich intensiv der Betreuung von Kunden widmen, weil er nur geringe Einkommenseinbußen befürchten muss.

10. Kritik an der Nutzwertanalyse
    - Quantifizierung von Sachverhalten, die an sich nicht quantifizierbar sind, weil sie qualitativen Charakter haben.
    - Vermittlung einer Scheingenauigkeit hinsichtlich des erzielten Ergebnisses.

11. Entscheidung für verstärkten Einsatz von Handelsvertretern. Begründung:

    Für den Einsatz von Handelsvertretern sprechen alle unter 7. angegebenen Vorteile des Handelsvertreters (rechte Spalte), außerdem die bei der Nutzwertanalyse erzielte höhere Punktzahl (220 Punkte).

    Gegen den Einsatz von Handelsvertretern sprechen alle unter 7. angegebenen Vorteile des Handlungsreisenden (linke Spalte), außerdem die in der Ausgangssituation erwähnte Tatsache, dass auch in Zukunft mit steigenden Umsätzen zu rechnen ist (höhere Gesamtkosten für den Handelsvertreter).

    Die Schüler können die Entscheidung sowohl in der einen Richtung (für den Einsatz von Handelsvertretern) als auch in der anderen Richtung (für den Einsatz von Handlungsreisenden) treffen. Wichtiger als die Entscheidung selbst ist eine überzeugende Entscheidungsbegründung.

5.13 **Das Kommissionsgeschäft** (Arbeitsbuch S. 162 ff.)

Seite 165: Arbeitsaufträge und Fragen zur Stofferschließung

1. Das Novomobil 2000 wird den Fahrradhändlern in Kommission überlassen.

2. a) Stauferland Fahrradwerke GmbH: Kommittent (Auftraggeber) – Fahrradhändler: Kommissionäre (Beauftragte)

   b) Die Fahrradhändler verpflichten sich ganz allgemein dazu, das neue Produkt in ihr Sortiment aufzunehmen und sich um den Absatz der Ware zu bemühen.

   c) Siehe § 3 des Kommissionsvertrags: Preiseinhaltungspflicht des Kommissionärs.

   d) Zahlung einer Provision bei Abschluss eines Kaufvertrags durch den Kommissionär.

   e) Eigentümer des Novomobils 2000 bleiben die Stauferland Fahrradwerke. Da kein Kauf vorliegt, besteht auch keine Verpflichtung zur Übertragung des Eigentums auf die Fahrradhändler. Sie werden nur unmittelbare Besitzer des Kommissionsguts (Leihvertrag).

   f) Der Käufer des Novomobils 2000 wird durch Einigung und Übergabe der Sache Eigentümer der Kaufsache. Obwohl der Verkaufskommissionär nicht Eigentümer des Kommissionsguts ist, darf er das Eigentum an der Ware auf Dritte (Kunden) übertragen.

   g) Die Kommissionäre (Fahrradhändler) haben das Recht zur Rückgabe der Kommissionsware an den Kommittenten.

   h) Das Verkaufsrisiko trägt der Kommittent (Auftraggeber).

3. a) Gesetzliche Regelung des Kommissionsgeschäfts im § 383 ff. HGB.

   b) Rechtsstellung des Kommissionärs:
   Selbstständiger Kaufmann nach § 1 HGB. Ein- oder Verkauf von Waren oder Wertpapieren – Handelt im eigenen Namen und auf fremde Rechnung.

   c) Einkaufs- und Verkaufskommissionäre – Waren- und Wertpapierkommissionäre.

   d) Pflichten des Kommissionärs: Sorgfaltspflicht eines ordentlichen Kaufmanns – Wahrung der Interessen des Kommittenten – Befolgung der Weisungen des Kommittenten – Benachrichtigung des Kommittenten bei Ausführung einer Kommission – Abrechnungspflicht.

   e) Delkrederehaftung des Kommissionärs nur insoweit, als sie von ihm ausdrücklich übernommen wurde (vgl. Kommissionsvertrag § 4!) oder am Ort seiner Niederlassung Handelsbrauch ist. Er kann dann Delkredereprovision (im Beispiel 2 %) verlangen (§ 394 HGB).

   f) Selbsteintrittsrecht des Kommissionärs, geregelt in § 400 HGB. Vergleichen Sie hierzu § 5 des Kommissionsvertrags. Es ist möglich bei Waren mit einem Markt- oder Börsenpreis. Der Fahrradhändler als Verkaufskommissionär kann das Novomobil 2000, das er verkaufen soll, selbst kaufen.

4. **Arbeitsvorlage 2:** Siehe folgende Seite.

5. a) bis c): Siehe Sachdarstellung.

6. Schülerindividuelle Lösungen. Gegenüberstellung der Positiv- und Negativaspekte des vorliegenden Vertrags.

4. **Arbeitsvorlage 2:** Der Ablauf einer Verkaufskommission, dargestellt am Beispiel der Einführung der Fahrradneuheit („Novomobil 2000") in den Markt

Stauferland Fahrradwerke GmbH
(Kommittent = Auftraggeber)

Fahrradhandlungen
(Kommissionäre = Beauftragte)

Kunden der Fahrradhandlungen
(Käufer des Novamobils 2000)

1 Verkaufsauftrag für das Novomobil 2000.
Rechtliche Bedeutung: *Antrag (Offerte)*

2 Annahme des Verkaufsauftrags. **Vorbehalt: Rückgaberecht** für die nichtverkauften Fahrräder.
Rechtliche Bedeutung: *Annahme des Antrages (der Offerte)*

1 und **2** zusammen ergeben das
VERPFLICHTUNGSGESCHÄFT II
= Abschluss eines *KOMMISSIONSVERTRAGS*

3 Lieferung von 5 Stück Novomobil 2000, d. h., die Kommissionsware wird dem Kommissionär *bereitgestellt.*
Rechtliche Bedeutung: Der Kommissionär wird *unmittelbarer* Besitzer, nicht aber *Eigentümer* der Kommissionsware.

8 Abrechnung für die verkauften Räder. Abzuführender Betrag = Verkaufserlös – *Provision* für den Kommissionär.

9 Die nichtverkauften Räder werden *zurückgegeben*.

3 – **8** und **9** zus. ergeben das
VERFÜGUNGS - oder *ERFÜLLUNGSGESCHÄFT II* (in Bezug auf den Kommissionsvertrag)

1, **2**, **3**, **8** und **9** zusammen ergeben das **Abwicklungsgeschäft.** Es bezieht sich auf das *Innen*verhältnis.

4 Ein Fahrradhändler bietet einem Kunden ein Novomobil 2000 zum Preis von 3.200,00 DM an.
Rechtliche Bedeutung: *Antrag (Offerte)*

5 Der Kunde unterschreibt einen Kaufvertrag.
Rechtliche Bedeutung: *Annahme des Antrages (der Offerte)*

4 und **5** zusammen ergeben das
VERPFLICHTUNGSGESCHÄFT II
= Abschluss eines *KAUFVERTRAGS*

6 Lieferung eines Fahrrads an den Kunden F. Klein.
Rechtliche Bedeutung: Der Kunde wird *Eigentümer* und *unmittelbarer* Besitzer des Fahrrads.

7 Zahlung des Kaufpreises von 3.200,00 DM.
Rechtliche Bedeutung: Der Kommissionär wird *Eigentümer* und *unmittelbarer* Besitzer des Geldes.

6 und **7** zusammen ergeben das
VERFÜGUNGS - oder *ERFÜLLUNGSGESCHÄFT I* (in Bezug auf den Kauf)

4, **5**, **6** und **7** zusammen ergeben das **Ausführungsgeschäft.** Es bezieht sich auf das *Außen*verhältnis.

Seite 165: Arbeitsaufträge und Fragen zur Stofferschließung (Fortsetzung)

7. Bedeutung des Kommissionsgeschäfts

Bedeutung für	Kommissionär	Kommittent
Vorteile: – in finanzieller Hinsicht	Er braucht die Ware nicht zu bezahlen, bessere Liquidität, weniger Bankkredite notwendig.	Einsparung von Lagerungskosten: Verminderung des Lagerrisikos (§ 390 HGB)
– absatzmäßig	Er kann den Kunden ein breiteres bzw. tieferes Sortiment anbieten, größere Verkaufserfolge möglich (Umsatzsteigerungen).	Umsatzsteigerung, weil die Ware dem Kunden gezeigt, vorgeführt und angeboten werden kann.
– in Bezug auf die Risikotragung	Das Absatzrisiko trägt der Auftraggeber. Der Kommissionär hat ein Rückgaberecht für die nicht verkaufte Ware.	Geringeres Absatzrisiko aufgrund der besonderen Orts- und Branchenkenntnisse des Kommissionärs (Kundennähe). Wichtig ist das vor allem im Außenhandel.
Nachteile	Die Umsatzprovision ist niedriger als der bei Bestellung auf eigene Rechnung erzielbare Gewinn.	Die in Kommission gegebene Ware bindet Kapital (Liquiditätsverschlechterung). Zahlung von Provision, evtl. auch Ersatz von Auslagen.

8. Vergleich der Absatzvermittler

Vergleichskriterien	Handlungsreisender	Handelsvertreter	Kommissionär
1. Gesetzliche Regelung	§§ 59 ff. HGB	§§ 84 ff. HGB	§§ 383 ff. HGB
2. Rechtsstellung	Kaufmännischer Angestellter (Bevollmächtigter)	Kaufmann nach § 1 HGB	(wie HV!)
3. Art der vertraglichen Regelung	Arbeits- oder Dienstvertrag	Agenturvertrag	Kommissionsvertrag
4. Tätigkeit	in fremdem Namen und für fremde Rechnung	wie HR!	im eigenen Namen und für fremde Rechnung
5. Vertretungsmacht	Vermittlungs- oder Abschlussvollmacht	wie HR!	Abschlussvollmacht
6. Dauer des Vertragsverhältnisses	ständig	ständig	ständig oder von Fall zu Fall
7. Vergütungsanspruch	Fixum + Umsatzprovision + Auslagenersatz (Spesen)	Umsatzprovision, evtl. Auslagenersatz, Delkredereprovision	wie HV!

Handlungsfeld 6: FINANZIERUNG

6.1 Ermittlung des Kapitalbedarfs (Arbeitsbuch S. 166 ff.)

Seite 168: Arbeitsaufträge und Fragen zur Stofferschließung

1. a) Anlässe der Kapitalbedarfsplanung: Durchführung von Investitionen bei Gründung oder Erweiterung eines Unternehmens oder zur Aufrechterhaltung der laufenden Betriebstätigkeit.
   b) Sicherstellung der Zahlungsfähigkeit (Liquidität) eines Unternehmens.
   c) Sie umschließt den Zeitraum vom Kapitaleinsatz (Material-, Maschinenkauf) über die Produktion und Lagerung bis zum Zeitpunkt des Zahlungseingangs.
   d) Kapitalbedarf für das Anlagevermögen
   + Kapitalbedarf für das Umlaufvermögen
   = Gesamtkapitalbedarf
   e) Siehe Sachdarstellung (1.).
2. a) Elemente: Siehe Sachdarstellung (2.).
   b) Siehe **Arbeitsvorlage 1. a).**
   c) Die Summe verdeutlicht die Ausgaben für die Herstellung der Betriebsbereitschaft.
3. a) Er resultiert aus der Durchführung des betrieblichen Leistungsprozesses.
   b) Siehe **Arbeitsvorlage 1. b).**
   c) Gründe: Unterschiedliche Kapitalbindungsdauer der einzelnen Gemeinkosten, außerdem sind die Gemeinkosten nach ausgabewirksamen und nicht ausgabewirksamen Elementen zu differenzieren.
   d) Siehe **Arbeitsvorlage 2.**
   e) Siehe **Arbeitsvorlage 1. b).**
   f) Siehe **Arbeitsvorlage 1. c).**

2./3. **Arbeitsvorlage 1:** Kapitalbedarfsrechnung der PlastiCont GmbH

a) Ermittlung des Kapitalbedarfs für das Anlagevermögen

Anschaffungswert Produktionshalle	*4.000,00*	TDM
Anschaffungswert Maschinen	*5.000,00*	TDM
Einführungswerbung	*600,00*	TDM
Betriebsorganisation	*100,00*	TDM
Eiserner Bestand. (12 t · 1.500,00 DM · 5 Tage)	*90,00*	TDM
Ausgaben für die Herstellung der Betriebsbereitschaft	*9.790,00*	TDM

b) Ermittlung des Kapitalbedarfs für das Umlaufvermögen

Fertigungsmaterial für *41* Tage/*12* t zu je *1.500* DM	*738,00*	TDM
+ Materialgemeinkosten *80* % vom FM: = *590,40* TDM, davon ausgabewirksam *50* %[1]	*295,20*	TDM
Materialkosten für *41* Tage:	*1.033,20*	TDM
Fertigungslöhne für *38* Tage/*8* TDM je Tag	*304,00*	TDM
+ Fertigungsgemeinkosten *200*%, davon ausgabewirksam *50* %[1]	*304,00*	TDM
ausgabewirksame Fertigungskosten für *38* Tage	*608,00*	TDM
ausgabewirksame Herstellkosten	*1.641,20*	TDM
+ Verwaltungs- und Vertriebsgemeinkosten *40* % der ausgabewirksamen Herstellkosten	*656,48*	TDM
Ausgaben für die Durchführung des betrieblichen Leistungsprozesses	*2.297,68*	TDM

c) Ermittlung des Gesamtkapitalbedarfs

Kapitalbedarf für das ......*Anlage*.......vermögen	......*9.790,00*.	TDM
+ Kapitalbedarf für das ...*Umlauf*...... vermögen	......*2.297,68*.	TDM
Gesamtkapitalbedarf	.....*12.087,68*.	TDM

1 Nicht alle in die Kalkulation einbezogenen Kosten sind ausgabewirksam, so z. B. die kalkulatorischen Kosten (kalkulatorischer Unternehmerlohn, kalkulatorische Miete, kalkulatorische Abschreibungen, kalkulatorische Wagnisse).

3. d) **Arbeitsvorlage 2:** Ermittlung der Kapitalbindungsdauer für das Umlaufvermögen

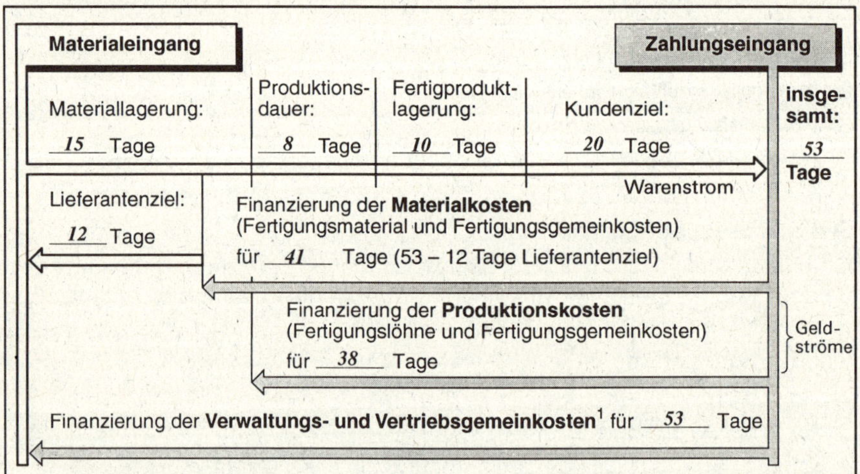

1 Die **Vertriebsgemeinkosten** werden hinsichtlich der Kapitalbindungszeit den Verwaltungsgemeinkosten gleichgestellt. Genau genommen, müsste für die Vertriebsgemeinkosten eine Kapitalbindungsdauer von lediglich 20 Tagen (Kundenziel) angesetzt werden. Jedoch ist eine klare Trennung zwischen beiden Gemeinkostenarten praktisch kaum durchführbar. Auf diese Weise werden gewisse Finanzierungsreserven („Puffer") angelegt.

4. Siehe Sachdarstellung (4.).

6.2 Die statische Investitionsrechnung (Arbeitsbuch S. 169 ff.)

Seite 173: Arbeitsaufträge und Fragen zur Stofferschließung

1. a) Es handelt sich um Vergleichsrechnungen, z. B. werden die Gesamtkosten einer Altanlage mit denjenigen einer Neuanlage verglichen.
   b) Vergleiche ohne Berücksichtigung des Zeitfaktors, also ohne Beachtung von Datenveränderungen, z. B. von Faktorpreisänderungen.
   c) Als Vergleichskriterien fungieren die Kosten, der Gewinn, die Rentabilität oder die Rückflussgeschwindigkeit von Abschreibungen und Gewinnen.

Seite 173: Arbeitsaufträge und Fragen zu Stofferschließung (Fortsetzung)

d) Für statische Investitionsrechnungen gilt die Prämisse gleich bleibender Kosten, Erträge, Gewinne, Abschreibungen u. a.

e) Siehe Sachdarstellung (3.).

f) Siehe Sachdarstellung (3.).

g) Einfache Anwendbarkeit und schnelle Durchführbarkeit.

h) Anwendung der statischen Investitionsrechnungen in Klein- und Mittelbetrieben, insbesondere bei unsicherem Datenmaterial.

i) Dynamische Elemente, z. B. Änderungen der Kosten, Erträge, der Rentabilität, der Abschreibungen u. a. bleiben außer Ansatz.

2. a) Neuanlagen weisen gewöhnlich einen höheren Automatisierungsgrad auf. Deshalb sind die Fixkosten bei Neuanlagen in der Regel höher und die variablen Stückkosten niedriger.

b) Siehe **Arbeitsvorlage 1**: Wertetafel (nächste Seite).

c) Siehe **Arbeitsvorlage 1**, grafische Darstellung (nächste Seite).

da) Siehe **Arbeitsvorlage 1**, grafische Darstellung (nächste Seite).

db) Rechnische Ermittlung der kritischen Menge:

Kosten der Altanlage	=	Kosten der Neuanlage
50 000 + 10 x	=	75 000 + 7,5 x
2,5 x	=	25 000
x	=	10 000 Stück

ea) Die Gesamtkosten der neuen Anlage sind um 2.000,00 DM (158.000 – 156.000) geringer als die der alten Anlage.

eb) Je höher der Beschäftigungsstand, desto geringer sind die Gesamtkosten des neuen Verfahrens im Vergleich zur alten Anlage, desto höher ist auch der mit der neuen Anlage zu erzielende Gewinn. An der Kapazitätsgrenze der neuen Anlage (15 000 Stück) wird ein maximaler Gewinn erzielt, d. h., der Unterschied zwischen Erträgen und Kosten ist bei diesem Beschäftigungsgrad am größten.

f) Entscheidung für die Altanlage. Begründung:
- Die Gesamtkosten der Neuanlage liegen mit 156.000,00 DM nur um 2.000,00 DM unter denen der Altanlage.
- Die Altanlage ist voll abgeschrieben. Sofern sie noch funktionsfähig ist, entfallen in der nächsten Periode die Abschreibungen (25.000,00 DM), sodass die Gesamtkosten der Altanlage unter sonst gleichen Voraussetzungen im nächsten Jahr um 23.000,00 DM niedriger sind als die der Neuanlage.
- Eine Neuinvestition kommt nur dann in Betracht, wenn die Altanlage in der nächsten Periode nicht mehr funktionsfähig ist, also verschrottet werden muss.

3. a) Die Gewinnvergleichsrechnung bezieht nicht nur die Kosten, sondern auch die Erträge in ihre Berechnungen mit ein.

b) Erträge (Umsatzerlöse) – Gesamtkosten (fixe und variable) = Gewinn.

Fortsetzung Seite 121

Seite 173: Arbeitsaufträge und Fragen zu Stofferschließung (Fortsetzung)

2. **Arbeitsvorlage 1:** Kostenvergleichsrechnung

a) Wertetafel

Investitionsobjekte	Fixkosten in DM	Variable Stückkosten in DM	Variable Gesamtkosten für 10.800 St.	Gesamtkosten in DM
Alte Anlage	50.000,00	10,00	108.000,00	158.000,00
Neue Anlage	75.000,00	7,50	81.000,00	156.000,00

b) Grafische Darstellung

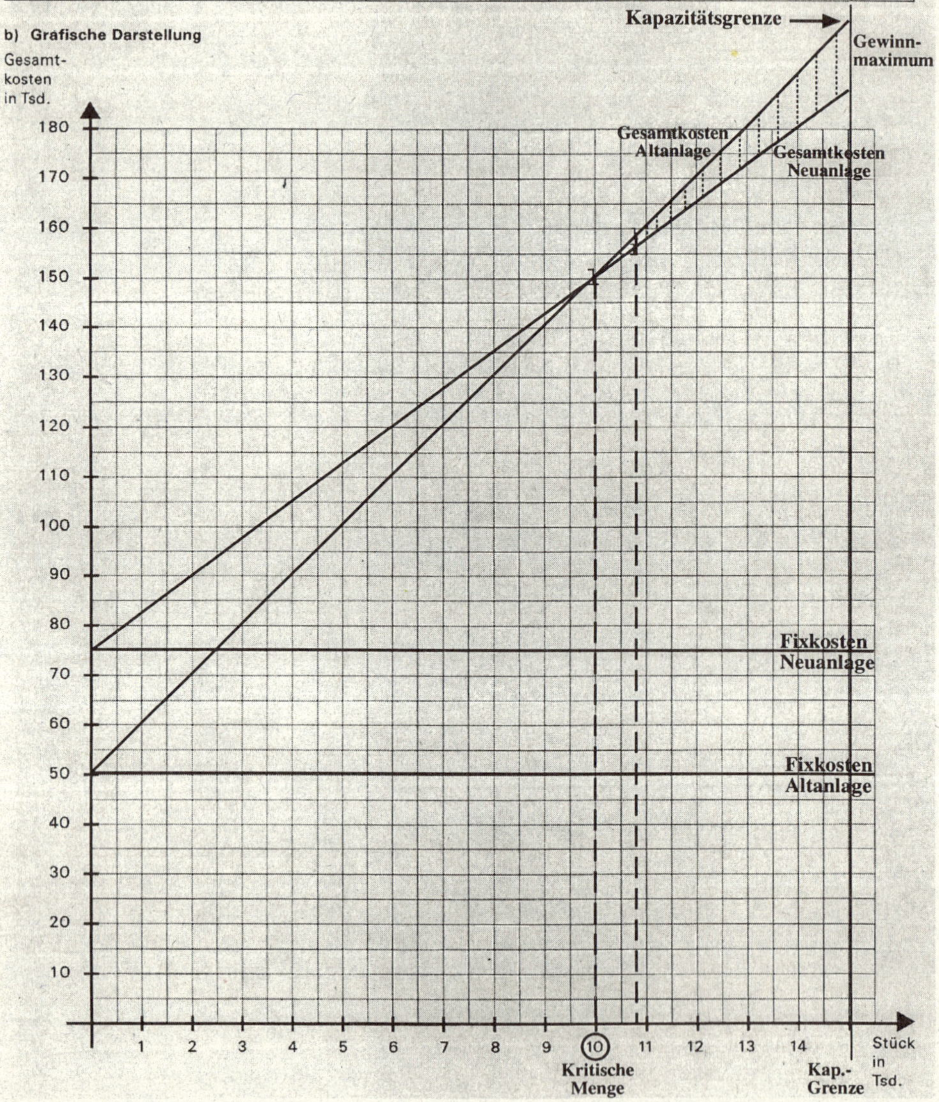

3. c) Ermittlung des erwirtschafteten Gewinns bei einem Beschäftigungsgrad von 10 800 Stück

Anlage I (Altanlage):

Verkaufspreis für 10 800 Stück zu je 16,00 DM		172.800,00 DM
– Fixkosten	50.000,00 DM	
– variable Kosten (10 800 Stück · 10,00 DM)	108.000,00 DM	158.000,00 DM
Gewinn		14.800,00 DM

Anlage II (Neuanlage):

Verkaufspreis für 10 800 Stück zu je 16,00 DM		172.800,00 DM
– Fixkosten	75.000,00 DM	
– variable Kosten (10 800 Stück · 7,50 DM)	81.000,00 DM	156.000,00 DM
Gewinn		16.800,00 DM

d) Ermittlung des erwirtschafteten Gewinns bei Vollauslastung der beiden Anlagen

Anlage I (Altanlage):

Verkaufspreis für 12 000 Stück zu je 16,00 DM		192.000,00 DM
– Fixkosten	50.000,00 DM	
– variable Kosten (12 000 Stück · 10,00 DM)	120.000,00 DM	170.000,00 DM
Gewinn bei Vollauslastung der Kapazität		22.000,00 DM

Anlage II (Neuanlage):

Verkaufserlöse für 15 000 Stück zu je 16,00 DM		240.000,00 DM
– Fixkosten	75.000,00 DM	
– variable Kosten (15 000 Stück · 7,50 DM)	112.500,00 DM	187.500,00 DM
Gewinn bei Vollauslastung der Kapazität		52.500,00 DM

e) Ist die Altanlage in der nächsten Periode noch voll funktionsfähig, dann erhöht sich der ausgewiesene Gewinn (14.800,00 DM) um den in den Fixkosten enthaltenen Abschreibungsbetrag (25.000,00 DM), sodass unter sonst gleichen Voraussetzungen ein Gewinn von 39.800,00 DM (14.800,00 + 25.000,00) zu erwarten ist. Dieser Gewinn liegt um 23.000,00 DM über dem einer Neuanlage.

4. a) Komponenten der Rentabilitätsvergleichsrechnung: Kosten, Erträge (Gewinn), durchschnittlicher Kapitaleinsatz.

b) Sie ermittelt die jährliche durchschnittliche Verzinsung des im Produktionsprozess eingesetzten Kapitals alternativer Anlagen.

c) Formel: $R = G \cdot 100 : K$.

d) K entspricht dem halben Anschaffungswert beim abnutzbaren Anlagevermögen. Begründung: Man muss vom durchschnittlichen Kapitaleinsatz ausgehen. Über die gesamte Nutzungsdauer betrachtetet ist das in einem Anlagegut investierte Kapital nur zur Hälfte gebunden, da es sich am Ende der Nutzungsdauer durch die über die Verkaufserlöse eingehenden Abschreibungen und Gewinne amortisiert hat.

e) **Anlage I:** Gewinn 14.800,00 DM

Eingesetzes Kapital: 300.000,00 : 2 = 150.000,00 DM
Rentabilität (I) in % = 14.800,00 · 100 : 150.000,00 = 9,7 %

Anlage II: Gewinn 16.800,00 DM

Eingesetzes Kapital: 400.000,00 : 2 = 200.000,00 DM
Rentabilität (II) = 16.800,00 · 100 : 200.000,00 = 8,4 %

f) Entscheidung für die Altanlage, denn die Rentabilität ist um 1,27 % höher als die der Neuanlage.

5. a) Ermittelt wird die Wiedergewinnungs- oder Amortisationszeit des eingesetzten Kapitals.

b) Kapitalrückfluss-, Pay-back- oder Pay-off-Methode.

c) Ziel dieser Berechnungen ist die Abschätzung des Investitionsrisikos. Je kürzer die Wiedergewinnungszeit ist, desto geringer ist im Allgemeinen das mit der Kapitalanlage verbundene Risiko.

d) t_W = Kapitaleinsatz: durchschnittl. Rückfluss (Gewinn und Abschreibungen)

e) Siehe **Arbeitsvorlage 2**

Komponenten der Amortisationsmethode	**Altanlage (DM)**	**Neuanlage (DM)**
Anschaffungswert	*300.000,00*	*400.000,00*
Restwert	*25.000,00*	————
Kapitaleinsatz	*275.000,00*	*400.000,00*
Durchschnittlicher Rückfluss: • Abschreibungen (linear) • Gewinn (siehe Gewinnvergleichsrechnung)	 *27.500,00* *14.800,00*	 *40.000,00* *16.800,00*

f) t_{WI} = (300.000,00 – 25.000,00) : (27.500,00 + 14.800,00) = 6,5 Jahre

t_{WII} = 400.000,00 : (40.000,00 + 16.800,00) = 7,042 Jahre

g) Die Altanlage hat eine um rund ein halbes Jahr geringere Wiedergewinnungszeit und ist demzufolge mit einem geringeren Risiko behaftet als die Neuanlage.

6.3 **Selbstfinanzierung** (Arbeitsbuch S. 174 ff.)

Seite 177: Arbeitsaufträge und Fragen zur Stofferschließung

1. **Arbeitsvorlage 1:** Offene Selbstfinanzierung bei Einzelunternehmen

a) Ermittlung des neuen Kapitals (Schlussbestand im Kapitalkonto)

Aufwendungen	*GuV-Konto*		*Erträge*
Aufwand	*70.000,00*	*Ertrag*	*100.000,00*
Gewinn	*30.000,00*		
	100.000,00		*100.000,00*

S	*Eigenkapital*		*H*
Priv.-Entn.	*10.000,00*	*AB*	*150.000,00*
SB	*170.000,00*	*G+V*	*30.000,00*
	180.000,00		*180.000,00*

b) Ermittlung des Kapitalzuwachses
Formeln:

Kapitalzuwachs	=	*Kapital-SB*	–	*Kapital-AB*
20.000,00 DM	=	*170.000,00 DM*	–	*150.000,00 DM*

oder

Kapitalzuwachs	=	*Gewinn*	–	*Privatentnahmen*
20.000,00 DM	=	*30.000,00 DM*	–	*10.000,00 DM*

Bezeichnung: *SELBSTFINANZIERUNG*

c) **Kennzeichen** der Selbstfinanzierung

- **Begriff:** Die Gewinne (abzüglich Privatentnahmen) bleiben im Unternehmen; sie werden nicht ausgeschüttet und erhöhen deshalb das Eigenkapital.
- **Wirkung auf die Eigenkapitalbasis:** Nicht ausgeschüttete Gewinne vergrößern die Kapitalbasis des Unternehmens. Folge: Wachstum des Unternehmens.
- **Einordnung als Finanzierungsart:** Die Selbstfinanzierung gehört zur Innen- bzw. Eigenfinanzierung. Innenfinanzierung liegt deshalb vor, weil die Finanzierungsmittel aus dem Unternehmen selbst kommen und nicht von außen. Eigenfinanzierung liegt vor, weil es sich um zusätzliches Eigenkapital, nicht um Fremdkapital handelt.

2. a) und b): **Arbeitsvorlage 2:** Offene Selbstfinanzierung in der offenen Handelsgesellschaft (OHG)

Gesellschafter	A	B	Summe
Kapitalanteile	500.000,00 DM	800.000,00 DM	1.300.000,00 DM
Kapitalverzinsung: *4* %	*20.000,00* DM	*32.000,00* DM	*52.000,00* DM
Restgewinn nach *Köpfen*	*49.000,00* DM	*49.000,00* DM	*98.000,00* DM
Gesamtgewinn-anteil	*69.000,00* DM	*81.000,00* DM	*150.000,00* DM
Privatentnahmen	25.000,00 DM	40.000,00 DM	65.000,00 DM
Kapital*zuwachs*	*44.000,00* DM	*41.000,00* DM	*85.000,00* DM
Kapital *-SB*	*544.000,00* DM	*841.000,00* DM	*1.385.000,00* DM

Bezeichnung: *SELBSTFINANZIERUNG*

Seite 177: Arbeitsaufträge und Fragen zur Stofferschließung (Fortsetzung)

3. a) **Arbeitsvorlage 3:** Offene Selbstfinanzierung bei der Kommanditgesellschaft (KG)

Gesellschafter	A (Komplementär)	B (Kommanditist)	Summe
Kapitalanteile	1.000.000,00 DM	600.000,00 DM	1.600.000,00 DM
Kapitalverzinsung: 4 %	40.000,00 DM	24.000,00 DM	64.000,00 DM
Restgewinn: 5 : 1	30.000,00 DM	6.000,00 DM	36.000,00 DM
Privatentnahmen	16.000,00 DM	DM	16.000,00 DM
Kapital zuwachs	54.000,00 DM	— DM	54.000,00 DM
Kapital -SB	1.054.000,00 DM	600.000,00 DM	1.654.000,00 DM

Bezeichnung: **SELBSTFINANZIERUNG**

b) Soweit der Gewinnanteil des Kommanditisten noch nicht ausbezahlt wurde, stellt er buchhalterisch eine „Sonstige Verbindlichkeit" der Kommanditgesellschaft dar.

c) Selbstfinanzierung bei der Kommanditgesellschaft ist identisch mit dem Kapitalzuwachs auf den Kapitalkonten der Komplementäre.

4. a) und b) **Arbeitsvorlage 4:** Offene Selbstfinanzierung bei der Aktiengesellschaft (AG)

Vorläufiger Jahresüberschuss		31,00 DM
– Vorstandstantieme	– 0,6 DM	
– Aufsichtsratstantieme	– 0,4 DM	– 1,00 DM
Jahresüberschuss		30,00 DM
– Einstellung in die gesetzliche Rücklage gemäß AktG § 150: 5 % vom Jahresüberschuss, so lange bis 10 % des Grundkapitals erreicht sind		– 1,50 DM
Zwischensumme (Jahresüberschuss ohne gesetzliche Rücklage)		28,50 DM
– Einstellung in die freie Rücklage: 50 %		– 14,25 DM
Bilanzgewinn		14,25 DM
– Dividende: 9 % von 150 Mio. DM Grundkapital		– 13,50 DM
Gewinnvortrag		0,75 DM

Bezeichnung: **SELBSTFINANZIERUNG**

5. a) und b) Siehe **Arbeitsvorlage 6**, Rubrik „Offene Selbstfinanzierung".

6. **Arbeitsvorlage 5:** Ausgewiesene und tatsächliche Bilanzwerte

Ausgewiesene Bilanzwerte

Aktiva	Bilanz 1	Passiva
Vermögen 10 Mio. DM		Eigenkapital 6 Mio. DM
		Fremdkapital 4 Mio. DM
10 Mio. DM		10 Mio. DM

Tatsächliche Bilanzwerte

Aktiva	Bilanz 2	Passiva
Vermögen 12 Mio. DM		Eigenkapital 8 Mio. DM
		Fremdkapital 4 Mio. DM
12 Mio. DM		12 Mio. DM

Aktiva	Bilanz 3	Passiva
Vermögen 10 Mio. DM		Eigenkapital 7 Mio. DM
		Fremdkapital 3 Mio. DM
10 Mio. DM		10 Mio. DM

Bilanz 1 → Bilanz 2: BILANZ VERLÄNGERUNG

Bilanz 2 → Bilanz 3: BILANZ VERKÜRZUNG

Bilanz 2: 2 Millionen nicht ausgewiesenes Vermögen, entstanden durch Unterbewertung des Vermögens durch überhöhte Abschreibungen. Folge: stille Reserven in Höhe von 2 Millionen. Bei Auflösung derselben steigt das Vermögen von 10 auf 12 Mio. DM, zugleich erhöht sich das Eigenkapital von 6 auf 8 Mio. DM. Insgesamt ergibt sich eine Bilanzverlängerung von 10 auf 12 Mio. DM Bilanzsumme.

Bilanz 3: 1 Million zu hoch angesetztes Fremdkapital (3 statt ursprünglich 4 Mio. DM). Folge: stille Reserven in Höhe von 1 Mio. DM. Bei Auflösung derselben steigt das Eigenkapital von 6 auf 7 Mio. DM an. Die Bilanzsumme gegenüber Bilanz 1 ändert sich nicht. Gegenüber Bilanz 2 ergibt sich eine Bilanzverkürzung von 12 auf 10 Mio. DM.

7. **Arbeitsvorlage 6:** Siehe nächste Seite.
8. **Arbeitsvorlage 7:** Die Bedeutung der Selbstfinanzierung

Vorteile

1 Kostenbelastung

Es entstehen bei dieser Finanzierungsform keine ......Finanzierungs....... kosten, z. B. Kreditkosten (Zinsen, Bankprovisionen, Bankgebühren).

2 Finanzierung

Keine ...Kapital.... abflüsse, z. B. durch Zahlung von Dividenden.
Mehr Sicherheit für die Gläubiger durch zusätzliches ..Eigenkapital.......

3 Liquidität

Sie ....erhöht......... sich, und zwar ohne zusätzliche Einlagen der Gesellschafter.

4 Unternehmenspolitik

Die Kreditwürdigkeit gegenüber Banken und Lieferanten ....erhöht.......... sich.

Nachteile

1 Investitionen

Gefahr von ......Fehl........ investitionen, denn es wird wegen der fehlenden finanziellen Belastungen möglicherweise nicht so scharf kalkuliert.

2 Bilanz

Sie hat (welche?) ....geringe........ Aussagekraft, weil in den einzelnen Bilanzposten stille Reserven enthalten sind. Die in der Bilanz ausgewiesenen Werte entsprechen nicht den (welchen?) ...tat-...... ...sächlichen.... Werten.

3 Unternehmenspolitik

Vertuschung von Fehlern möglich durch ..Auf-...- .....lösung...... von stillen Reserven.

4 Auswirkungen auf den Verbraucher

Voraussetzung für die Selbstfinanzierung sind hohe ...Gewinne....; sie resultieren aus hohen ..Ver-....- ...kaufs.... erlösen, die über die Preise von den Verbrauchern bezahlt werden.

Seite 177: Arbeitsaufträge und Fragen zur Stofferschließung (Fortsetzung)

7. Arbeitsvorlage 6

Formen der Selbstfinanzierung

Offene Selbstfinanzierung

Sie betrifft **Gewinne**, ...

die in der GuV-Rechnung **offen** als solche **ausgewiesen** werden;

die **nicht ausgeschüttet** werden und somit das Eigenkapital erhöhen.

Alternative 1: ..... *Unter* ..... bewertung des Vermögens (Aktiva)

Ursache dafür: überhöhte bilanzmäßige ... *Abschreibungen* .... auf das Anlagevermögen

Auswirkungen auf das GuV-Konto: Auf der Sollseite ist der .... *Aufwand* .... überhöht.
Folge: Der ausgewiesene Gewinn wird ... *gedrückt (vermindert)* . .
Die Differenz zwischen dem ausgewiesenen (niedrigen) und dem tatsächlich erzielten (höheren) Gewinn stellt eine .... *stille Reserve* .... dar.

Offenlegung stiller Reserven im Anlagevermögen bei (welchem Vorgang?) ... *Veräußerung* .... der unterbewerteten Vermögensgegenstände. Der **Veräußerungserlös** ist dann ~~kleiner*~~/größer* als der **Buchwert.**

* Nichtzutreffendes streichen!

Stille Selbstfinanzierung

Sie betrifft **Gewinne**, ...

– die in der GuV-Rechnung **nicht offen** als solche **ausgewiesen** werden;

– die **versteckt** in einzelnen **Bilanzposten enthalten** sind.

Alternative 2: .... *Über* .... bewertung der Schulden (Passiva)

Ursache dafür: zu hoch angesetzte ungewisse Schulden (= Rückstellungen, z. B. solche für .. *Steuernachzahlungen* ....)

Auswirkungen auf das GuV-Konto: wie nebenstehend. Beweis hierfür ist die Buchung bei der Bildung von Rückstellungen: .... *Aufwands* .... konto an .. *Rückstellungen* ....

Offenlegung stiller Reserven im Fremdkapital bei (welchem Vorgang?) .... *Auflösung* .... der gebildeten Rückstellungen.
Beispiel: Die für eine erwartete Gewerbesteuernachzahlung gebildete Rückstellung in Höhe von 12.000,00 DM erweist sich als zu hoch, weil tatsächlich nur 8.000,00 DM nachgezahlt werden müssen.

6.4 **Beteiligungsfinanzierung** (Arbeitsbuch S. 178 ff.)

Seite 182: Arbeitsaufträge und Fragen zur Stofferschließung

1. a) Siehe Sachdarstellung (1., erster Abschnitt).
   b) Siehe Sachdarstellung (1., zweiter Abschnitt).
   c) Siehe Sachdarstellung (1., dritter Abschnitt).
   da) Vorteile der Beteiligungsfinanzierung (Finanzierung durch Eigenkapital):
   - Das Eigenkapital steht dem Unternehmen in der Regel für unbegrenzte Zeit zur Verfügung.
   - Im Gegensatz zu der Fremdkapitalverzinsung bestehen bei der Beteiligungsfinanzierung keine Rückzahlungsverpflichtungen für Zins und Tilgung, auch gibt es keine Rückzahlungsfristen und -termine.
   - Weil weder Zinsen noch Tilgungsraten fällig werden, wird die Liquidität des Unternehmens nicht belastet.
   - Die durch Beteiligungsfinanzierung bewirkte verbesserte Ausstattung des Unternehmens mit Eigenkapital erhöht seine Kreditwürdigkeit, verbessert also die Möglichkeiten der Fremdfinanzierung.

   db) Hauptnachteile der Beteiligungsfinanzierung
   - Der Kapitalgeber erwirbt bei der Eigenfinanzierung einen Anspruch auf Kapitalverzinsung. Es müssen also an die Kapitalgeber Gewinne ausgeschüttet werden.
   - Bei der Aufnahme neuer Gesellschafter muss der erzielte Gewinn auf mehrere Personen verteilt werden.
   - Die Kapitalgeber beanspruchen oftmals Mitsprache- und Mitbestimmungsrechte in Bezug auf die Geschäftsführung und Vertretung. Durch die Aufnahme neuer Gesellschafter können die Rechte der bisherigen Gesellschafter beeinträchtigt werden.
   - Bei der Kapitalbeschaffung durch Beteiligungsfinanzierung können Notariatskosten (z. B. bei der Einbringung von Grundstücken und Gebäuden), des Weiteren Druck- und Emissionskosten für Aktien entstehen.

2. Analyse der einzelnen Beteiligungsangebote.

   Alternative (1):

   (a) Rechtsform: Einzelunternehmen.

   (b) Beteiligung als stiller Gesellschafter möglich.

   (c) Allgemeine Vorteile der Beteiligung an einer Einzelunternehmung: Anspruch auf Gewinnbeteiligung (Verzinsung des eingesetzten Kapitals) – einmaliges Kontrollrecht (Nachprüfung der Bilanz mithilfe der Geschäftspapiere) – keine unmittelbare Haftung des stillen Gesellschafters für die Verbindlichkeiten des Unternehmens.

   (d) Nachteile der Beteiligung an einer Einzelunternehmung: Keine Geschäftsführungs- und Vertretungsbefugnisse des stillen Gesellschafters – kein Widerspruchsrecht des Stillen bei außergewöhnlichen Geschäften – die Einlage des stillen Gesellschafters geht in das Vermögen des Einzelunternehmers über – Haftung für Verluste bis zur Höhe der Einlage.

   (e) Eine stille Beteiligung ist für Karl Köpf nicht besonders empfehlenswert. Begründung: Er kann in dieser Rechtsform des Unternehmens seine unternehmerischen Fähigkeiten nicht ins Spiel bringen. Als Kapitalgeber hat er keinerlei Möglichkeiten,

Einfluss auf die Geschäftsführung und Vertretung des Unternehmens zu nehmen. Es besteht die Gefahr, dass seine Einlage bei unsolider Geschäftsführung verloren geht.

Abgesehen davon wäre eine solche Beteiligung nur dann ratsam, wenn die Verlustbeteiligung vertraglich ausgeschlossen wird und wenn die bestehenden Gewinnaussichten besser sind als die auf dem Kapitalmarkt zu erzielenden Renditen.

Alternative (2):

(a) Rechtsform: offene Handelsgesellschaft (OHG).

(b) Beteiligung nur als Vollhafter möglich.

(c) Allgemeine Vorteile: Geschäftsführungs- und Vertretungsbefugnis der einzelnen OHG-Gesellschafter. Karl Köpf könnte seine Unternehmereigenschaften zum Einsatz bringen. Gewinnanspruch und Anspruch auf Privatentnahmen (bis zu 4 % des eingesetzten Kapitals).

(d) Hauptnachteile: unbeschränkte, unmittelbare und solidarische Haftung, Haftung mit dem ganzen Privatvermögen.

(e) Die Beteiligung an einer OHG erfordert großes Vertrauen zu den bisherigen Gesellschaftern. Als branchenfremder Einsteiger und als Unternehmerneuling würde Karl Köpf bei einer OHG-Beteiligung ein großes Risiko eingehen. Deshalb ist eine solche Beteiligung für ihn nicht ratsam.

Alternative (3):

(a) Rechtsform: Kommanditgesellschaft (KG).

(b) Beteiligung als Vollhafter (Komplementär) oder als Teilhafter (Kommanditist) möglich. In Bezug auf die Beteiligung als Vollhafter gilt das bei Alternative (2) Gesagte.

(c) Allgemeine Vorteile einer Kommanditbeteiligung: Anspruch auf Gewinnbeteiligung – keine unmittelbare Haftung gegenüber den Gesellschaftsgläubigern – Haftung bei Verlusten nur bis zur Höhe der Einlage.

(d) Hauptnachteile: Keine Geschäftsführungs- und Vertretungsbefugnis der Kommanditisten, lediglich Widerspruchsrecht bei außergewöhnlichen Geschäften.

(e) Als Kommanditist könnte Karl Köpf keinen Einfluss auf die Geschäftsführung nehmen. Er würde als bloßer Kapitalgeber fungieren. Das widerspräche vermutlich seinen Intentionen.

Alternative (4):

(a) Rechtsform: Gesellschaft mit beschränkter Haftung (GmbH).

(b) Beteiligung als Geschäftsführer möglich.

(c) Allgemeine Vorteile einer solchen Beteiligung: Beschränkte Haftung, trotzdem Einfluss auf Geschäftsführung und Vertretung des Unternehmens.

(d) Hauptnachteile: Verpflichtung der GmbH-Gesellschafter zu beschränkten oder unbeschränkten Nachschusszahlungen möglich – Aufteilung der Geschäftsführungs- und Vertretungsbefugnis unter mehreren Personen.

Seite 182: Arbeitsaufträge und Fragen zur Stofferschließung (Fortsetzung)

(e) Als GmbH-Gesellschafter (Geschäftsführer) könnte Karl Köpf seine unternehmerischen Talente in die Gesellschaft einbringen. Er müsste genaue Erkundigungen über die Firma Metallveredelung Thomas Schweizer GmbH einholen und sich die Bilanzen der vergangenen Geschäftsjahre vorlegen lassen.

3. Schülerindividuelle Entscheidungen. Je nachdem, ob Karl Köpf sich aktiv oder nur passiv an einem der vier Unternehmen beteiligen will, ist entweder die Stellung eines GmbH-Gesellschafters oder die eines Kommanditisten anzustreben.

   Persönlich stellt sich für ihn die Frage, ob er seine bisherige Position als unselbstständig Beschäftigter aufgeben und sich in vollem Umfang als Unternehmer betätigen soll oder ob er sich mit einer stillen Beteiligung begnügen und seine bisherige Position als Einkaufssachbearbeiter beibehalten soll.

4. a) Beteiligung an einer AG durch Kauf von Aktien. Kaufauftrag für Aktien an eine Bank, die ihn an die Wertpapierbörse weiterleitet.

   ba) Rechtliche Voraussetzung: Erzielung einer Dreiviertelmehrheit in der Hauptversammlung, da es sich um eine Satzungsänderung handelt.

   bb) bis be): siehe Sachdarstellung (2 g).

   ca) bis cd): siehe Sachdarstellung (2 g, Schlussteil).

5. **Arbeitsvorlage e:** siehe nächste Seite.

6.5 Finanzierung aus Abschreibungen (Arbeitsbuch S. 183 ff.)

Seite 186: Arbeitsaufträge und Fragen zur Stofferschließung

1. Siehe **Arbeitsvorlage 1** (übernächste Seite).

2. Würden bei einem Abschreibungsprozentsatz von 20 % die Abschreibungsrückflüsse 5 Jahre lang angesammelt, dann könnten die abgenutzten 10 Maschinen durch eine gleiche Zahl von neuen Maschinen ersetzt werden. Tatsächlich werden die freigesetzten Abschreibungsrückflüsse nicht erst nach 5 Jahren, sondern schon zu Beginn eines jeden neuen Geschäftsjahres, also bereits vor dem eigentlichen Ersatzbeschaffungszeitpunkt, investiert. Durch die jährlichen Neuinvestitionen vergrößert sich der Anlagenbestand.

   Je höher der Anlagenbestand, desto höher sind die jährlichen Abschreibungen, desto höher wiederum sind unter sonst gleichen Umständen die Abschreibungsrückflüsse, desto höher wiederum die möglichen Investitionen zu Beginn des neuen Geschäftsjahres usw.

3. a) Die Summe aus Restwerten und liquiden Mitteln bleibt stets gleich, nämlich 1 Million DM. Konkrete Beispiele:
   Jahr 1: 800.000,00 + 200.000,00 DM   Jahr 2: 760.000,00 + 240.000,00 DM
   Jahr 3: 680.000,00 + 320.000,00 DM   Jahr 4: 640.000,00 + 360.000,00 DM

   b) Die Bilanzsumme verändert sich durch die Abschreibungen auf das Anlagevermögen nicht. Das Anlagevermögen wird zwar durch die Abschreibung vermindert, zugleich erhöht sich jedoch der Bestand an flüssigen Mitteln, die für Investitionszwecke verwendet werden können.

(Fortsetzung Seite 132)

Seite 182: Arbeitsaufträge und Fragen zur Stofferschließung (Fortsetzung)

5. **Arbeitsvorlage:** Möglichkeiten der Beteiligungsfinanzierung in den einzelnen Rechtsformen von Unternehmungen

Rechtsform	Eigenkapitalbeschaffung durch ...	Geschäftsführung, Vertretung und Haftung
Einzelunternehmung	Geld- und Sacheinlagen des *Unternehmers, erzielte Gewinne*	– Alleinige Geschäftsführung und Vertretung durch den *Einzelunternehmer* – *Voll*haftung des Einzelunternehmers mit dem *Privat*- und *Geschäfts*-vermögen.
Stille Gesellschaft	Aufnahme von *stillen Gesellschaftern*	– *Alleinige* Geschäftsführung und Vertretung durch den Einzelunternehmer – Haftungsbeschränkung des stillen Gesellschafters auf die *Kapitaleinlage*; keine unmittelbare Haftung gegenüber den *Gläubigern* – Die Verlustbeteiligung kann vertraglich *ausgeschlossen* werden.
Offene Handelsgesellschaft (OHG)	Aufnahme von *neuen Gesellschaftern* (*Voll*-haftern).	– Recht auf *Geschäftsführung* und *Vertretung* – Vollhaftung der Gesellschafter: *unbeschränkte, unmittelbare und solidarische Haftung*
Kommanditgesellschaft (KG)	Aufnahme von *Komplementären* (*Voll*haftern) oder *Kommanditisten* (*Teil*haftern).	– Für Komplementäre gilt das in Bezug auf die OHG Gesagte. – Kommanditisten haben keine *Geschäftsführungs*- und *Vertretungs*-befugnis. Bei außergewöhnlichen Rechtsgeschäften haben sie jedoch ein *Widerspruchs*recht. – Kommanditisten haften den Gesellschaftsgläubigern gegenüber nicht (wie?) *unmittelbar*; bei Verlust haften sie nur bis zur Höhe ihrer *Kapitaleinlage*.
Gesellschaft mit beschränkter Haftung (GmbH)	Aufnahme von *neuen Gesellschaftern*	– Die Gesellschafter haben *Geschäftsführungs*- und *Vertretungs*-befugnis (sog. „geborene" Geschäftsführer). – Die Gesellschafter haften mit der *Stammeinlage*, die GmbH als solche mit dem *Stammkapital*.
GmbH & Co. (KG)	Aufnahme von *Kommanditisten*	– Für Kommanditisten gilt das in Bezug auf die *KG* Gesagte. – Die GmbH ist *Voll*hafterin.
Aktiengesellschaft (AG)	Ausgabe von *jungen Aktien* Sonderfälle: wechselseitige, Mehrheits- und Konzernbeteiligungen	– Geschäftsführung durch den *Vorstand* – Haftung der Aktionäre mit dem Wert ihrer *Aktien* – Haftung der AG als solcher mit dem *Grundkapital*
Eingetragene Genossenschaft (e. G.)	Erhöhung des Geschäftsanteils der *bisherigen* Genossen oder Aufnahme *neuer* Genossen	– Geschäftsführung durch den *Vorstand* – Die Haftung der Genossen ist auf den *Geschäftsanteil* beschränkt.

Seite 186: Arbeitsaufträge und Fragen zur Stofferschließung (Fortsetzung)

1. **Arbeitsvorlage 1:** Abschreibungs- und Reininvestitionstabelle

Jahreszeit	Jahresanfang (neuer Bestand)		Jahresende			Jahresanfang (Investitionen)			
Jahr	Maschinen (Stück)	Summe der Anschaffungswerte (DM)[1]	Abschreibungen (DM) – (20 % v. AW)	Summe der Restwerte (DM)	Liquide Mittel (DM)[2]	Maschinen Abgang (St.)	Maschinen Zugang (St.)	Maschinen Veränderung (St.)	Liquide Mittel (Restbestand)
1	10	1.000.000,00	200.000,00	800.000,00	200.000,00	–	+ 2	+ 2	———
2	10 + 2 = 12	1.200.000,00	240.000,00	800.000,00 + 200.000,00 - 240.000,00 760.000,00	240.000,00	–	+ 2	+ 2	40.000,00
3	12 + 2 = 14	1.400.000,00	280.000,00	760.000,00 + 200.000,00 - 280.000,00 680.000,00	40.000,00 280.000,00 320.000,00	–	+ 3	+ 3	20.000,00
4	14 + 3 = 17	1.700.000,00	340.000,00	680.000,00 + 300.000,00 - 340.000,00 640.000,00	20.000,00 340.000,00 360.000,00	–	+ 3	+ 3	60.000,00
5	17 + 3 = 20	2.000.000,00	400.000,00	640.000,00 + 300.000,00 - 400.000,00 540.000,00	60.000,00 400.000,00 460.000,00	- 10	+ 4	- 6	60.000,00
6	20 - 6 = 14	1.400.000,00	280.000,00	540.000,00 + 400.000,00 - 280.000,00 660.000,00	60.000,00 280.000,00 340.000,00	- 2	+ 3	+ 1	40.000,00
7	14 + 1 = 15	1.500.000,00	300.000,00	660.000,00 + 300.000,00 - 300.000,00 660.000,00	40.000,00 300.000,00 340.000,00	- 2	+ 3	+ 1	40.000,00
8	15 + 1 = 16	1.600.000,00	320.000,00	660.000,00 + 300.000,00 - 320.000,00 640.000,00	40.000,00 320.000,00 360.000,00	- 3	+ 3	0	60.000,00
9	16 + 0 = 16	1.600.000,00	320.000,00	640.000,00 + 300.000,00 - 320.000,00 620.000,00	60.000,00 320.000,00 380.000,00	- 3	+ 3	0	80.000,00
10	16 + 0 = 16	1.600.000,00	320.000,00	620.000,00 + 300.000,00 - 320.000,00 600.000,00	80.000,00 320.000,00 400.000,00	- 4	+ 4	0	———

1 $RW_n = RW_{n-1}$ + Neuinvestition – AfA
2 Liquide Mittel = Liquide Mittel Rest (Vorjahr) + AfA

Seite 186: Arbeitsaufträge und Fragen zur Stofferschließung (Fortsetzung)

4. **Arbeitsvorlage 2:** Entwicklung des Maschinenbestands

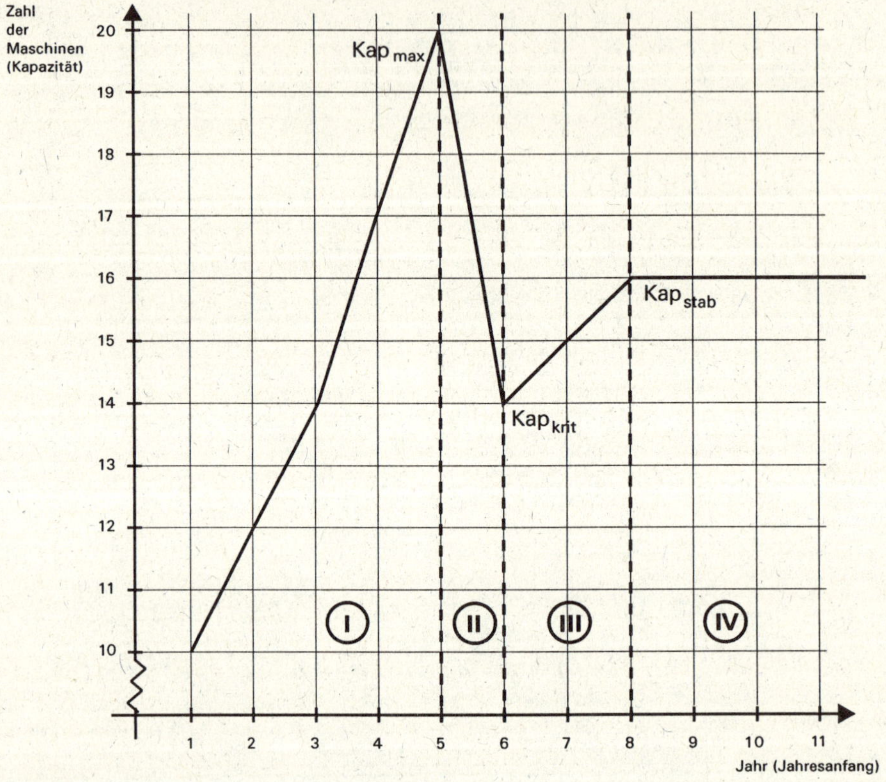

5. Interpretation der grafischen Darstellung:

   Jahre 1 bis 5: Anstieg der Kapazität von 10 auf 20 Maschinen, also Verdoppelung der Kapazität innerhalb von 5 Jahren.

   Jahr 6: Die Kapazität fällt wegen der Ausgliederung der ersten 10 Maschinen (Erstausstattung) auf insgesamt 14 Maschinen. Gegenüber dem Höchstbestand von 20 Maschinen bedeutet das eine Kapazitätsverminderung um 30 %.

   Jahr 7: Anstieg der Kapazität nur um eine einzige Einheit von 14 auf 15 Maschinen.

   Jahre 8 bis 10: Stabilisierung des Maschinenbestands auf dem Niveau von 16 Einheiten.

6. Es müssten Anfang des 6. Jahres (nach dem Ausscheiden der Erstausstattung) 6 neue Maschinen hinzugekauft werden, um das vorhandene Kapazitätsniveau von 20 Maschinen halten zu können. Da die zusätzlichen 6 Maschinen nicht aus den Rückflüssen von einkalkulierten Abschreibungsbeträgen finanziert werden können, muss die Finanzierung auf andere Art und Weise erfolgen.

7. **Arbeitsvorlage 3:** Prozentuale Veränderungen der Kapazität

Jahr	**2**	**3**	**4**	**5**	**6**	**7**	**8**	**9**	**10**
Δ K (%)	*20*	*40*	*70*	*100*	*40*	*50*	*60*	*60*	*60*

Seite 186: Arbeitsaufträge und Fragen zur Stofferschließung (Fortsetzung)

8. a) Phasenmarkierung: siehe **Arbeitsvorlage 2**.

b) **Arbeitsvorlage 4:**
Phasen der Kapazitätsentwicklung

Phase Nr.	Jahr	Beschreibung der Phase
1	*1 bis 5*	*Wachstumsphase I: Verdoppelung der Erstausstattung (von 10 auf 20 Maschinen)*
2	*6*	*Kapazitätskrise: Kapazitätsabbau (6 Maschinen)*
3	*7,8*	*Wachstumsphase II: relativ geringe Kapazitätserweiterung (nur 1 Maschine)*
4	*8 bis 10*	*Stabilisierungsphase: gleich bleibendes Kapazitätsniveau (16 Maschinen)*

9. a) **Arbeitsvorlage 5:** Produzierte Mengen (Kapazität in Stück)

Jahr	Zahl der Maschinen	Kapazität (Stück)
1	*10*	*10 · 50 000 = 500 000*
2	*12*	*12 · 50 000 = 600 000*
3	*14*	*700 000*
4	*17*	*850 000*
5	*20*	*1 000 000*
6	*14*	*700 000*
7	*15*	*750 000*
8–10	*16*	*800 000*

9. b) 10 Maschinen · 50 000 Stück · 5 Jahre = 2,5 Millionen Stück

c) **Arbeitsvorlage 6:** Kapazität des Maschinenbestands zu Beginn des 6. Jahres

Zahl der Maschinen	Nutzungs- bzw. Restnutzungszeit	Stückzahl		
4	*5*	*4 · 5 · 50 000*	=	*1,00 Mill. Stück*
3	*4*	*3 · 4 · 50 000*	=	*0,60 Mill. Stück*
3	*3*	*3 · 3 · 50 000*	=	*0,45 Mill. Stück.*
2	*2*	*2 · 2 · 50 000*	=	*0,20 Mill. Stück*
2	*1*	*2 · 1 · 50 000*	=	*0,10 Mill. Stück*
Summe:	–			*2,35 Mill. Stück*

10. Entscheidung gegen das Superaggregat und für die 10 Einzelmaschinen.
Begründung: Beim Superaggregat reichen die jährlichen Abschreibungsrückflüsse (200.000,00 DM) nicht zur Anschaffung weiterer Superaggregate (Anschaffungswert: 1 Mill. DM) aus; sie müssen 5 Jahre lang angesammelt werden; erst danach kann ein neues Superaggregat durch die inzwischen auf 1 Mill. DM angewachsenen Abschreibungsrückflüsse finanziert werden. Weil die jährlichen Abschreibungsrückflüsse zu gering sind, können sie nicht sofort wieder investiert werden. Es ergibt sich in diesem Fall kein Kapazitätserweiterungseffekt.
Je leichter der gesamte Maschinenpark in einzelne Teile (Maschinen) aufgeteilt werden kann, desto größer ist der Kapazitätserweiterungseffekt. Bilden wie im Beispiel alle Maschinen zusammen eine große Einheit, ist also die Teilbarkeit des Anlagevermögens nicht gegeben, dann ergibt sich kein Kapazitätserweiterungseffekt.

11. Die degressive Abschreibung führt anfangs zu höheren Abschreibungen. Die Folge sind höhere Abschreibungsrückflüsse und steigende liquide Mittel, die zu Neuinvestitionen verwendet werden können. Die degressive Abschreibung erhöht den Kapazitätserweiterungseffekt.

12. Je kürzer die Nutzungsdauer, desto höher ist der Abschreibungsprozentsatz, desto höher sind auch die jährlichen Abschreibungsrückflüsse (liquiden Mittel), desto größer ist der Kapazitätserweiterungseffekt.

Seite 186: Arbeitsaufträge und Fragen zur Stofferschließung (Fortsetzung)

13. Es ergibt sich auch in diesem Fall ein steigender Kapazitätserweiterungseffekt, weil die jährlichen Abschreibungsbeträge von einem höheren Anschaffungswert berechnet werden. Steigende Abschreibungen bedeuten unter sonst gleichen Umständen erhöhte Abschreibungsrückflüsse und damit eine Steigerung des Kapazitätserweiterungseffekts.

14. a) Bestimmungsfaktoren des Kapazitätserweiterungseffekts
    Der Kapazitätserweiterungseffekt ist abhängig von ...
    - der Höhe des Anschaffungswerts einer Maschine
    - der Teilbarkeit des Maschinenparks (Zahl der selbstständigen Einheiten)
    - der Abschreibungsmethode (linear/degressiv)
    - der Nutzungsdauer der Anlage
    - der Höhe des Wiederbeschaffungspreises der einzelnen Maschinen (Inflationsrate).

    b) Bedingungen für das Funktionieren des Kapazitätserweiterungseffekts:
    - Die Erstausstattung muss neuwertig sein; ihre Finanzierung darf keine Liquiditätsbelastung nach sich ziehen.
    - Die in den Verkaufspreis der Ware einkalkulierten Abschreibungen müssen durch den Markt in vollem Umfang vergütet werden (Vollkostendeckung).
    - Sofortige Reinvestition der freigesetzten Mittel (Abschreibungsrückflüsse) zu Beginn des neuen Geschäftsjahres.
    - Konstantes Preisniveau hinsichtlich der Wiederbeschaffung der verbrauchten Anlagen.
    - Gleich bleibendes Niveau der Produktionstechnik, d. h., die neuen Maschinen dürfen kein höheres technisches Niveau aufweisen als die alten Anlagen.
    - Weitgehende Teilbarkeit des Anlagevermögens, damit die jährlichen Abschreibungsrückflüsse sofort wieder investiert werden können.
    - Ausrichtung der unternehmerischen Investitionspolitik ausschließlich an den Abschreibungsrückflüssen. Die Absatz- und Gewinnerwartungen spielen bei den unternehmerischen Dispositionen eine nur untergeordnete Rolle, d. h., es bestehen unbegrenzte Absatzmöglichkeiten für die hergestellten Produkte.

6.6 Kreditfinanzierung oder Leasing (Arbeitsbuch S. 187 ff.)

Seite 191: Arbeitsaufträge und Fragen zur Stofferschließung

1. a)
    - Vertragsparteien: Leasinggeber (Leasinggesellschaft)
      Leasingnehmer (Möbelzentrum Reisert);
    - Gegenstand des Leasingvertrags: Lkw (beweglicher Gegenstand/Mobilie);
    - Eigentumsverhältnisse: Leasinggesellschaft bleibt Eigentümer des Leasingobjekts; Leasingnehmer wird lediglich unmittelbarer Besitzer;
    - rechtliche Grundlage: Mietvertrag nach §§ 535 f. BGB;
    - Finanzierungsart: Fremdfinanzierung in Form der Sachfinanzierung.

    b) bis d) Siehe Sachdarstellung (1.).

    e) Dreijahresverträge: 3 % · 12 Monate = 36 % jährlich, in drei Jahren sind das insgesamt 108 % des Kaufpreises.

Fünfjahresverträge: 2 % · 12 Monate = 24 % jährlich; in 5 Jahren sind das insgesamt 120 % des Kaufpreises.

f) Siehe Sachdarstellung (1.).

2. a) Zuordnung der Begriffe zu den beschriebenen Leasingarten (**Arbeitsvorlage 1**):

(1) Mobilienleasing – (2) Immobilienleasing – (3) Direktes Leasing – (4) Indirektes Leasing – (5) Konsumgüterleasing – (6) Ausrüstungsvermietung (Equipmentleasing) – (7) Anlagenverpachtung (Industrieanlagenleasing) – (8) Saisonale Ausrüstungsvermietung (Operate Leasing) – (9) Finance Leasing – (10) Leasingvertrag ohne Option – (11) Leasingvertrag mit Kaufoption – (12) Leasingvertrag mit Tauschoption – (13) Leasingvertrag mit Verlängerungsoption – (14) Vollamortisationsvertrag (Full-pay-out-Leasing) – (15) Teilamortisationsvertrag (Non-full-pay-out-Leasing) – (16) Sale-lease-back – (17) Full-Service-Leasing.

b) Leasingarten der Ausgangssituation: Mobilienleasing – vermutlich direktes Leasing (firmeneigene Leasinggesellschaft des Autoherstellers) – Ausrüstungsvermietung (Equipmentleasing) – Finance Leasing – Leasingvertrag mit oder ohne Kauf-, Tausch-, Verlängerungsoption – Vollamortisationsvertrag (Full-pay-out-Leasing) – vermutlich kein Full-Service-Leasing.

3. a) bis c): **Arbeitsvorlage 2:** Der Ablauf des Leasinggeschäfts

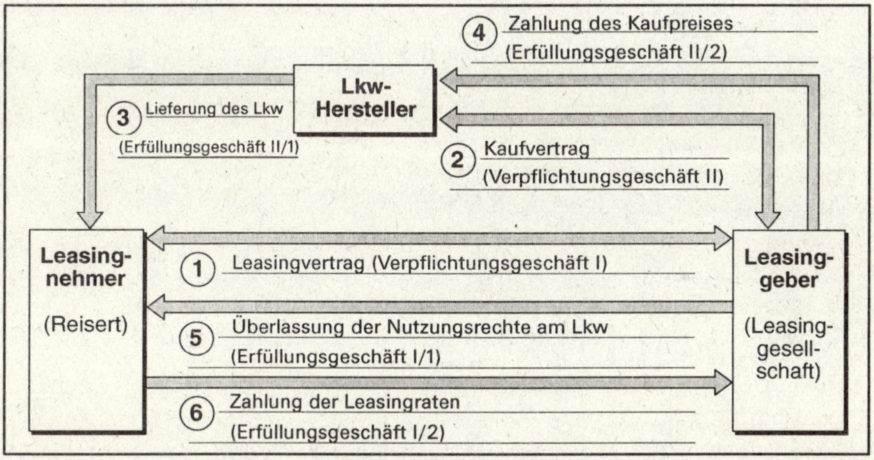

Der Lkw–Händler erscheint in diesem Schaubild nicht. Er fungiert als Vermittler des Leasinggeschäfts. Als solcher erhält er von der Leasinggesellschaft eine Vermittlungsprovision, die betragsmäßig etwa der Differenz zwischen dem Verkaufspreis und dem Bezugs- oder Einkaufspreis für den Lkw entspricht. Vom erzielbaren Gewinn her ist es demzufolge dem Händler egal, ob er ein Lkw–Leasinggeschäft abschließt oder einen Verkauf tätigt.

Die Leasinggesellschaft kann die relativ hohe Vemittlungsprovision, die etwa dem Kalkulationszuschlag (Verkaufspreis – Einstandspreis) entspricht, dem Händler deshalb bezahlen, weil sie an den Hersteller lediglich den Einkaufspreis für das Auto entrichten muss, jedoch vom Leasingnehmer über die Leasingraten den Verkaufspreis ersetzt bekommt.

Seite 191: Arbeitsaufträge und Fragen zur Stofferschließung (Fortsetzung)

4. a) **Arbeitsvorlage 3:** Rechnerischer Vergleich zwischen Leasing und Kreditkauf

Leasing

Jahre	1	2	3	4	5	6	Summe
Geldabfluss durch L-Raten	*12.000,00 (Abschl.-Geb.) + 43.200,00 (36 % AW)*	*43.200,00*	*43.200,00*	*6.000,00*	*6.000,00*	*6.000,00*	*159.600,00*
Steuerlich absetzbarer Gesamtaufwand	*55.200,00*	*43.200,00*	*43.200,00*	*6.000,00*	*6.000,00*	*6.000,00*	*159.600,00*

Kreditfinanzierung

Jahr	1	2	3	4	5	6	Summe
(1) Tilgung	*20.000,00*	*20.000,00*	*20.000,00*	*20.000,00*	*20.000,00*	*20.000,00*	*120.000,00*
(2) Restschuld[1]	*100.000,00*	*80.000,00*	*60.000,00*	*40.000,00*	*20.000,00*	*0,00*	*0,00*
(3) Jahreszinsen	*10.800,00*	*9.000,00*	*7.200,00*	*5.400,00*	*3.600,00*	*1.800,00*	*37.800,00*
(4) Geldabfluss: (1) + (3)	*30.800,00*	*29.000,00*	*27.200,00*	*25.400,00*	*23.600,00*	*21.800,00*	*157.800,00*
(5) Abschreibungen	*A1: 36.000,00 (30 % v. AW 120.000,00)*	*A2: 25.200,00 (30 % v. RW 84.000,00)*	*A3: 17.640,00 (30 % v. RW 58.800,00)*	*A4: 13.720,00 (1/3 v. RW 3 41.160,00)*	*13.720,00 (dto.)*	*13.720,00 (dto.)*	*120.000,00*
(6) Steuerlich absetzbarer Gesamtaufwand: (3) + (5)	*46.800,00*	*34.200,00*	*24.840,00*	*19.120,00*	*17.320,00*	*15.520,00*	*157.800,00*

1 am Ende des jeweiligen Kreditjahres bzw. zu Beginn des neuen Kreditjahres

Steuerlich absetzbarer Gesamtaufwand: Kreditfinanzierung 157.800,00 DM – Leasing: 159.600,00 DM

b) Entscheidung nach Kostengesichtspunkten für Kreditfinanzierung: Sie ist um 1.800,00 DM günstiger als das Leasing.

c) 12.000,00 DM Abschlussgebühr + 43.200,00 DM als 1. Leasingrate ergibt zusammen 55.200,00 DM Geldabfluss am Ende des 1. Jahres.

Kaufpreis (netto) 120.000,00 DM = 100 %

Geldabfluss (1. Jahr) 55.200,00 DM = x %

$$x = 100 \cdot 55.200,00 : 120.000,00 = 46\ \%$$

Liquiditätspolitische Auswirkungen: Entstehung von Liquiditätsengpässen bei Absatzrückgängen.

d) Geldabflüsse in den ersten drei Jahren: 12.000,00 + 3 · 43.200,00 = 141.600,00 DM

Kaufpreis (netto) 120.000,00 DM = 100 %

Geldabflüsse in den ersten drei Jahren 141.600,00 DM = x %

$$x = 100 \cdot 141.600,00 : 120.000,00 = 118\ \%$$

4\. e) Kaufpreis (netto) 120.000,00 DM = 100 %
Leasingaufwand 159.600,00 DM = x %

$$x = 100 \cdot 159.600{,}00 : 120.000{,}00 = 133\ \%$$

5\. a) **Qualitative** Aspekte:
Liquiditätsgesichtspunkte – Dauer der Kapitalbindung – Eigentumsrecht am Lkw – steuerliche Gesichtspunkte u. a.

b) (1) Langfristige Kapitalbindung beim Kauf, weil der Käufer den gesamten Kaufpreis aufbringen muss. Die liquiden Mittel werden dem Unternehmen entzogen und stehen daher für andere notwendige Finanzierungen, z. B. für Wareneinkäufe, nicht zur Verfügung.

(2) Einfluss auf die Liquidität des Unternehmens. Durch Leasing werden dem Unternehmen Produktionsmittel zur Verfügung gestellt, ohne dass Eigenkapital eingesetzt oder Fremdkapial aufgenommen werden muss.

(3) Keine Bilanzierung der geleasten Gegenstände beim Leasingnehmer, da er nicht deren Eigentümer ist (Bilanzneutraliät des Leasings). Weil beim Leasing keine neuen Bankkredite aufgenommen werden, verbessern sich bei einer Bilanzanalyse die Bilanzkennzahlen. Andererseits vermindert sich der Aussagewert einer Bilanz dadurch, dass Leasingobjekte nicht bilanziert werden.

(4) Der Leasingnehmer muss keine besonderen Sicherheiten aufbieten, da der Leasinggeber Eigentümer des Leasingobjekts bleibt. Es erfolgt lediglich eine Bonitätsprüfung des Leasingnehmers. Hierbei wird seine Zahlungsfähigkeit in Bezug auf die zu leistenden Leasingraten überprüft.
Weil durch Leasing das Fremdfinanzierungspotenzial eines Unternehmens nicht ausgeweitet wird, werden die Kreditlimits bei Banken grundsätzlich nicht tangiert.

(5) Leasing erhöht die finanzielle Flexibilität des Leasingnehmers. Er kann sich schneller an veränderte Marktverhältnisse anpassen, weil sein Eigenkapital nicht langfristig in bestimmten Objekten gebunden ist.

(6) Klare Kalkulationsgrundlage für den Leasingnehmer, da die Leasingraten während der Vertragsdauer immer gleich hoch bleiben. Der Leasingnehmer kann mit festen Kosten während der gesamten Vertragszeit rechnen.

(7) Leasing fördert Neuinvestitionen, weil nicht der gesamte Anschaffungswert, sondern nur die einzelnen Leasingraten finanziert werden müssen. Außerdem kann die Mietzeit an die jeweiligen Bedürfnisse des Unternehmens angepasst werden, ebenso die im Leasingvertrag enthaltenen Serviceleistungen.

(8) Das nicht gebundene Eigenkapital kann in anderen Unternehmensbereichen eingesetzt werden; dadurch ist eine Steigerung der Rentabilität möglich, z. B. durch konsequente Skontoausnutzung bei der Begleichung von Lieferantenrechnungen.

(9) Die Mietkosten für das Leasingobjekt können mit den Erträgen finanziert werden, die durch die Nutzung dieses Objekts (z. B. Lkw) erwirtschaftet werden. Der langfristige Leasingvertrag entspricht im Allgemeinen dem Amortisationsverlauf des Investitionsobjekts.

(10) Die Leasingraten sind als Betriebsausgaben abzugsfähig; sie vermindern den zu versteuernden Gewinn und damit auch die zu zahlende Einkommen-, Körperschaft- und Gewerbeertragsteuer.

(11) Es besteht die Möglichkeit, das Leasingobjekt vor Vertragsablauf gegen ein neueres Modell auszutauschen. Die Produktionsanlagen können auf diese Weise auf dem neuesten Stand der Technik gehalten werden. Leasing bietet so die Möglichkeit, das Investitions- und Überalterungsrisiko zu mindern. Es führt zu einer flexibleren Handhabung der Ausstattung mit Investitionsgütern.

(12) Die Inanspruchnahme von technischen Serviceleistungen spielt bei hoch technisierten Anlagen (z. B. Computern) eine wichtige Rolle, weil der Leasingnehmer solche Anlagen nutzen kann, ohne das für die Wartung, Instandhaltung und Pflege erforderliche Know-how aufbringen zu müssen.

c) **Nachteile** des Leasings (Vorteile der Kreditfinanzierung):

(1) Gesamtaufwand im Vergleich zum Kaufpreis des Leasingobjekts ist wesentlich höher (130 % und mehr).

(2) Relativ hohe Fixkostenbelastung durch Abschlussgebühr und Leasingraten, insbesondere während der Grundmietzeit und beim Full-Service-Leasing. Laufende Mietzahlungen unabhängig von der Liquiditäts- und Rentabilitätslage des Unternehmens.

(3) Vertragliche Bindung an den Leasinggeber häufig auf mehrere Jahre, so beispielsweise bei der Ausrüstungs- und Industrieanlagenvermietung.

(4) Eine Bonitäsprüfung beim Leasingnehmer ist Voraussetzung für den Abschluss eines Leasingvertrags. Der Leasingnehmer muss in der Lage sein, seine Zahlungsverpflichtungen zu erfüllen, d. h. seine Leasingraten pünktlich zu bezahlen.

(5) Der Leasingnehmer trägt die Gefahr des zufälligen Untergangs und der zufälligen Verschlechterung des Leasingobjekts. Die Pflicht zum Abschluss entsprechender Versicherungsverträge ist regelmäßig Vertragsbedingung, z. B. der Abschluss von Vollkaskoversicherungen beim Autoleasing.

(6) Der Leasingnehmer erwirbt grundsätzlich kein Eigentum am Leasingobjekt. Nach Ablauf der Grundmietzeit kann jedoch bei entsprechender Vertragsgestaltung eine Kaufoption geltend gemacht werden.

6. a) Ob Leasing das Investitionsrisiko mindert, ist fraglich. Leasingverträge können generell erst nach Ablauf der Grundmietzeit gekündigt werden. Bis dahin haben sich aber die Investitionskosten des Leasinggebers in der Regel voll amortisiert.

b) Die Sicherung der Liquidität und der finanziellen Flexibilität ist für das Möbelzentrum Reisert das wichtigste Entscheidungskriterium (Gewichtung mit 30 %). Warum der Liquiditätssicherung höchste Priorität eingeräumt wird, kann aufgrund der gegebenen Sachlage nicht beurteilt werden. Denkbar wäre, dass das Unternehmen hohe Investitionen getätigt hat, z. B. Ausdehnung der Verkaufsfläche, um der verschärften lokalen Konkurrenz besser begegnen zu können.

Kostenvorteile: Beim Vergleich der Gesamtaufwendungen erweist sich die Kreditfinanzierung um 1.800,00 DM günstiger als das Leasing. Insgesamt betrachtet liegen sowohl die Gesamtaufwendungen für das Lkw-Leasing als auch diejenigen für die Kreditfinanzierung ganz erheblich über dem Anschaffungswert des Lkw.

Die Gewichtung der Kostenvorteile mit 25 % zeigt, dass das Möbelzentrum Reisert bemüht ist, wo es nur geht Kosten einzusparen. Die Einbeziehung des Investitionsrisikos in die Entscheidungsbewertungstabelle und die Bewertung dieses

Merkmals mit 20 % verdeutlichen, dass die Firma Reisert bemüht ist, das Investitionsrisiko möglichst niedrig zu halten, um Fehlinvestitionen zu vermeiden.

c) Weitere denkbare Kriterien: Möglichkeiten der Bilanzierung des Objekts – Möglichkeiten der Verwendung des Objekts zur Kreditsicherung – Fixkostenbelastung durch die Finanzierung des Objekts – steuerliche Gesichtspunkte – Investitionsrisiko – Berücksichtigung von Rentabilitätsgesichtspunkten – Dauer der vertraglichen Bindung.

d) **Arbeitsvorlage 4:** Entscheidungsbewertungstabelle

Entscheidungskriterien	Gewichtung	Leasing		Kreditfinanzierung	
		Einzelpunkte	gewichtete Punkte	Einzelpunkte	gewichtetete Punkte
– Sicherung der Liquidität und der finanziellen Flexibilität des Unternehmens	30	*2*	*60*	*1*	*30*
– Erzielung von Kostenvorteilen	25	–	–	*1*	*25*
– Verminderung bzw. Minimierung des Investitionsrisikos	20	*1*	*20*	–	–
– Freihaltung des Kreditspielraums	10	*3*	*30*	–	–
– Eigentumserwerb am Investitionsobjekt	10	*1*	*10*	*3*	*30*
– Inanspruchnahme von technischen Serviceleistungen	5	*3*	*15*	–	–
Summe	100	–	*135*	–	*85*

e) Schülerindividuelle Bewertung der Kriterien. Nach den in der Entscheidungsbewertungstabelle angeführten Kriterien werden fast alle Schüler eine Entscheidung für Leasing treffen.

7. a) Durch Full-Service-Leasing-Programme werden alle Kosten gedeckt, die bei einem Kraftfahrzeug anfallen können, so beispielsweise die Kosten für Wartung, Reparatur, Verschleiß (z. B. der Reifen), für Versicherung, Kfz-Steuer und für die Fuhrparkverwaltung.

b) Grafische Darstellung: Servicekosten in Abhängigkeit von der Nutzungsdauer

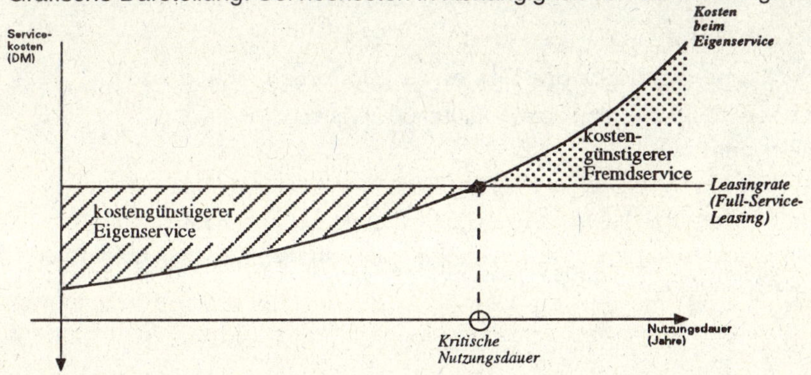

Seite 191: Arbeitsaufträge und Fragen zur Stofferschließung (Fortsetzung)

c) Bei einer Nutzungsdauer, die vor dem Schnittpunkt beider Kurven liegt, sind die Eigenservicekosten geringer, danach sind sie höher als die Fremdservicekosten.

d) Gründe für das Full-Service-Leasing:
- Das Möbelzentrum Reisert hat eine genaue Kalkulationsgrundlage, weil die Leasingraten über die gesamte Nutzungsdauer konstant bleiben.
- Der Leasinggeber garantiert die Funktionsfähigkeit der geleasten Fahrzeuge.
- Das Möbelzentrum Reisert kann die mit der Fuhrparkverwaltung zusammenhängenden Kosten sparen.

8. a) **Gründe** für die zunehmende Bedeutung des Leasings:
- Verstärkter Rationalisierungsdruck durch die Globalisierung der Märkte und durch Verschärfung des Wettbewerbs. Leasing erleichtert die Durchführung von Rationalisierungsvorhaben.
- Der technische Fortschritt führt zu immer kürzeren Nutzungszeiten von technischen Anlagen. Es ist deshalb vielfach günstiger, Anlagen zu mieten, anstatt sie zu kaufen und auf diese Weise Kapital langfristig zu binden.
- Erhöhter Kapitalbedarf der Unternehmen für Investitionszwecke, für Forschungs- und Entwicklungsprojekte, für Werbung. Durch Leasing werden neue Produktionskapazitäten geschaffen, ohne dass von den Unternehmern entsprechende Kreditsicherheiten aufgebracht werden müssen.
- Junge und Kleinunternehmer verfügen in der Regel über eine nur dünne Eigenkapitaldecke. Leasing ermöglicht die Nutzung von Produktionskapazitäten, ohne dass die vorhandene Eigenkapitalbasis in Anspruch genommen werden muss.
- Leasing stellt eine sinnvolle Ergänzung zu den traditionellen Finanzierungsformen dar, insbesondere zur Kreditfinanzierung. Als Sachfinanzierung stellt sie eine hundertprozentige Fremdfinanzierung dar.

b) Leasingobjekte: Straßenfahrzeuge 52,8 %, Produktionsmaschinen und technische Geräte 18 %, Immobilienleasing 17,3 %, Büromaschinen und EDV 11,4 %.

Leasingumsätze (jährliches Neugeschäft) in Deutschland: 60 Mrd. DM, in Europa 210 Mrd. DM.

Leasinggeber: Kreditgewerbe 45 %, Hersteller 40 %, mittelständische Leasinggeber 15 %.

Entwicklungstendenzen: Weitere Zunahme des Leasinggeschäfts durch Ausgliederung von Unternehmensbereichen und steigenden Einsatz von moderner Elektronik.

6.7 Das Darlehen (Arbeitsbuch S. 193 ff.)

Seite 196 f.: Arbeitsaufträge und Fragen zur Stofferschließung

1. Aufnahme eines Darlehens über 100.000,00 DM bei der Hausbank

2. a) Stichwortliste:

(1) Gesetzliche Regelung: § 60 ff. BGB.

(2) Gegenstand des Vertrages: Geld oder vertretbare Sachen

(3) Bezeichnung der Vertragspartner: Darlehensgeber (Gläubiger) und Darlehensnehmer (Schuldner)

(4) Eigentumsverhältnisse: Der Darlehensnehmer wird Eigentümer der Sache bzw. des Geldes

(5) Verwendung des Gegenstandes: zum Ge- oder Verbrauch

(6) Gegenleistung des Darlehensnehmers: evtl. Zinsen; jedoch kann ein Darlehen auch unentgeltlich gewährt werden.

(7) Rückgabe bzw. Rückzahlung: Geld in gleicher Höhe, Waren in gleicher Art, Menge und Güte.

b) Siehe Sachdarstellung (2.).

c) Spezifische Merkmale des Bankdarlehens: Siehe Sachdarstellung (3.).

3. a) **Arbeitsvorlage 1:** (1) Fälligkeitsdarlehen – (2) Kündigungsdarlehen – (3) Abzahlungsdarlehen (Ratenkredit) – (4) Annuitätendarlehen.

b) **Arbeitsvorlage 2**

(2) Das Kündigungsdarlehen

Annahme: Das Darlehen wird nach $3\frac{1}{2}$ Jahren vom Darlehensnehmer gekündigt. Kündigungsfrist: 6 Monate zum Jahresende.

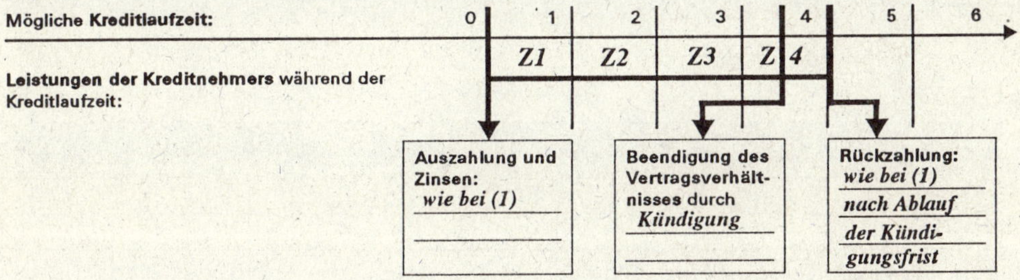

(3) Das Abzahlungsdarlehen

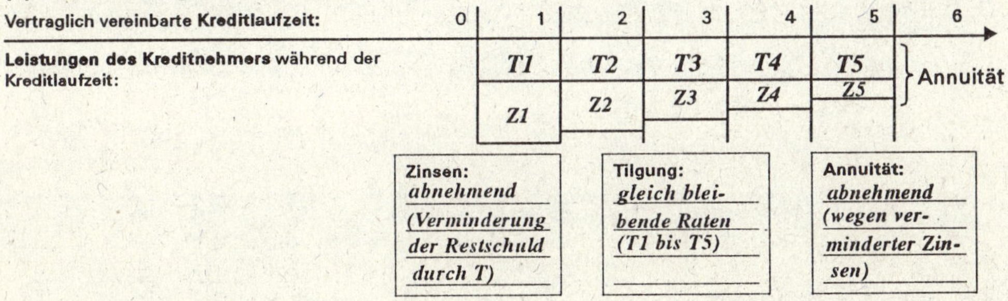

(4) Das Annuitätendarlehen

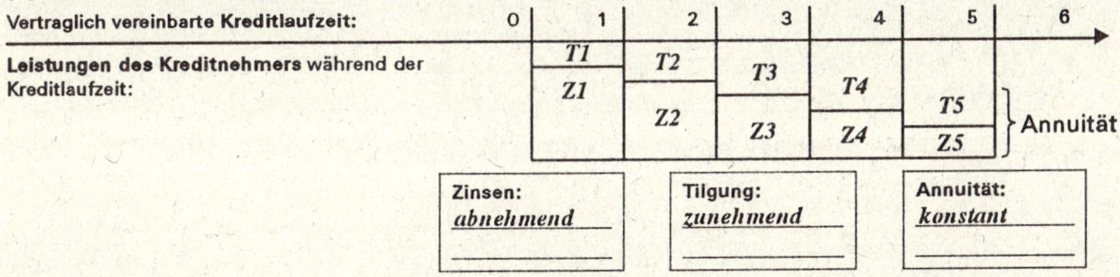

Seite 196 f.: Arbeitsaufträge und Fragen zur Stofferschließung (Fortsetzung)

3. c) **Arbeitsvorlage 3**: Ermittlung der rechnerischen Ergebnisse

Ausgangsdaten für die Berechnungen:

- Darlehenssumme: 100.000,00 DM – Laufzeit des Darlehens: 5 Jahre – Zinssatz: 10 %

(1) Fälligkeitsdarlehen

Jahr	Darlehenssumme bzw. Restschuld (DM)	Zinsen: 10 % p. a. (DM)	Jährliche Rate (Annuität in DM)
1	*100.000,00*	*10.000,00*	*10.000,00*
2	↓	↓	↓
3			
4			
5			*110.000,00*
Summe		*50.000,00*	*150.000,00*

(2) Kündigungsdarlehen

Jahr	Darlehenssumme bzw. Restschuld (DM)	Zinsen: 10 % p. a. (DM)	Jährliche Rate (Annuität in DM)
1	*100.000,00*	*10.000,00*	*10.000,00*
2	↓	↓	↓
3			
4			*110.000,00*
5			
Summe		*50.000,00*	*140.000,00*

(3) Abzahlungsdarlehen

Jahr	Darlehenssumme bzw. Restschuld	Tilgung (20 %)	Zinsen (10 % p. a.)	Annuität
1	*100.000,00*	*20.000,00*	*10.000,00*	*30.000,00*
2	*80.000,00*	↓	*8.000,00*	*28.000,00*
3	*60.000,00*		*6.000,00*	*26.000,00*
4	*40.000,00*		*4.000,00*	*24.000,00*
5	*20.000,00*		*2.000,00*	*22.000,00*
Summe:		*100.000,00*	*30.000,00*	*130.000,00*

Seite 196 f.: Arbeitsaufträge und Fragen zur Stofferschließung (Fortsetzung)

(4) Annuitätendarlehen

Jahr	Darlehenssumme bzw. Restschuld (DM)	Zinsen: 10 % p. a. (DM)	jährliche Rate (Annuität) (in DM)
1	*100.000,00*	*10.000,00*	*16.380,00*
2	*83.620,00*	*8.362,00*	*18.018,00*
3	*65.602,00*	*6.560,20*	*19.819,80*
4	*45.782,20*	*4.578,22*	*21.801,80*
5	*23.980,40*	*2.398,04*	*23.981,96*
Summe	———	*31.898,46*	*100.001,56*

3. d) **Arbeitsvorlage 4:** Die Bedeutung der einzelnen Darlehensarten

Darlehensart	Hauptvorteil	Hauptnachteil
Fälligkeitsdarlehen	*Geringe Liquiditätsbelastung während der Laufzeit.*	*Hohe Liquiditätsbelastung am Ende der Laufzeit.*
Kündigungsdarlehen	*Laufzeit kann dem Finanzbedarf angepasst werden.*	*Kündigung durch den Kreditgeber möglich.*
Abzahlungsdarlehen	*Relativ niedrige Annuitäten am Ende der Laufzeit; niedrigere Zinsen als beim Annuitätendarlehen.*	*Relativ hohe Annuitäten am Anfang der Laufzeit.*
Annuitätendarlehen	*Relativ niedrige Annuitäten am Anfang der Laufzeit.*	*Höhere Zinsen als beim Abzahlungsdarlehen.*

4. Effektivverzinsung bei 96 % Auszahlung

$Z = (K \cdot p \cdot j) : 100 \qquad p = (Z \cdot 100) : K \cdot j$

$$p = \frac{(50.000 + 4.000) \cdot 100}{96.000 \cdot 5} = 11{,}25\ \%$$

5. Qualifizierter Finanzierungsvorschlag

Die Art des zu wählenden Darlehens richtet sich nach der jetzigen und künftigen Liquiditätslage im Unternehmen.

- Das **Fälligkeitsdarlehen** führt während der Laufzeit zu einer relativ geringen Liquiditätsbelastung (nur jährliche Zinszahlungen), jedoch muss am Ende der Laufzeit der gesamte Darlehensbetrag einschließlich der Jahreszinsen (110.000,00 DM) aufgebracht werden. Das führt zu einer starken Liquiditätsbelastung am Ende der Laufzeit des Darlehens.
- Beim **Kündigungsdarlehen** ist die Liquiditätsbelastung im Prinzip genauso wie beim Fälligkeitsdarlehen. Das Kündigungsdarlehen hat jedoch für den Darlehensnehmer den Vorteil, dass die Laufzeit durch Kündigung des Darlehens dem jeweiligen Finanzbedarf angepasst werden kann. Im Beispiel wird angenommen, dass die Liquiditätslage nach 3 1/2 Jahren Laufzeit gut ist, sodass das Darlehen am Ende des Jahres zurückgezahlt werden kann.

Seite 196 f.: Arbeitsaufträge und Fragen zur Stofferschließung (Fortsetzung)

5. – Das **Abzahlungsdarlehen** führt zu einer relativ hohen Liquiditätsbelastung am Anfang der Laufzeit und zu einer relativ geringen Liquiditätsbelastung am Ende der Laufzeit.
   – Das Abzahlungsdarlehen ist zinsmäßig etwas günstiger als das Annuitätendarlehen, da sich die Darlehensschuld durch die festen Tilgungsraten anfangs schneller vermindert.
   – Beim Annuitätendarlehen bleibt die Liqiditätsbelastung während der Laufzeit des Darlehens konstant.

6.8 Kontokorrentkredit (Arbeitsbuch S. 197 ff.)

Seite 200: Arbeitsaufträge und Fragen zur Stofferschließung

1. a) Finanzierung eines größeren Postens Formstahl und Feinbleche – Ausnutzung einer günstigen Einkaufsgelegenheit (Material aus einer Konkursmasse).
   b) Grund für den Liquiditätsengpass: hohe Neuinvestitionen (z. B. neuer Maschinenpark), Folge: vermutlich hohe Zinsbelastung, hinzu kommt eine unerwartet hohe Steuernachzahlung.
   c) Anlass des Kreditgesuchs ist die Überbrückung eines momentanen finanziellen Engpasses. Der Einkauf der Rohstoffe aus der Konkursmasse verursacht hohe finanzielle Aufwendungen. Bis aus den Rohstoffen Fertigprodukte (Baumaschinen) hergestellt werden und durch deren Verkauf wieder Geldmittel in das Unternehmen zurückfließen, vergeht einige Zeit. Dieser Zeitraum vom Einkauf der Rohstoffe (Input) bis zum Verkauf der Fertigprodukte (Output) muss finanziell überbrückt werden; deshalb die Bezeichnung „Überbrückungskredit". Generell dienen solche Kredite der Überwindung von zeitweiligen Liquiditätsengpässen.
   d) Kredit in laufender Rechnung.
   e) Verfügung über die Kreditsumme, z. B. durch Überweisungen an Lieferanten, Versicherungen, ans Finanzamt (Steuernachzahlungen), durch Lastschriften, Daueraufträge, durch Ausstellen von Schecks, Einlösung von Schuldwechseln, durch Barabhebungen vom Konto.
   f) Zahlung einer zusätzlichen Überziehungsprovision für den über das Kreditlimit hinausgehenden Betrag.
   g) Recht zur fristlosen Kündigung.
   h) Laufzeit von 6 Monaten
   i) Kurzfristiger Kredit
   j) Oft stillschweigende Verlängerung (Prolongation) der Kreditlaufzeit, sofern sich die Kreditbedingungen für eine der beiden Vertragsparteien nicht wesentlich verschlechtern (z. B. gravierende Umsatzeinbußen oder beträchtliche Forderungsausfälle des Kreditnehmers).
   k) Zahlung von Zinsen und Provisionen an den Kreditgeber sowie Rückzahlung des Kredits.
   l) Die Sollzinsen werden von dem tatsächlich in Anspruch genommenen Kredit berechnet.
   m) Überziehungsprovision
   n) Die Kreditpovision wird berechnet für die Bereitstellung der gesamten Kreditvaluta. Die Banken müssen damit rechnen, dass der Bankkunde den Kontotkorrentkredit bis zur vereinbarten Kreditgrenze ausschöpft. In diesem Umfang müssen sie jederzeit Geldmittel bereithalten.

Seite 200: Arbeitsaufträge und Fragen zur Stofferschließung (Fortsetzung)

1. o) Abbuchung der Kreditkosten vom Konto des Kreditnehmers.
   p) Kreditsicherung durch Sicherungsübereignung von modernen Maschinen und Einrichtungsgegenständen.

2. a) bis c): **Grafische Darstellung des Zahlenmaterials:** Entwicklung des Kontostands bei der Baumaschinenfabrik Konstantin Dregger

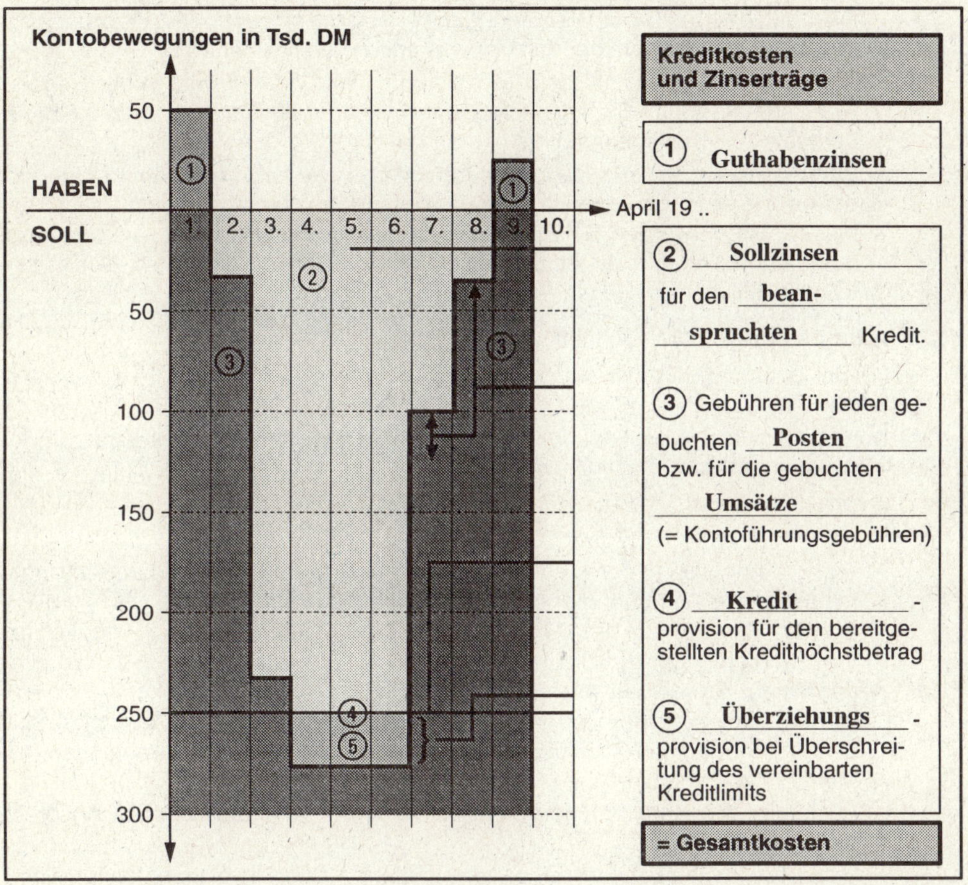

d) Es fallen außer Sollzinsen auch noch Kreditprovision für den bereitgestellten Höchstbetrag und Kontoführungsgebühren (Posten- oder Umsatzgebühren), evtl. auch noch Überziehungsprovision an.

2. e) Der Bankkunde kann auf seinem Konto sowohl ein Guthaben (Habensaldo) als auch eine Schuld gegenüber der Bank (Sollsaldo) haben. Es ist beim Kontokorrentverhältnis nicht unbedingt so, dass der Bankkunde stets nur im Soll steht; vielmehr kann das Schuldverhältnis wechseln, d. h., sowohl der Bankkunde als auch die Bank können die Position eines Schuldners einnehmen.

3. a) Die Hauptunterschiede beziehen sich im Wesentlichen auf drei Sachverhalte:
   - Die Laufzeit. Das Darlehen hat langfristigen, der Kontokorrentkredit grundsätzlich kurzfristigen Charakter, häufig ist er auch mittelfristiger Natur.
   - Die Zurverfügungstellung der Kreditsumme. Das Darlehen wird in der Regel in einer Summe zur Verfügung gestellt; der Kontokorrentkredit wird je nach Finanzbedarf in Anspruch genommen.
   - Verzinsung. Je nach Art des Darlehens wird entweder der Gesamtbetrag oder der nach Abzug von Tilgungsraten verbliebene Restbetrag verzinst. Beim Kontokorrentkredit werden Sollzinsen immer nur vom tatsächlich in Anspruch genommenen Kredit, nicht jedoch von dem zur Verfügung gestellten Gesamtbetrag (Kreditlimit) berechnet.

ba) **Arbeitsvorlage 2**: Bezeichnungen

(1) Saisonkredit – (2) Zwischenkredit – (3) Betriebsmittelkredit – (4) Dispositionskredit.

bb) Betriebsmittelkredit, weil er zur Finanzierung von Rohstoffeinkäufen dient.

c) Anlagen erfordern langfristige Finanzierungen, z. B. durch Darlehen; der Kontokorrentkredit hingegen ist wesensgemäß kurzfristiger Natur.

d) Hauptvorteile des Kontokorrentkredits:
   - Flexible Anpassung der Kredithöhe an den jeweiligen Finanzbedarf des Unternehmens. Der Unternehmer erlangt durch die ihm zur Verfügung gestellten Mittel mehr Bewegungs- bzw. Dispositionsfreiheit. Er kann den Kredit in beliebiger Weise abrufen und zurückzahlen (hohe Elastizität und vielseitige Einsetzbarkeit der Mittel). Soweit das vereinbarte Kreditlimit nicht voll ausgeschöpft wird, entsteht für den Kreditnehmer eine Liquiditätsreserve. Sie wird vor allem bei Spitzenbelastungen der Liquidität (z. B. bei Lohn- und Gehaltszahlungen am Monatsende) beansprucht.
   - Belastung des Kreditnehmers mit Sollzinsen nur vom tatsächlich in Anspruch genommenen Kredit.
   - Bequeme Inanspruchnahme der Kreditmittel durch Überweisung, Lastschriften, Schecks u. a. Einfache Kredittilgung durch Kontozuführungen (Habenbuchungen); geringer Verwaltungsaufwand hinsichtlich der Kreditgewährung.

e) Hauptnachteil: relativ hohe Gesamtkosten.

f) Verpfändung (Lombardierung), Zession (Abtretung von Forderungen an die Bank), Übernahme einer Bürgschaft, Belastung von Grundstücken zugunsten der Bank (Eintragung einer Grundschuld).

g) Schaffung von Giral- oder Buchgeld.

h) §§ 355–357 HGB

Seite 200: Arbeitsaufträge und Fragen zur Stofferschließung (Fortsetzung)

4. **Arbeitsvorlage 3:** Der Kontokorrentkredit

1. Kreditzweck	Ein solcher Kredit dient der Abwicklung von eingehenden und ausgehenden Zahlungen. Er sichert die ...*Zahlungs*.... bereitschaft (.*Liquidität*...) eines Unternehmens.
2. Kontobewegungen	Je nach der Höhe der eingehenden und ausgehenden Zahlungen ist der Bankkunde mal im Soll (Bankschuldner) oder mal im ..*Haben*.... (.*Gläubiger* der Bank).
3. Mögliche Kreditbezeichnungen	Der Kontokorrentkredit wird auch als Kredit in .....*laufender*..... Rechnung oder als Kredit mit .*wechsel*... seitigem Schuldverhältnis bezeichnet.
4. Kreditkosten	Sie setzen sich aus mehreren Komponenten zusammen: – Für den in Anspruch genommenen Kredit müssen .*Sollzinsen*........ bezahlt werden. – Für den bereitgestellten Kredithöchstbetrag wird *Kreditprovision*. berechnet. – Für die auf dem Girokonto gebuchten einzelnen Posten oder für die Umsätze müssen ......*Kontoführungs*........ gebühren entrichtet werden. – Für die Überschreitung des vereinbarten Kreditlimits wird *Überziehungs*... provision in Rechnung gestellt.
5. Kreditobergrenze (-limit)	Sie wird (wo?) im....*Kredit*...vertrag ausdrücklich festgelegt. Sie ist maßgeblich für die Berechnung von *Überziehungsprovision*
6. Verfügung über die Kreditsumme	Sie erfolgt durch Überweisungen, Lastschriften, Daueraufträge, Scheck-, Wechselausstellungen, Barabhebungen.
7. Mögliche Kreditsicherheiten	Verpfändung (Lombardierung), Zession, Bürgschaft, Sicherungsübereignung, Grundschuld, Hypothek.
8. Kreditlaufzeit	Grundsätzlich ist der Kontokorrentkredit ....*kurz*...... fristiger Natur. Er ist jederzeit ....*künd*.... bar. Durch Verlängerung (.*Prolongation*...) der ursprünglich vereinbarten Kreditlaufzeit wird in der Wirtschaftspraxis aus dem Kontokorrentkredit häufig ein ....*mittel*.... fristiger Kredit.
9. Erscheinungsformen	Im Unternehmensbereich sind folgende Formen üblich: .*Betriebsmittel-, Saison- und Zwischenkredit*.....; im Privatbereich wird er als *Dispositions*..... kredit gewährt.
10. Gesetzliche Regelung	Das Kontokorrentverhältnis ist geregelt im ....*HGB*......, und zwar in den §§ ..*355*..... bis *357*........
11. Hauptvorteile	Dazu gehören: – die ....*Flexibilität*...... bzw. ....*Elastizität*...... der Kreditgewährung; – die Berechnung von Sollzinsen ausschließlich vom .*in Anspruch genommenen Kredit*.......; – die Bequemlichkeit hinsichtlich der ..*Inanspruchnahme*... sowie der geringe ....*Verwaltungs*........ aufwand.
12. Hauptnachteil	Er betrifft die relativ hohen ......*Kreditkosten*..........
13. Gesamtwirtschaftliche Bedeutung	Es handelt sich hierbei um eine ....*häufig*.... praktizierte Form der Kreditgewährung durch ....*Giralgeld*.... schöpfung der Banken.

6.9 Die Sicherungsübereignung (Arbeitsbuch S. 201 ff.)

Seite 202 f.: Arbeitsaufträge und Fragen zur Stofferschließung

1. a) Zweck: Kreditsicherung, d. h. Gewährleistung der Kreditrück- und Zinszahlung.
   b) Dingliche Kreditsicherung, weil ein Gegenstand in das Eigentum des Kreditgebers übergeht.
   c) Die Sicherungsübereignung tritt nach außen hin nicht in Erscheinung, weil das Sicherungsgut beim Schuldner verbleibt und weil er auch das volle Nutzungsrecht behält.

Seite 202 f.: Arbeitsaufträge und Fragen zur Stofferschließung (Fortsetzung)

1. d) Der Kreditnehmer (Bankkunde) verliert das Eigentum (vorübergehend) an dem Sicherungsgegenstand, bleibt aber unmittelbarer Besitzer, die kreditgebende Bank wird Eigentümer und mittelbarer Besitzer.

2. Inhalt des Sicherungsübereignungsvertrages:
   (1) Angabe der Vertragsparteien
   (2) Angabe der Vertragsart (des Vertragstypus)
   (3) Gegenstand des Vertrages
   (4) Eigentumsübertragung am Vertragsgegenstand
   (5) Vereinbarung eines Besitzkonstituts
   (6) Eigentumsgarantie des Sicherungsgebers
   (7) Pflichten des Sicherungsgebers in Bezug auf die Erhaltung des Sicherungsgegenstandes
   (8) Weitere Pflichten des Sicherungsgebers
   (9) Verwertungsrechte der Bank
   (10) Rückübereignung des Sicherungsguts
   (11) Hinweis auf die AGB der Kredit gebenden Bank
   (12) Ort, Datum, Unterschrift der Vertragsparteien

3. a) Ohne genaue Kennzeichnung des Sicherungsgegenstandes bleibt unbestimmt, was als Kreditsicherungsmittel dient. Wenn es zur Eigentumsübertragung kommen soll, muss sich die Einigung zwischen den Vertragsparteien auf einen ganz genau bestimmten Gegenstand erstrecken.

   b) Gegenstand eines Kreditsicherungsvertrags können außer Maschinen auch Fahrzeuge, Einrichtungsgegenstände (z. B. EDV-Anlage), Werkzeuge, Waren (z. B. Rohstoffe, Fertigwaren) sein.

   c) Der Sicherungsgegenstand ist inhaltlich nicht genau bestimmt. Gegebenenfalls müssen die für Sicherungszwecke bestimmten Waren räumlich abgegrenzt, d. h. in besonderen Lagerräumen gelagert werden.

   d) Die Banken gewähren Kredite immer nur bis zu einem bestimmten Prozentsatz des Anschaffungswertes einer Anlage, bis zur sog. Beleihungsgrenze. Sie ist je nach Art des Sicherungsguts verschieden. Die nicht hundertprozentige Beleihung hat viele Gründe, z. B. Ungewissheit über die Höhe eines künftigen Verwertungserlöses, Wertverlust durch technische Neuerungen, Gefahr der Beschädigung oder Vernichtung der Sache, Anfallen von Großreparaturen. Zur Finanzierung eines Kredits in Höhe von 300.000,00 DM müsste die Schneider GmbH ihrer Hausbank weitere Gegenstände zur Kreditsicherung anbieten.

   e) Der von der Hausbank für den CNC-Drehautomaten gewährte Kredithöchstbetrag sind 180.000,00 DM (60 % von 300.000,00 DM).

4. a) § 929,I BGB: Eigentumsübertragung bei beweglichen Sachen durch Einigung und Übergabe.

   b) Bei der Sicherungsübereignung entfällt die Übergabe der Sache, weil die Bank nur mittelbarer Besitzer wird und der Bankkunde unmittelbarer Besitzer bleibt.

   c) Besitzmittlungsverhältnis (Besitzkonstitut): Der Bankkunde bleibt unmittelbarer Besitzer und Benutzer des beweglichen Gegenstands, die Bank wird mittelbarer Besitzer und Eigentümer.

4. d) Zugrunde liegende Vertragsverhältnisse: Leihe, Verwahrungs-, Miet-, Pachtvertrag, evtl. auch Kommissionsvertrag.

   e) Abgeschlossene Verträge:
   - Kaufvertrag (in Bezug auf den Drehautomaten)
   - Darlehensvertrag (hinsichtlich des benötigten Kredits)
   - Sicherungsübereignungsvertrag (hinsichtlich der erforderlich gewordenen Kreditsicherung)
   - Verwahrungs- oder Leihvertrag (was das Einräumen von Benutzungsrechten in Bezug auf den sicherungsübereigneten Gegenstand anbelangt).

   f) Das Pfand müsste in den unmittelbaren Besitz der Bank übergeführt werden. Die Werkzeugmaschinenfabrik könnte dann aber mit dem CNC-Drehautomaten nicht mehr arbeiten.

   g) Der Bankkunde kann seiner Bank Gegenstände zur Sicherheit anbieten, die er im täglichen Geschäftsbetrieb seines Unternehmens einsetzt und benötigt. Die Sicherungsübereignung von solchen Gegenständen stört also nicht den betrieblichen Leistungsprozess. Vielmehr werden durch die Weiterverwendung dieser Sicherungsgegenstände im Unternehmen die Voraussetzungen dafür geschaffen, dass der Kreditnehmer seinen Verpflichtungen zur Zinszahlung und Kredittilgung pünktlich nachkommen kann.

   h) Obwohl rein rechtlich gesehen die Deutsche Bank Eigentümerin des Drehautomaten ist, erscheint dieser Posten in der Bilanz des Sicherungsgebers. Begründung: Die Bank ist nur vorübergehend Eigentümerin des Sicherungsgutes.

5. a) Nur der Eigentümer ist berechtigt, das Eigentum am Sicherungsgegenstand auf die Kredit gebende Bank zu übertragen. Kein Eigentumserwerb durch guten Glauben möglich.

   b) Siehe **Arbeitsvorlage 1**, Punkt (7) und (8).

   c) Dadurch soll dem Missbrauch der Sicherungsübereignung (z. B. Verkauf des Kraftfahrzeugs an einen ahnungslosen Dritten, mehrmalige Übereignung von Kraftfahrzeugen zu Sicherungszwecken) vorgebeugt werden.

   d) Abschluss einer Vollkaskoversicherung auf Kosten des Sicherungsgebers. Vergleichen Sie hierzu Punkt (8) des Sicherungsübereignungsvertrags, letzter Abschnitt.

6. a) Überlassung des Sicherungsguts zur Nutzung.

   b) Die Übertragung des Eigentums an die Kredit gebende Bank hat ausschließlich den Zweck, die Forderung aus dem Kreditvertrag abzusichern. Man spricht in diesem Zusammenhang von einem beschränkten Eigentumsrecht.

   Die Kredit gebende Bank darf nicht willkürlich von ihrem Eigentumsrecht Gebrauch machen. Sie kann die Herausgabe des Sicherungsguts nur dann beanspruchen, wenn der Schuldner seinen Verpflichtungen aus dem Kreditvertrag nicht nachkommt.

   c) Nach erfolgter Kreditrückzahlung ist die Bank verpflichtet, das Eigentum auf den Sicherungsgeber zurückzuübertragen, falls es nicht automatisch an ihn zurückfällt.

   d) Bei Zahlungsverzug des Bankkunden kann die Kredit gebende Bank ihr Eigentum aus der Schuldnerfirma abholen und darüber verfügen.

6. e) Aufgrund ihres Absonderungsrechts kann die Bank die Herausgabe des Sicherungsgegenstands zum Zwecke der Verwertung verlangen.

f) Die Bank muss versuchen, den übereigneten Drehautomaten in ihren Besitz zu nehmen. Falls die Schneider GmbH ihn nicht freiwillig herausgibt, muss eine Klage auf Herausgabe angestrengt werden. Sobald die Bank im Besitz des Sicherungsgegenstandes ist, hat sie folgende Verwertungsmöglichkeiten:
- freihändiger Verkauf. Hierbei muss das Interesse des Sicherungsgebers gewahrt werden, da die Sicherungsverwahrung als Treuhandverhältnis gilt;
- öffentliche Versteigerung nach vorheriger Androhung (§ 1233 f. BGB).

7. **Arbeitsvorlage 2:**

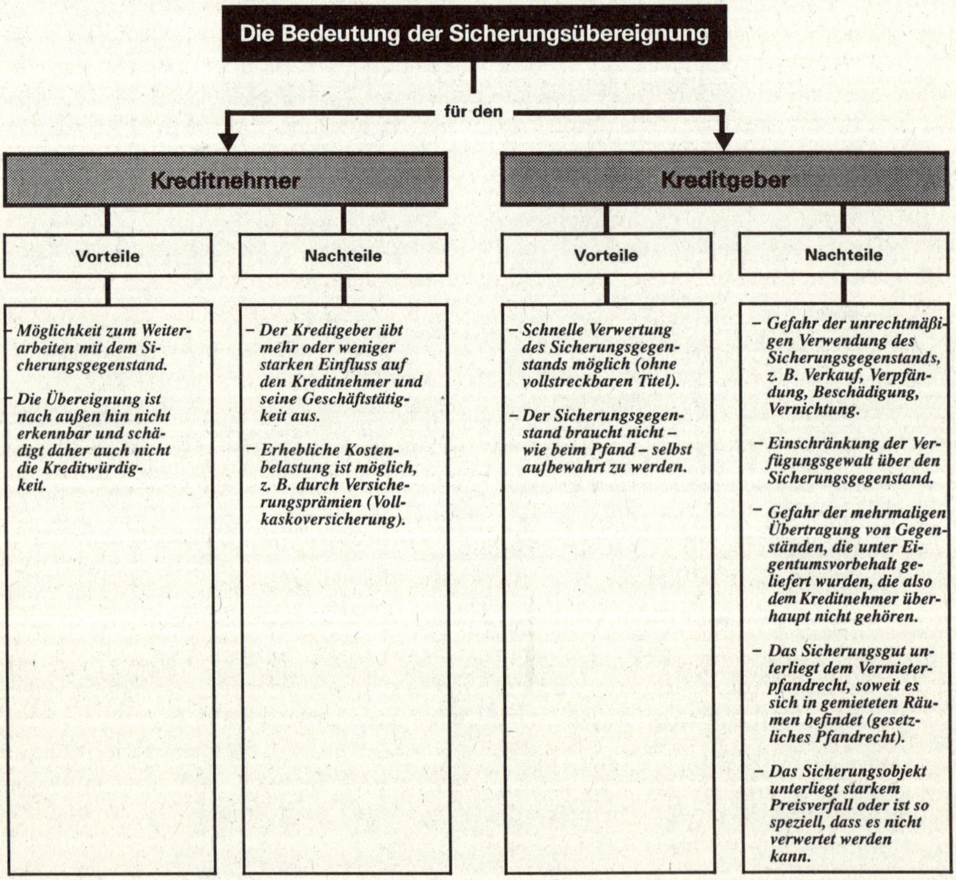

6.10 Der Grundschuld- und Hypothekarkredit (Arbeitsbuch S. 204 ff.)

Seite 206: Arbeitsaufträge und Fragen zur Stofferschließung

1. a) bis g): Siehe Sachdarstellung (1. und 2.).
2. **Arbeitsvorlage**: Das Zustandekommen eines Hypothekarkredits
   (1) Kreditanfrage des Bankkunden. Rechtswirkung: unverbindlich. Anschließend Einreichung von Geschäftsunterlagen zum Zwecke der Kreditwürdigkeitsprüfung.
   (2) Kreditwürdigkeitsprüfung der Bank; bei positivem Ausgang: Kreditbewilligung. Rechtswirkung: Antrag der Bank. Voraussetzung für die Kreditbewilligung im konkreten Falle ist die Kreditsicherung durch Belastung eines Grundstücks.
   (3) Belastung eines Grundstücks zum Zwecke der Kreditsicherung (Eintragung einer Grundschuld oder Hypothek durch das Grundbuchamt).
   (4) Durch die Eintragung im Grundbuch erhält die Kredit gebende Bank ein Pfandrecht am Grundstück. Es beinhaltet das Recht zur Verwertung des Grundstücks, falls der Kredit (einschließlich der angefallenen Zinsen, Bankprovisionen und -gebühren) nicht zurückbezahlt werden kann.
   (5) Annahme des Kreditangebots der Bank durch den Bankkunden. Durch (2) [Antrag] und (5) [Annahme des Antrags] entsteht ein Kreditvertrag (Verpflichtungsgeschäft).
   (6) Ausbezahlung der Kreditsumme, evtl. Abzug eines Disagios (Abgeld, Damnum).
   (7) Kreditrückzahlung (einschließlich Zinsen, Bankprovisionen und -gebühren), andernfalls kann die Bank von ihrem Pfandrecht Gebrauch machen.

   Die Phasen (6) und (7) zusammen betreffen das Erfüllungs- oder Verfügungsgeschäft.
3. Kurzvortrag
4. Siehe Sachdarstellung (3 c).
5. Beurteilung des Geschäftsführervorschlags
   - Als Sicherheit für den benötigten Kontokorrentkredit in Höhe von 240.000,00 DM ist nur die Eintragung einer Grundschuld möglich, nicht aber eine hypothekarische Belastung eines Grundstücks. Begründung: Die Hypothek ist an das Bestehen einer Forderung gebunden. Da bei einem Kontokorrentkredit das Konto des Bankkunden auch ein Guthaben aufweisen kann, wäre keine Forderung der Bank und somit auch keine Hypothek mehr vorhanden.
   - Zu prüfen ist noch, ob der Wert des Grundstücks zur Kreditsicherung ausreicht.

Verkehrswert des Grundstücks	1,20 Mio. DM
Beleihungssatz der Bank: 75 %, maximaler Gesamtkredit	0,90 Mio. DM
– Bisherige Belastung (bisher beanspruchter Kredit)	0,50 Mio. DM
Möglicher Restkredit	0,40 Mio. DM
– Kreditsicherungsgrenze für Kontokorrentkredit	0,24 Mio. DM
Frei für weitere Kreditsicherungsmaßnahmen	0,16 Mio. DM

6. Geringe praktische Bedeutung der Hypohek. Grund: Prinzip der Akzessorietät. Dementsprechend große praktische Bedeutung der Grundschuld. Grund: bessere Praktikabilität.

6.11 Die Bürgschaft (Arbeitsbuch S. 207 ff.)

<u>**Seite 208 f.: Arbeitsaufträge und Fragen zur Stofferschließung**</u>

1. a) § 765, I BGB: Der Bürgschaftsvertrag kommt zwischen dem Bürgen (im Beispiel: Nahlers Eltern) und dem Gläubiger (Nahlers Bank) zustande. Der Kreditnehmer selbst ist also beim Abschluss des Bürgschaftsvertrags nicht beteiligt.

   b) Hans-Jürgen Nahler als Kreditnehmer ist der Hauptschuldner.

   c) Der Bürge haftet der Kredit gebenden Bank (Gläubiger) gegenüber durch den Bürgschaftsvertrag für die ordnungsgemäße Erfüllung des Kreditvertrags. Dadurch tritt bei der Kredit gebenden Bank eine Risikoverminderung ein. Die Bürgschaft schützt also den Gläubiger bei Zahlungsunfähigkeit des Schuldners.

   d) Gründe (Motive) für die Bürgschaftsverpflichtung: Freundschaft, Verwandtschaft, d. h. Gefälligkeit. Möglich ist auch ein Auftragsverhältnis.

   e) Der Bürgschaftsvertrag auferlegt nur dem Bürgen zusätzliche Verpflichtungen, während die Bank als Gläubiger in den Genuss von zusätzlichen Rechten (mehr Kreditsicherheit) kommt. Der Gläubiger hat keinerlei Leistungspflichten gegenüber dem Bürgen.

   Bei zweiseitigen Rechtsgeschäften haben hingegen beide Vertragspartner sowohl Rechte als auch Pflichten. Beispielsweise muss nach Abschluss eines Kaufvertrags der Verkäufer die Ware rechtzeitig und ordnungsgemäß liefern, der Käufer ist verpflichtet, sie anzunehmen und zu bezahlen. Hierbei sind die Pflichten des Lieferers die Rechte des Käufers und umgekehrt.

   f) § 766, I BGB: Schriftform erforderlich.

   g) Der Gesetzgeber verlangt die Schriftform, um dem Bürgen die Bedeutung seiner Verpflichtung klarzumachen (Warnfunktion der Formvorschrift: Warnung vor Übereilung und vor den weit reichenden Folgen einer Bürgschaftserklärung); die Kredit gebende Bank fordert die Schriftform vor allem aus Beweissicherungsgründen.

   h) § 350 HGB: Formfreiheit der Bürgschaftserklärung, sofern die Bürgschaft aufseiten des Bürgen ein Handelsgeschäft ist. Begründung: Es wird angenommen, dass ein Vollkaufmann über ausreichende geschäftliche Erfahrungen verfügt und somit nicht schutzbedürftig ist.

2. a) § 767, I, 1 BGB: Maßgeblich für den Umfang der Bürgschaftsverpflichtung ist immer der jeweilige Bestand der Hauptverbindlichkeit.

   b) § 767, I, 2 BGB: Wird die Hauptschuld erweitert, dann erweitert sich auch die Bürgschaftsverpflichtung. Steigt die Hauptschuld z. B. wegen fälliger Zinsen, Provisionen oder Spesen an, so erweitert sich auch die Bürgschaftsverpflichtung, wenn nicht eine sog. Höchstbetragsbürgschaft vereinbart wurde.

   c) § 767, I, 3 BGB: „Durch ein Rechtsgeschäft, das der Hauptschuldner **nach** der Übernahme der Bürgschaft vornimmt, wird die Verpflichtung des Bürgen nicht erweitert."

   d) Voraussetzung für das Bestehen einer rechtsverbindlichen Bürgschaftsverpflichtung ist das Bestehen einer Hauptschuld, z. B. die Kreditgewährung einer Bank. Ist der Kreditvertrag aus irgendeinem Grunde (z. B. wegen Wucherzinsen) nichtig, so gibt es wegen der Akzessorietät keinen rechtsverbindlichen Bürgschaftsvertrag. Devise: „Ohne Hauptschuld ist die Bürgschaft wirkungslos."

Seite 208 f.: Arbeitsaufträge und Fragen zur Stofferschließung (Fortsetzung)

e) Da die Hauptverbindlichkeit bis auf 18.420,00 DM getilgt ist, besteht die Bürgschaftsverpflichtung ebenfalls nur in dieser Höhe (Prinzip der Akzessorietät). Grundsatz: Vermindert sich die Hauptschuld z. B. durch Tilgung, Zinszahlung, Schuldenerlass, Aufrechnung mit einer Gegenforderung, so vermindert sich im gleichen Umfang auch die Bürgschaftsverpflichtung.

Den Banken wird durch das vorstehende BGH-Urteil untersagt, die Bürgschaftserklärung formularmäßig auf alle künftigen Forderungen zu erweitern. Ist das von der Bank gewährte Darlehen getilgt, dann erlischt auch die Bürgschaftsverpflichtung. Das entspricht dem Prinzip der Akzessorietät (Sachdarstellung 2.).

3\. a) **Arbeitsvorlage 1:** Der Bürgschaftskredit

(1) Kreditvertrag
(2) Bürgschaftsvertrag
(3) Rechtswirkung: zweifache Haftung für die Kreditrückzahlung
(4) Ausbezahlung des Kredits
(5) Kreditrückzahlung
(6) Ablauf (Erlöschen) des Bürgschaftsvertrags

b) Formulierung einer Bürgschaftserklärung:

„Hiermit verbürgen wir uns (1) gegenüber der XY-Bank (2) für das Darlehen (3) in Höhe von 100.000,00 DM (in Worten: einhunderttausend DM) (4), das unserem Sohn, Herrn Hans-Jürgen Nahler (5), gewährt wurde.

Ort, Datum, Unterschrift des (der) Bürgen (Eltern von H. J. Nahler) (6).

c) Mindestinhalte eines Bürgschaftsvertrags:

(1) Die eigentliche Bürgschaftsverpflichtung (das Bürgschaftsversprechen)
(2) die Kredit gebende Bank (Gläubiger)
(3) der Gegenstand (Anlass) der Bürgschaftserklärung
(4) Umfang der Bürgschaftsverpflichtung
(5) Nennung des Hauptschuldners
(6) Ort, Datum, Unterschrift des Bürgen

d) Beim „reinen Personalkredit" haftet nur der Kreditnehmer aufgrund seines Ansehens, seiner Tüchtigkeit, seines Images. Es gibt keinerlei dingliche Sicherheiten. Beim „verstärkten Personalkredit" tritt zur Haftung des Kreditnehmers noch die Haftung einer weiteren Person hinzu, in diesem Falle also die Haftung eines Bürgen.

4\. a) § 771 BGB: Hat der Bürge die Einrede der Vorausklage, dann kann er die Zahlung verweigern, „solange nicht der Gläubiger eine Zwangsvollstreckung gegen den Hauptschuldner ohne Erfolg versucht hat." Der Bürge muss erst dann leisten, wenn eine Pfändung beim Hauptschuldner (Kreditnehmer) erfolglos durchgeführt wurde.

b) **Arbeitsvorlage 2:** Die Haftungsverhältnisse bei der gewöhnlichen Bürgschaft (Ausfallbürgschaft)

(1) Kreditrückzahlung unterbleibt
(2) Mahnbescheid oder Klage auf Zahlung
(3) Vollstreckbarer Titel
(4) Zwangsvollstreckung in das Vermögen des Bankkunden

(5) Erfolglose Zwangsvollstreckung
(6) Zahlungsaufforderung an den Bürgen
(7) Zahlung der Restschuld durch den Bürgen
(8) Ausgleichsforderung des Bürgen an den Hauptschuldner

Bankkunde (Kreditnehmer): Haftung an 1. Stelle
Bürge (Nebenschuldner): Haftung an 2. Stelle

c) Die gewöhnliche Bürgschaft kommt in der Wirtschaftspraxis kaum vor. Begründung: zu hoher Kosten- und Zeitaufwand für den Gläubiger (die Kredit gebende Bank). Die Banken verlangen deswegen stets selbstschuldnerische Bürgschaften.
Trotz der geringen wirtschaftspraktischen Relevanz der gewöhnlichen Bürgschaft ist es sinnvoll, sich die Abläufe und Zusammenhänge bei dieser Art Bürgschaft zu vergegenwärtigen, weil auf diese Weise die Unterschiede zur selbstschuldnerischen Bürgschaft herausgearbeitet werden können.

d) **Arbeitsvorlage 3:** Die Haftungsverhältnisse bei der selbstschuldnerischen Bürgschaft

(1) Kreditrückzahlung unterbleibt
(2) Inanspruchnahme des Bürgen
(3) Der Bürge kann nicht die Einrede der Vorausklage geltend machen; deshalb muss er zahlen.
(4) Ausgleichsforderung des Bürgen gegenüber dem Bankkunden (Hauptschuldner)

Bankkunde (Kreditnehmer): Haftung an 1. Stelle
Bürge (Nebenschuldner): Haftung an 1. Stelle

e) § 349 HGB: In diesem Fall steht dem Bürgen die Einrede der Vorausklage nicht zu; es handelt sich um eine selbstschuldnerische Bürgschaft.

5. a) § 768, I, 1 BGB: „Der Bürge kann die dem Hauptschuldner zustehenden Einreden geltend machen."

b) Art der geltend zu machenden Einreden:
Einrede der Vorausklage (§ 771 BGB) – Einrede der Anfechtbarkeit (§ 770, I BGB) Einrede der Anrechenbarkeit (§ 770, II BGB) – Einrede der Verjährung (§ 194 f. BGB).

c) § 774, I, 1 BGB: „Soweit der Bürge den Gläubiger befriedigt, geht die Forderung des Gläubigers gegen den Hauptschuldner auf ihn über." Der Bürge hat also nach seiner Zahlung einen Ausgleichsanspruch gegen den Hauptschuldner (Kreditnehmer). Es findet also ein gesetzlicher Gläubigerwechsel statt. Der Bürge wird neuer Gläubiger des Hauptschuldners (anstelle des Kreditgebers).

d) Sie müssen damit rechnen, dass sie von der Kredit gebenden Bank in einem Umfang in Anspruch genommen werden, der weit über 100.000,00 DM liegt, weil sie ja auch für die Zinsen, Provisionen und Spesen aufkommen müssen. Sollten die Geschäfte ihres Sohnes wider Erwarten nicht so florieren, können sie den nach § 774 BGB bestehenden Ausgleichsanspruch gegenüber ihrem Sohn kaum geltend machen. Im schlimmsten Fall ist also damit zu rechnen, dass weit über 100.000,00 DM verloren gehen können.

6.12 **Der Diskontkredit** (Arbeitsbuch S. 210 f.)

Seite 210: Arbeitsaufträge und Fragen zur Stofferschließung

1. Kreditarten: (1) Liefererkredit – (2) Kontokorrentkredit – (3) Diskontkredit.
2. a) Skonto: 1.800,00 DM (3 % von 60.000,00 DM Rechnungsbetrag)
   b) Übrweisungsbetrag 58.200,00 DM (60.000,00 DM – 1.800,00 DM Skonto)
   c) Der Skontoertrag wird in 76 Tagen (90 Tage Ziel – 14 Tage Skontofrist) „verdient" bzw. erwirtschaftet.
   d) Jahreszinssatz (p. a.) der Skontogewährung:

$$p = \frac{Z \cdot 100 \cdot 360}{K \cdot t} = \frac{1.800 \cdot 100 \cdot 360}{58.200 \cdot 76} = 14{,}65\ \%$$

3. Kosten des Kontokorrentkredits:

$$Z = \frac{K \cdot p \cdot t}{100 \cdot 360} = \frac{58.200 \cdot 76 \cdot 12}{100 \cdot 360} = 1.774{,}40\ \text{DM}$$

4. a) Wechselsumme 58.200,00 DM
   b) Verfalldatum des Wechsels: Rechnungsdatum 12. Nov. + 90 Tage = 10. Februar des folgenden Jahres. Tagesberechnung: 18 Tage im November + 31 Tage im Dezember + 31 Tage im Januar + 10 Tage im Februar = 90 Tage.
   c) Zinsen (Diskontspesen) werden vom Einreichungstag (26. November) bis zum Verfalltag (12. Februar) berechnet: 4 Tage im November + 31 Tage im Dezember + 31 Tage im Januar + 10 Tage im Februar = insgesamt 76 Tage.
   d) Wechselumme – Diskont = Wechselbarwert
   e) Diskontabrechnung:

Wechselsumme	58.200,00 DM
– Diskont 76 Tage / 9 %	
$Z = \frac{K \cdot p \cdot t}{100 \cdot 360} = \frac{58.200 \cdot 9 \cdot 76}{100 \cdot 360} =$	1.105,80 DM
Wechselbarwert (Wert am Einreichungstag)	57.094,20 DM

5. Übersicht

Kreditart	**Vorteile**	**Nachteile**
Liefererkredit	Keine besonderen Kreditformalitäten	Verzicht auf Skontoausnutzung
Kontokorrent-kredit	Inanspruchnahme je nach Kapitalbedarf (Flexibilität) Kreditrückzahlung in beliebigen Teilbeträgen und zu beliebigen Zeitpunkten möglich.	Relativ hohe Kreditzinsen (teurer Kredit, im Beispiel: 12 %) Evtl. Bereitstellung von (dinglichen) Sicherheiten erforderlich.
Diskontkredit	Niedrigerer Zinssatz als beim Kontokorrentkredit (im Beispiel: 9 statt 12 %). Skontoabzug bei der Überweisung des Rechnungsbetrags möglich. Wechselstrenge und Haftung aller Wechselunterzeichner	Beanspruchung des mit der Hausbank vereinbarten Wechselobligos. Keine Tilgung in Teilbeträgen möglich.

Seite 210: Arbeitsaufträge und Fragen zur Stofferschließung (Fortsetzung)

6. Entscheidung für den **Diskontkredit**. Rechnerische Begründung:
   - Kosten des Lieferantenkredits: 1.800,00 DM
   - Kosten des Kontokorrentkredits: 1.774,40 DM
   - Kosten des Diskontkredits: 1.105,80 DM

   Der Diskontkredit ist also gegenüber dem Lieferantenkredit um 694,20 DM und gegenüber dem Kontokorrentkredit um 668,60 DM billiger.

7. a) Warengeschäfte, keine reinen Finanzgeschäfte. Es sind sog. Handelswechsel; reine Finanzwechsel werden von den Banken nicht diskontiert.
   b) Beschaffung von Bargeld
   c) Finanziert wird insbesondere die Beschaffung von Werkstoffen (Roh-, Hilfs- und Betriebsmitteln) oder der Einkauf von Waren in Handelsbetrieben.
   d) Es liegt eine Vorfinanzierung der Wechselsumme durch die Banken vor.
   e) Der Diskontkredit ist ein kurzfristiger Kredit, weil die Laufzeit maximal 90 Tage beträgt.
   f) Dafür gibt es vor allem zwei Gründe: die Wechselstrenge und die Haftung aller Wechselbeteiligten für die Einlösung des Wechsels am Verfalltag.
   g) Der Diskontkredit kann deshalb als verstärkter Personalkredit angesehen werden, weil alle Unterzeichner des Wechsels (Aussteller, Bezogener, Indossanten) für die Wechseleinlösung am Verfalltag haften.
   h) Der Diskontkredit wird in der Regel aus Umsatzerlösen getilgt, die der Bezogene beim Weiterverkauf der bezogenen Ware oder beim Absatz der aus den bezogenen Werkstoffen hergestellten Produkte erzielt.
   i) Relativ große praktische Bedeutung des Diskontkredits. Gründe: einfache Handhabung, günstiger Zinssatz.

6.13 Finanzierungskennziffern und -grundsätze (Arbeitsbuch S. 212 ff.)

Seite 214: Arbeitsaufträge und Fragen zur Stofferschließung

Aktiva — Konsolidierte Bilanz in Tsd. DM — Passiva

Aktiva		Passiva	
AV	13.400,00	EK	8.000,00
UV	5.600,00	FK	11.000,00
	19.000,00		19.000,00

1. **Vermögensaufbau** (Konstitution)

   a) UV 5.600 = 100 %
      AV 13.400 = x %

   $$x = \frac{100 \cdot 13.400}{5.600} = \underline{\underline{239{,}3\ \%}}$$

   b) Allgemeine Formel:

   $$K = \frac{AV \cdot 100}{UV}$$

1. c) Das AV beträgt rund 240 % des UV, also fast das 2 1/2-fache (= anlagenintensiver Betrieb).

   d) Branchendurchschnitt 170 %.

   Die errechnete Bilanzkennziffer liegt um 70 % über dem Branchendurchschnitt. Betriebliche Maßnahmen: evtl. AV abbauen, dadurch auch Abbau von überhöhten Fixkosten durch Abschreibung.

   e) Anlagenintensive Betriebe: K > 1, z. B. Automobilbau, Verkehrsbetriebe, Werften, chemische Industrie.

   Bei nicht anlagenintensiven Betrieben ist K < 1, z. B. bei Handelsbetrieben (Groß-, Einzelhandel, Handelsvertreter).

2. **Investierung** (Anlagendeckung)

   a) AV 13.400 = 100 %
   EK 8.000 = x %

   $$x = \frac{100 \cdot 8.000}{13.400} = \underline{\underline{59{,}7\ \%}}$$

   b) Allgemeine Formel:

   $$I = \frac{EK \cdot 100}{AV}$$

   c) Das EK beträgt rund 60 % des AV, d. h., das EK ist um rund 40 % niedriger als das AV. Hieraus folgt, dass ein Teil des AV (40 %) durch langristiges FK finanziert wurde.

   d) Die errechnete Investierung entspricht etwa dem Branchendurchschnitt; sie ist knapp 2 % besser (59,7 – 58 = 1,7).

   e) Das AV sollte grundsätzlich durch EK finanziert werden. Denn wie das AV steht auch das EK dem Unternehmen langfristig zur Verfügung.

   f) Goldende Bilanzregel im **engeren** Sinne: Das AV soll zu 100 % durch EK gedeckt sein.

   g) $$I = \frac{(EK + \text{langfr. } FK) \cdot 100}{AV} = \frac{(8.000 + 8.600) \cdot 100}{13.400} = \underline{\underline{123{,}9\ \%}}$$

   Das AV beträgt ungefähr 124 % der Summe aus EK und langfristigem FK, d. h., das AV ist zu mehr als 100 % durch EK und langfristiges FK gedeckt.

   h) Goldende Bilanzregel im **weiteren** Sinne: Das AV kann außer durch EK auch teilweise durch langfristiges FK finanziert werden.

3. **Verschuldungsgrad**

   a) EK 8.000 = 100 %
   FK 11.000 = x %

   $$x = \frac{11.000 \cdot 100}{8.000} = \underline{\underline{137{,}5\ \%}}$$

   b) Allgemeine Formel:

   $$V = \frac{FK \cdot 100}{EK}$$

3. c) Das FK beträgt 137,5 % des EK, d. h., es ist um 37,5 % höher als das EK.

d) Der Verschuldungsgrad des untersuchten Betriebes ist 32,5 % (170 – 137,5) niedriger als derjenige in der gesamten Branche. Gegenüber dem Branchendurchschnitt besteht hier eine geringere Abhängigkeit des Betriebs vom Fremdkapital.

e) Das FK ist doppelt so hoch wie das EK (2:1-Regel oder Two-to-one-rule).

f) Optimaler Verschuldungsgrad: EK = FK, d. h. V = 1 oder 100 %.

g) Branche, Unternehmungsform, Geschäftsgang (Konjunktur), Organisationsform des Betriebs, Herstellungsverfahren, Alter der Anlagen.

4. **Liquidität**

a) *Liquidität 1. Grades (Barliquidität)*

aa) (1) Berechnung der Kennziffer:

Kurzfr. FK 2.400 = 100 %
Zahlungsmittel 1.100 = x %

$$L\,1 = \frac{1.100 \cdot 100}{2.400} = \underline{\underline{45{,}8\ \%}}$$

(2) Formel:

$$L\,1\ (\text{Barliquidität}) = \frac{\text{Zahlungsmittel} \cdot 100}{\text{Kurzfr. Verb.}}$$

(3) **Deutung**: Die vorhandenen Zahlungsmittel machen knapp die Hälfte (46 %) der kurzfristigen Verbindlichkeiten aus.

(4) **Branchenbezug:** Die Liquidität 1. Grades ist in diesem Betrieb um 4 % schlechter als im Branchendurchschnitt (50 – 46 = 4).

ab) Barliquidität mindestens 20 % (1/5).

b) *Liquidität 2. Grades (einzugsbedingte Liquidität)*

ba) (1) Berechnung der Kennziffer:

Kurzfristige Verbindlichkeiten 2.400 = 100 %
Zahlungsmittel (1.100)
+ Forderungen (1.800) 2.900 = x %

$$L\,2\ (\text{einzugsbedingte L.}) = \frac{2.900 \cdot 100}{2.400} = \underline{\underline{120{,}8\ \%}}$$

(2) Formel:

$$L\,2 = \frac{(\text{Zahlungsmittel} + \text{Forderungen}) \cdot 100}{\text{kurzfristige Verbindlichkeiten}}$$

(3) **Deutung:** Die Summe aus Zahlungsmitteln und Forderungen übersteigt die kurzfristigen Verbindlichkeiten um mehr als 20 %, d. h., die kurzfristigen Verbindlichkeiten sind zu über 120 % durch Zahlungsmittel und Forderungen gedeckt.

(4) **Branchenbezug:** Die Liquidität 2. Grades ist in diesem Betrieb um 20 % höher als im Branchendurchschnitt (120 – 20 = 20 %).

bb) Einzugsbedingte Liquidität (L 2) mindestens 100 %.

c) *Liquidität 3. Grades (umsatzbedingte Liquidität)*

ca) (1) Berechnung der Kennziffer:

Kurzfristige Verbindlichkeiten 2.400 = 100 %
UV 5.600 = x %

$$x = \frac{100 \cdot 5.600}{2.400} = \underline{\underline{233\ \%}}$$

(2) Formel:

$$L\ 3 = \frac{UV \cdot 100}{\text{Kurzfristige Verbindlichkeiten}}$$

(3) **Deutung:** Das UV beträgt das 2,3fache der kurzfristigen Verbindlichkeiten, d. h., das UV ist um 133 % höher als die kurzfristigen Verbindlichkeiten.

(4) **Branchenbezug:** L 3 ist um 33 % besser als der Branchendurchschnitt (233 – 200 = 33 %).

cb) Umsatzbedingte Liquidität (L 3) mindestens 200 %.

5. **Finanzierung (Kapitalaufbau)**

a) (1) Berechnung der Kennziffer::

FK 11.000 = 100 %
EK 8.000 = x %

$$x = \frac{100 \cdot 8.000}{11.000} = \underline{\underline{72{,}7\ \%}}$$

(2) Formel: $F = \frac{EK \cdot 100}{FK}$

(3) **Deutung:** Das EK ist um 27,3 % niedriger als das FK.

(4) **Branchenbezug:** Im untersuchten Betrieb ist die Finanzierung um rund 13 % besser als imBranchendurchschnitt (72,7 – 60 = 13 %), d. h., der untersuchte Betrieb verfügt über mehr EK als die Konkurrenzbetriebe.

b) Krisenfester (finanzkräftiger)

6. **Arbeitsvorlage:** Finanzierungsgrundsätze.

Die im Folgenden zu erörternden **Finanzierungsgrundsätze (-regeln)** stehen mit den erarbeiteten **Bilanzkennziffern** in der Regel in einem **engen Beziehungszusammenhang.**

(1) Aus der **Investierung (Anlagendeckung)**, d. h. aus dem Verhältnis von der EK zu .*AV*.., kann man die **goldene Bilanzregel** ableiten.

Finanzierungsgrundsatz 1:
Er betrifft die **GOLDENE BILANZREGEL im engeren Sinne.** Sie besagt, dass das AV zu .*100*.. Prozent durch ..*EK*.. zu finanzieren ist.

Finanzierungsgrundsatz 2:
Er betrifft die **GOLDENE BILANZREGEL im weiteren Sinne.** Sie besagt, dass das AV außer durch .*EK*. teilweise auch durch langfristiges .*FK*. finanziert werden kann (bei Investitionen mit relativ geringem Risiko).

(2) Der **Verschuldungsgrad**, d. h. das Verhältnis von FK zu ...*EK*..., ist unbedenklich, wenn das FK seiner Höhe nach dem ...*EK*... entspricht, wenn die Kennziffer also den Wert ....*1*.... oder ...*100*... Prozent aufweist. Begründung: Die Abhängigkeit des Unternehmens von seinen Kapitalgebern ist in diesem Falle verhältnismäßig ....*gering*.......... „Kritisch" wird die Verschuldung grundsätzlich dann, wenn das FK mehr als das .....*Doppelte*....... des EK beträgt (sog. **2 : 1-Regel bzw. Two-to-one-rule).**

Finanzierungsgrundsatz 3:
Es sollte ein ....*optimaler*...... **VERSCHULDUNGSGRAD** angestrebt werden, d. h., die Verschuldung sollte **weder zu hoch noch zu** ....*niedrig*.... sein.

Die Aufnahme zusätzlicher Bankkredite zur Finanzierung von Investitionen (Kapazitätserweiterungen) lohnt sich dann, wenn der Prozentsatz der FK-Zinsen ....*niedriger*........ ist als die Gesamtrentabilität des Unternehmens. Demgegenüber führt die Aufnahme zusätzlicher Kredite zu einer sinkenden EK-Rentabilität, wenn der FK-Zinssatz ......*höher*......... ist als die Gesamtrentabilität des Unternehmens.

Seite 214: Arbeitsaufträge und Fragen zur Stofferschließung (Fortsetzung)

(3) **Die Finanzierung (der Kapitalaufbau)**, also das Verhältnis von EK zu .FK..., ist umso besser, je mehr .EK.. im Verhältnis zum FK in einem Unternehmen steckt. Unternehmen, die mit viel EK arbeiten, sind unabhängiger von Einflüssen der ......Gläubiger.........; außerdem können sie in Krisenzeiten auf Reserven zurückgreifen, d. h., sie sind ....krisen....... fester.

> **Finanzierungsgrundsatz 4:**
> Es sollte eine ...optimale...... **FINANZIERUNG** angestrebt werden, d. h., es sollte **weder zu viel noch zu wenig Kapital** vorhanden sein.

Das Unternehmen sollte nur über so viel Kapital verfügen, wie zur Gewährleistung eines .....störungs...freien Betriebsablaufs erforderlich ist; andernfalls besteht die Gefahr einer Über- oder Unterfinanzierung.

Überfinanzierung liegt vor, wenn das tatsächlich vorhandene Kapital (EK und/oder FK) .....höher....... ist als der Kapitalbedarf. Überschüssiges Kapital geht zulasten der .....Rentabilität.......... .

Unterfinanzierung liegt vor, wenn das tatsächlich vorhandene Kapital ....geringer..... ist als der Kapitalbedarf. In diesem Falle muss das Unternehmen versuchen entweder die Einnahmen zu erhöhen (z. B. durch Steigerung der .....Umsatz.........erlöse oder durch Aufnahme von .....Krediten....) oder die Ausgaben zu senken (z. B. durch Kürzung von ....Investitions........vorhaben oder durch Kostensenkung mittels ...Rationalisierung.......).

(4) Die **Liquidität (Zahlungsfähigkeit)** ist in mehrfacher Hinsicht die Grundlage für die Ableitung wichtiger Finanzierungsgrundsätze (-regeln).

- Die **Liquidität 1. Grades (Barliquidität)**, also das Verhältnis von ...flüssigen.... Mitteln zu ...kurzfristigen..... Verbindlichkeiten, sollte grundsätzlich stets größer sein als ...20.. Prozent.
- Die **Liquidität 2. Grades (einzugsbedingte Liquidität)**, also das Verhältnis von flüssigen Mitteln und .For.-...derungen....... zu kurzfristigen Verbindlichkeiten, sollte gleich oder größer sein als .100.. Prozent.
- Die **Liquidität 3. Grades (umsatzbedingte Liquidität)** sollte gleich oder größer sein als .200. Prozent.

Bei der Aufnahme von FK muss darauf geachtet werden, dass die Tilgung aus dem Rückfluss des Vermögens möglich ist. Werden beispielsweise Rohstoffe mithilfe eines Kontokorrentkredits finanziert, dann sollte die **Laufzeit dieses Kredits** mit der **Zeit übereinstimmen,** die benötigt wird, um die bei der Produktion entstandenen Aufwendungen in .....Umsatz.....erlöse umzuwandeln.

> **Finanzierungsgrundsatz 5:**
> Um Liquiditätsschwierigkeiten zu vermeiden, sollten sich die **Fristigkeiten** des Vermögens (Aktiva) und diejenigen des ...Kapitals...... (.....Passiva.....) in etwa **decken (GOLDENE FINANZIERUNGSREGEL** oder **GRUNDSATZ DER ....FRISTEN.... PARALLELITÄT).** Im Kreditgewerbe spricht man in diesem Zusammenhang von der **GOLDENEN .....BANK.... REGEL.**

Die **Liquidität (Zahlungsbereitschaft)** eines Unternehmens muss **jederzeit gewährleistet** sein; es sollte weder Überliquidität noch ....Unterliquidität....... vorliegen.

Von **Überliquidität** spricht man, wenn das kurzfristige Finanzvermögen im Verhältnis zu den kurzfristigen Verbindlichkeiten zu ...hoch... ist. Beispiel: Hohe Bestände auf unverzinslichen oder niedrig verzinsten ....Giro.....konten. Überliquidität geht zulasten der ......Rentabilität........ Zwischen Liquidität und Rentabilität besteht somit ein Ziel....konflikt.....: Je mehr Rentabilität angestrebt wird, desto ....niedriger.... muss die Liquidität sein und umgekehrt.

Von **Unterliquidität** spricht man, wenn ein Unternehmen seinen Zahlungsverpflichtungen nur (wie?) ...begrenzt..... nachkommen kann.

Illiquidität liegt vor, wenn ein Unternehmen seinen Zahlungsverpflichtungen ....gar nicht.... nachkommen kann. Das führt in der Regel zum Konkurs.

> **Finanzierungsgrundsatz 6:**
> Es sollte eine ..optimale...... **LIQUIDITÄT** angestrebt werden. Sie ist gegeben, wenn **weder finanzielle Engpässe** auftreten (Fachbezeichnung: ....Unterliquidität.......) noch **finanzielle Mittel brachliegen** (Fachbezeichnung: .....Überliquidität..........).

(5) Die **Gewinnerzielung** ist die Voraussetzung für die .....Selbst......finanzierung eines Unternehmens. Ohne Gewinn ist eine solche Finanzierung des Unternehmens nicht möglich. Gewinne werden erzielt, wenn die ...Erträge...... größer sind als die Aufwendungen. Die durch Gewinne finanzierten Investitionen sichern die Substanz eines Unternehmens.

> **Finanzierungsgrundsatz 7:**
> Die **Substanz eines Unternehmens** muss durch ....SELBST....**FINANZIERUNG** gesichert werden. Voraussetzung hierfür ist die Erzielung von ....Gewinn..... .